KB154699

혁신가의 질문

혁신가의 질문

박영준 지음

혁신은 숨겨진 물음표를 발견하는 것이다

Book #107
북삶일공칠

프롤로그

질문하지 않으면 대통령은 왕이 된다

존 F. 케네디 대통령부터 얼마 전 퇴임한 버락 오바마 대통령까지 역대 10명의 세계 최강국 권력자들에게 날카로운 질문을 던진 사람이 있다. 백악관 기자실의 전설이라 불린 헬렌 토마스 〈유피아이UPI〉 통신 기자다. 헬렌은 다른 기자들에게 이렇게 경고했다.

"우리(기자들)는 이 사회에서 대통령에게 정기적으로 질문을 하고 책임을 물을 수 있는 유일한 기관이다. 그렇게 하지 않으면 그는 왕이 될 수 있다."

조지 부시 대통령 재임 시절 이라크 침공을 결정한 그에게 헬렌은 이렇게 물었다. "내 질문은 이것이다. 당신은 정말로 왜 전쟁을 원했는가? 당신은 석유는 아니라고 말했고, 이스라엘 또는 다른 것도 아니라고 했다. 그것이 무엇인가?" 2013년 타계한 헬렌의 기사를 읽으며 '우리에게 부족한 것은 훌륭한 정치가가 아니라 훌륭한 질문자가 아닐까?'를 되묻게 된다.

그렇다. 우리는 질문하지 않으면 대통령이 왕이 될 수 있음을 절감하는 시대에 살고 있다. 질문하지 않으면 바람직하지 않는 방향으로 흘러가는 것들을 멈추게 하지 못한다. 질문하지 않으면 바람직한 변화가 무엇인지 찾지 못한다. 질문하지 않으면 함께 생각하고 협력할 기회를 갖지 못한다. 만약 '질문할 권리'를 빼앗긴다면 세상에는 어떤 일이 일어날 것인가?

운명의 순간, 나는 질문했다

"내가 운명의 고비에 처했을 때, 그때마다 이겨낼 수 있도록 도와준 것은 시를 쓰는 일이었다"는 천양희 시인의 표현을 빌리자면, 내 운명의 고비에서 나는 질문을 했다. 입시 위주의 주입식 교육에 회의를 품으며, 존테일러 게토의 〈바보 만들기〉를 만났다. 컴퓨터 프로그래머가 꿈이었던 나는 "교육을 바꾸려면 무엇을 해야 하는가? 학생들의 배움과 성장을 위해 내가 할 수 있는 것은 무엇일까?"라는 질문을 품고 명문대 사범대학으로 진학했다. 대학에서, 교수님들의 가르침 속에서는 답을 찾지 못했다. '이것이 내가 꿈꾸었던 배움의 장이란 말인가? 대학에 배움이 있는가?'란 회의를 품고 학업을 중단하기도 했다.

모 기업에서 10여 년간 인사, 교육, 전략기획 등을 담당하다 퇴직했다. 그리고 혁신을 만들어가려는 리더들을 위한 코치로서 10년 넘게 활동해 오면서, 질문은 내 비즈니스(혹은 밥벌이)의 가장 중요한 도구가 되었다. '질문술사', '질문디자인연구소'라는 거창한 이름을 걸어두고, 질문에 대한 탐구와 글쓰기를 시작했고, 그 결과물이 이렇게 책으로 나왔다.

천양희 시인에게 시를 쓰는 일이 그러했듯, 삶에서 나를 일으켜 세운 것은 질문이었다. 삶의 중요한 기로에서 선택과 의사결정을 내려야 할 때, 쉽게 답하기 어려운 질문을 마주해야만 했다. 질문에서 도망치지 않고 담대하게 마주하는 것은 때로 고통스럽다. 그럼에도 버텼다. 같은 질문을 여러 번 반복하면서, 답들을 찾고 또 찾아보게 되었다. 삶이 달라지며 질문이 달라지기도 했고, 질문을 다르게 하면서 의도적으로 삶의 변화를 촉진해보기도 했다. 나에게 묻고, 리더들에게 질문을 던지는 삶을 살아가며 깨달은 것들을 한 문장으로 표현한다면 이렇다. "질문은 혁신의 도구다." 질문이 달라지지 않고서는 삶도 비즈니스도 변화되지 않는다.

혁신가는 다르게 질문한다

이 책의 원래 제목은 '질문의 연금술 - 다르게 질문하라'였다. '누가 이 책의 독자가 되길 바라는가? 누가 이 책을 읽기를 바라는가?'라는 질문을 통해 《혁신가의 질문》으로 제목을 고쳤다. 우리 모두는 크든 작든 변화가 필요한 순간을 마주한다.

의미 있는 변화를 만들어가는 과정에서 이 책에 나온 수많은 질문이 독자에게 도움이 될 수 있기를 소망해본다. 모든 질문에 답하려 애를 쓰지 말자. 학교 시험에 나온 질문들의 경우는 답하지 않을 때 감점이 된다. 그러나 우리 삶에서 마주하는 질문들은 그렇지 않다. 답할 가치가 없는 질문에 대답을 찾느라 삶을 허비할 필요는 없다. 정해진 질문에 정답을 찾는 것보다 가치 있는 질문을 선택하는 것이 더 좋은 선택이 됨을 잊지 말자. 시민이 된다는 것은 자신의 권리를 자각하고, 그 권리를 지키기 위해 책임을 다하는 과정을 수반한다. 질문을 선택할 권리를 자각하는 것에서 출발해야 한다. 그 권리를 지킬 책임은 누구보다 우리 자신에게 있다.

질문이 달라지면, 이전까지 유효했던 정답들이 효력을 잃는다. 다른 답변을 찾을 수밖에 없다. 문제를 제기하고, 문제를 해결하는 과정에서 우리는 질문을 활용한다. 부족한 것은 올바른 문제 규정이다. 올바른 질문은 답을 찾는 과정에서 방향성을 제시하고, 빈번한 문제제기를 필요하지 않도록 예방한다. 문제를 올바르게 풀기 위해서가 아니라 올바른 문제를 풀고자 한다면, 질문을 바꿔야 한다. 수많은 혁신가의 질문을 연구한 워런 버거는 '왜Why, 만약What if, 어떻게How'로 이어지는 3단계 모델을 고안했다. 워런 버거의 3단계 질문 기법은 이 책을 저술하는 데 큰 영향을 주었다.

1부에서는 'Why _ 왜 다르게 질문해야 하는가?' 라는 질문을 다루었다. 사람들이 질문하는 것을 어려워 하는 이유, 왜 다르게 질문해야 하는지, 좋은 질문의 조건, 질문이 가진 힘들을 다루었다.

2부에서는 'What if _ 만약 다르게 질문한다면?' 이라는 질문으로 차이를 만들어내기 위해서, 어떤 질문이 효과적인지를 정리해보았다. 하수와 고수들의 질문 패턴에는 어떤 차이가 있는지, 다르게 질문하기 이전에 다른 관점을 갖는 것의 중요성, 통하는 관계를 위한 효과적인 질문들, 문제 해결에 효과적인 질문들, 변화를 촉진하는 질문들, 창의성을 촉진하는 질문들, 공감할 수 있는 사람이 되기 위한 질문 등을 안내했다.

3부에서는 '질문을 질문답게 만드는 단어는 무엇인가?' 라는 질문을 다루었다. '물음표?, 왜Why, 무엇을What, 어떻게How, 누가Who, 만약What if, 어디에Where, 언제When, 얼마나How much/many' 등 우리가 통상 질문을 할 때 활용하는 단어들이 있다. 나는 이런 단어들을 질문어質問語라 부른다. 더 좋은 질문을 하기 위해 질문어의 특성과 이를 어떻게 활용하면 좋을지 하나씩 정리해본 글이다.

4부에서는 'How _ 어떻게 다르게 질문하는 능력을 키울 것인가?' 라는 질문으로 '질문의 연금술'이라는 제목을 붙여봤다. 다르게 질문하는 능력을 키우기 위해서는 고착화된 관점에서 벗어나 새로운 관점을 가질 수 있어야 한다. '선, 끈, 틈, 줄'이라는 네 가지 도구를 활용해 새로운 관점을 찾는 법, 그리고 이를 활용해 질문을 디자인하는 실용적인 방법들을 정리해보았다.

처음부터 차례대로 읽을 필요는 없고, 관심 있는 질문을 선택해서 읽기를 바란다.

즉각적으로 답을 찾지 못하더라도, 질문을 멈추지 말자

"의문을 지닌 채 현재를 살아라. 그러면 나도 모르게 먼 훗날, 대답을 지닌 채 살아갈 날이 올 것이다"라고 시인 릴케는 노래했다. 쉽게 떠오르는 답은 변화를 만들어내지 못한다. 처음 떠오른 답이 가장 좋은 답이 아닐 경우가 많다. 집요하게 '그리고 또?'라는 질문으로 답을 찾고, 또 찾아봐야 한다. 작가인 내가 쓴 답변들이 정답일 리 없다.

가능하다면, 박스 형태로 제공된 질문에 간단하게라도 자신의 생각을 기록해보길 권한다. 아마 쉽게 답하긴 어려울 것이다. 긴 세월 속에서 품고 탐구한 질문이 우리의 인생을 만들어간다. 괴테의 조언처럼 서두르지도 말고, 쉬지도 말자.

어떤 질문은 혼자서 답할 수 없고, 함께 답을 찾아야만 한다. 《좋은 기업을 넘어 위대한 기업으로》의 저자 짐 콜린스는 국내 신문사와 인터뷰

중 "위대한 일을 하기 위해서는 무엇이 먼저입니까?"라는 질문을 받았다. 그리고 이렇게 답했다. "저는 세 권의 책을 쓰면서 합계 7000년 치에 해당하는 기업 역사 데이터를 수집하고 분석했습니다. 그런데 그런 제게 누가 와서 '다른 모든 것에 우선하는 한 가지 기술을 30초 이내에 답해달라'고 한다면 저는 '적합한 사람을 뽑아 적합한 자리에 앉히는 일'이라고 말하겠습니다."

가치 있는 질문에 관한 훌륭한 답을 찾기 위해서는 적합한 사람들과의 만남이 필요하다. 이 책에서 좋은 질문을 발견했다면, 그 질문을 가지고 대화를 나눌 만한 사람들과 만나야 한다. 그리고 어떤 질문에 대한 답은 '말이 아니라, 실천으로만' 답할 수 있다. 이 책의 질문들이 만남의 계기가 되고 실천의 계기가 되길 소망한다.

질문술사 박영준

목차

3부
질문어 탐구
**질문을 질문답게 만드는
단어는 무엇인가**

1부

Why

왜 다르게 질문해야 하는가

.

다르게 질문하기

Ask Different

01 왜 질문이 어려운가

💬 **질문하는 것은 왜 그토록 어려운가?**

2010년 서울, 버락 오바마 미국 대통령이 G20 정상회의 폐막식에 섰다. 정상회의 개최국인 한국의 기자들에게 질문권을 주겠다고 했다. 오바마는 한국 기자들이 질문하길 요청했다.

"누구 없나요? 없나요? 아무도 없나요?"

침묵이 길어졌다. 통역도 준비되어 있었지만, 어느 누구도 질문을 하려고 하지 않았다. 이 장면은 질문이 사라진 교실의 문제를 다룬 EBS 다큐에서 방영되어 다시 한 번 이슈화되었다. 당시 기자회견에 참석했던 기자는 "그 자리에서 질문을 던지면 한국 모든 기자를 대표해서 던지는 질문이 될 텐데, 내 질문이 과연 모든 사람을 대표할 만한 질문인지 고민하다가 결국 손을 들지 못했다"고 말했다. 적절한 질문과 적절하지 못한 질문이 따로 있고 적절한 질문만을 해야 한다는 사회적 분위기가 오히려 질문을 막는 꼴이 됐다고 분석한 기자도 있었다.

왜 질문하지 않을까

학생들이 질문을 하지 않는다. 회사에서도 질문이 사라지고 있다. 초중고 교사뿐 아니라, 대학 교수들까지도 질문 잘하는 법을 물어온다. "어떻게 하면 질문을 잘할 수 있는가?" 참으로 난감한 질문이다. 서로 질문할 수 있는 분위기를 만들고, 진지하게 대화를 나눌 수 있는 장을 열어주면 질문을 통한 대화가 자연스럽게 일어난다.

일상의 사유와 대화는 질문에 기반한다. 인간은 일상 속에서 수많은 질문을 하며 살아간다. 질문하는 법을 모른다기보다는, 질문을 더 잘하고 싶은 것이다. 질문하는 것이 점점 더 불편해지고 어려워지는 것은 질문하는 것을 꺼리게 하는 집단적인 분위기, 질문하는 것을 어렵게 만드는 상황 때문이다.

왜 질문하는 것이 어렵게 되었을까

예전에는 아이들은 묻고, 어른은 답을 해주었다. 그런데 어느 순간부터 어른들의 질문이 더 많아졌다. 아이들은 질문이 줄어들고, 점점 묻는 것을 어려워하게 되었다. 학교를 졸업하고 직장생활을 하면서도 마찬가지다. 상사가 묻고, 부하직원이 답하는 문화에 익숙해졌다. 역할과 지위에 따라 질문하는 사람과 답하는 사람이 따로 나뉘기 시작했다.

질문하는 능력은 어디로 가버린 것일까? 무엇이 질문하는 것을 가로막고 있는가? 천부적인 질문 능력을 되살리기 위해서 우리가 할 수 있는 것은 무엇일까? 천부적인 질문 능력들이 발휘될 수 있는 여건을 조성하기 위해서 우리가 할 수 있는 것은 무엇일까?

💬 질문하는 능력

우리는 일상에서 수많은 질문을 던진다. 그중 좋은 질문은 자신이 원하는 정보를 이끌어내고 상대와 친밀한 관계를 쌓을 수 있도록 돕지만, 나쁜 질문은 관계를 악화시키고 왜곡된 정보를 전달하기까지 한다.

_ 제임스 파일, 메리앤 커린치,《질문의 힘》

생각을 불러일으키는 것은 무엇인가?

인간은 생각하는 능력이 뛰어나다. 호모 사피엔스 사피엔스 Homo sapiens

sapiens라는 말은 슬기로운 인류를 뜻한다. 충동적으로 떠오르는 생각에 사로잡혔던 것을 뛰어넘어 능동적으로 생각하는 힘을 갖추게 되면서, 생각을 불러일으키는 '그 무엇'을 다룰 수 있게 되었다. 나 자신의 생각뿐 아니라 동료의 생각을 불러일으키고, 생각을 공유하는 힘을 갖춘 것이 현생 인류다. 생각을 불러일으키는 '그 무엇!' 우리는 이것을 '질문'이라 부른다.

질문은 능동적으로 사유할 수 있게 하고, 타인과 소통할 수 있게 한다. 우리는 타인과 어울려 살면서 의식적 · 무의식적으로 '질문'을 활용한다. 이 활동을 통해 인류는 발전해왔으며, 새로운 문제들을 남다른 방식으로 풀어냈다. 질문하기를 멈추지 않는 사람은 끊임없이 변화하고, 성장하며, 자기 자신뿐만 아니라 자신이 속한 공동체까지도 변화시킨다.

타고난 능력을 어떻게 되살릴 것인가?

인간은 질문하는 능력을 타고 났다. 그러나 교육과 문화의 제약으로 이 능력이 억압되면서 퇴보하고 있다. 근대 이후 제도화된 학교 교육은 질문하는 능력보다 올바르게 답하는 능력을 신장시키기에 바빴다. 더불어 무엇인가를 지키는 것에 더 큰 가치를 두고, 변화를 달갑지 않게 여기는 조직의 경직된 문화는 질문을 기득권을 쥐고 있는 사람들에게만 허용하고, 질문하는 활동을 억압하였다.

낡은 정답보다 새로운 질문이 필요한 시대다. 아이들의 잠재능력을
이끌어내려면 스스로 답을 찾도록 도와주는 질문이 필요하다.

_조희연(서울시 교육감)

하지만 그 능력은 쉽게 사라지지 않는다. 어린 시절 몇 번의 시행착오
를 거쳐 자전거를 탈 수 있게 된 아이를 생각해보자. 이후 수년 동안 자전
거를 타지 않더라도 자전거를 타는 능력은 쉽게 사라지지 않는다. 자전거
를 탈 수 있는 능력이 있음을 망각해도 마찬가지다. 다시 기회만 주어진
다면, 어렵지 않게 능력을 발휘해 자전거를 탈 수 있다.

질문하는 능력도 마찬가지다. 우리 안에 숨어 잠들어 있을 뿐이다. '질
문하는 능력'은 새롭게 배워야 할 그 무엇이 아니라, 다시 일깨우고 가다
듬고 활용하는 것이다. 물론 외발자전거 타기를 시도하고 싶다면 새로운
훈련이 필요하다.

질문을 통해 생각하고, 배우고, 소통하는 것을 넘어서는 무언가를 하려
한다면 이 역시 새로운 훈련이 필요하다. 어떻게 하면 우리의 타고난 질
문하는 능력을 되살려 삶에서 활용할 수 있을까? 질문하는 능력을 일깨
우고, 단련하고, 능숙하게 활용하기 위해 필요한 것은 무엇일까?

생각을 떠올리는 능력, 시간과 공간의 틀에서 벗어난
추상적인 생각을 해보는 능력, 서로 관련이 없거나

낯설어 보이는 것들끼리 서로 조합해보는 능력은 누구에게나 있다.

우리는 몽상을 할 때도, 추측을 할 때도,

심지어 거짓말을 할 때도 그런 능력을 사용한다.

_ 윌 곰퍼츠, 〈발칙한 예술가들〉

문제는 많은 사람이 자신에게는 질문하는 능력이 없다고, 혹은 질문하는 방법을 모른다고 믿어버린다는 것이다. 그리고 질문에 대한 자신감을 잃어버린다. 그래서는 안 된다. '자신에 대한 의심'을 극복하고 '자신에 대한 신뢰'를 쌓아야 한다. 보다 적극적으로 질문을 활용함으로써 좀 더 진화한 인간으로 거듭날 수 있다.

"어떻게 하면 질문을 '잘'할 수 있는가?"를 묻지 말자. '잘'이라는 단어를 지워버리고 질문을 하자. 멈추지 않고 질문하고, 조금 더 질문에 민감해지자. '잘'하려고 하다간, '못'하게 되기 쉽다. 질문하는 능력은 하면서 키워지는 것이지, 처음부터 새롭게 배워야 하는 능력이 아니다. 질문하고, 다시 질문하고, 다르게 질문하다 보면 더 좋은 질문을 하고 있는 자신을 만날 수 있게 된다. 무엇보다 중요한 것은 질문하는 것을 멈추지 않는 것이다.

💬 질문의 연금술

질문은 스킬일까, 태도일까

질문은 본디 인간의 '능동'적인 행위다. 적극적으로 사유하고, 적극적으로 경청하고, 적극적으로 소통하기 위해 '묻기'를 선택하는 것이다. 능동성은 스킬이라기보다는 태도에 가깝다. 자주 활용하다 보면 스킬로 발전한다. 묻고자 하는 태도가 없다면 묻는 능력은 향상되지 않는다. 묻는 능력을 자주 사용하다 보면 기술이 생기고, 스킬이 된다.

기술이 남다른 경지에 이르면 우리는 '예술'이라 부른다. 질문하는 능력을 자주 활용하고 가다듬어 예술의 경지에 이른다면 어떤 일들이 일어날까? 예술의 목적은 모방이 아니라 창조에 있다. 질문의 목적이 기존의 지식을 습득하는 데 그친다면 예술이라고 할 수 없다. 창조적인 활동을 위해서 질문을 활용하는 경지에 이른 사람이야말로 온전한 '질문 예술가'가 될 수 있다.

타고난 역량도 자주 활용하지 않으면 녹이 쓴다. 신중하게 계획된 연습은 탁월함의 필수 요건이다. 역량이 쓰일 기회만을 기다리는 것이 아니라, 미리 준비해야 기회가 올 때 능숙하게 활용할 수 있다. 호모 사피엔스는 질문하는 능력을 타고난 종이다. 타고난 능력이라 하더라도 누구나 능숙하게 활용할 수 있는 것은 아니다. 연습을 통해 연마해야 기술이 되고, 그 기술을 제대로 창조적으로 활용할 때 예술이 된다.

질문은 기술이다

Skill

質문은 예술이다

Art $\longrightarrow$ 질문은
연금술이다

질문의 연금술이란 무엇인가

질문하는 능력을 가다듬어 예술이 되게 하는 것, 질문을 더 효과적으로 하기 위한 훈련을 '질문의 연금술'이라 부르려고 한다. 연금술은 금속을 제련하여 금을 얻는 것이다. 이처럼 더 좋은 질문을 통해 단편적인 생각과 습관적인 사유를 금으로 변화시킬 수 있다.

질문의 연금술을 훈련하면 사고력을 향상하고, 의사소통을 활성화하고, 이전에는 풀지 못했던 문제들을 해결할 수 있다. 또한 자신을 위해서 질문을 활용할 수 있고, 타인과 세상을 위해서도 활용할 수 있다. 《질문의 힘》의 저자 제임스 파일은 "효과적인 질문을 하기 위해서는 호기심 이상의 것이 필요하다"고 이야기했다. 다르게 질문하면 관찰하는 것도 달라지고, 느끼는 것도 달라지며, 생각하는 것도 달라진다. 타인과의 소통도 달라지며, 행동과 결과까지도 변화시킬 수 있다.

연금술은 세상에서 가치 없다고 여기는 것들을 가치 있는 것들로 변혁시키려는 시도다. 질문하는 타고난 잠재된 능력을 사용하고, 연마하면 질문의 기술을 향상시킬 수 있다. 이 기술을 창조적으로 활용하면 가치있는 것을 탄생시키는 예술이 된다. 즉 질문의 연금술을 갈고 닦는다는 것은 질문을 통해 예술가로 살아간다는 의미다.

그렇다면 다르게 질문하는 법을 갈고 닦는 훈련법, '질문의 연금술'에 대해 기초적인 것부터 하나씩 정리해보자. 돌덩이 같은 삶이 질문을 통해 금덩이 같은 가치 있는 삶으로 변혁되는 경험을 해보고 싶다면 '질문의 연금술'을 함께 탐구하고 훈련해보자.

02 왜 다르게 질문해야 하는가

"다르게 생각하라 Think different 고?"

스티븐 잡스는 '다르게 생각하라'는 말을 유산으로 남겼다. 남다른 생각이 없다면 남다른 결과를 창조하지 못한다. 만약 그가 남들처럼 생각했다면 우리는 '아이폰'이나 〈토이 스토리〉와 같은 남다른 작품을 감상할 수 없었을 것이다.

뒤따라 오는 질문은 '어떻게 How'이다. 어떻게 다르게 생각하기를 실천할 수 있을까? 다르게 생각하기 위해 무엇보다 중요한 것은 다르게 질문하는 것이다. 다른 질문 Different Question 을 다르게 질문 Ask Different 해야 한다. 질문은 생각을 낳는다. 다르게 묻지 못하면 늘 체험했던 결과만 반복될 것이다.

💬 Why : 왜 다르게 질문하지 못하는가?

맨손으로는 목공일을 하기 힘들고, 맨뇌로는 생각을 하기 힘들다.

_ 보 달봄

당연하지 Surely

우리는 너무도 쉽게 "당연하지"라는 말을 남발한다. 당연한 것에 의문을 제기하지 못한다면, 당연한 세상에 갇혀 길을 잃게 될 것이다. 세상의 수많은 현상이 지금 이 모양인 것은 당연한 것이 아니다. 이렇게 된 것에는 이유가 있고, 대개 그 이유는 우리가 함께 만들어낸 것이다. 당연한 것이라기보다는 인위적인 것이다.

왜 그런 거야 Why

"왜 그런 거야?"라는 질문을 던지면 이 숨막히는 '당연한 세계'에 작은 균열을 불러일으킬 수 있다. 그리고 그 틈에서 새로운 혁신의 싹이 자랄 수 있다. 우리가 다르게 질문하지 못하는 것은 '다르게 질문하기'가 익숙하지 않아서일 수 있다. 우리에게는 다르게 질문할 가능성과 저력이 있다. 다만 아직 훈련되지 않은 것뿐이다. 아니면 다르게 질문하기를 허락하지 않는 문화와 환경 속에서 자라났기 때문에 '다르게 질문하는 능력'을 망각한 것이다. 잊어버렸다면 일깨우면 되고, 미숙하면 훈련하면 된다.

💬 만약 우리가 '다르게 질문하기' 시작한다면?

상상해보라, 만약^{if} ~

'만약^{if}'이라는 '질문어'는 우리의 상상력에 불을 지펴준다. **만약** "학교에서 더 많은 질문을 하는 사람이 교사가 아니라 학생이라면 어떻게 될까?" **만약** "직원이 회사의 잘못된 관행들을 변화시켜, 고객을 존중하고 배려하는 방향으로 개선시킬 수는 없을까?"를 묻는다. 그리고 **만약** "경영진이 직원의 질문에 관심을 기울이고 함께 탐구하기 시작한다면 어떻게 될까?" **만약** "정치가들이 권력의 자리를 차지하고, 정권을 획득하는 길을 묻는 것이 아니라, 국민들의 더 나은 삶을 위해 정책과 시스템을 어떻게 개선해야 할까를 묻는다면 어떤 일들이 벌어질까?"

우리에겐 '답할 권리'보다 중요한 더 좋은 '질문을 선택할 권리'가 있다. 세상이 던지는 질문에 그저 답하기 위해 태어난 것이 아니다. 우리는 지금과 다른 현실을 창조해나갈 힘이 있다. 적어도 나는 우리가 다른 현실을 창조하기 위해 다르게 질문하기 시작해야 한다고 믿는다. 다른 현실을 창조하고 싶은가? 그렇다면 현실과 통념에 다르게 질문하기 시작하는 것이 그 첫걸음이 될 것이다.

💬 '다르게 질문하기' 위해 필요한 것은 무엇인가?

실패하더라도 멈추지 말고 '다르게 묻기' 시작하라!

지금까지 못했던 행동들을 새롭게 익히는 과정에서 우리는 실수와 실패라는 쓰라린 경험을 한다. 새로운 시도는 성공할 확률이 높지 않다. 그러나 실패를 두려워해서 행동하지 않는다면 앞으로 나아가지 못한다.

다르게 질문하기를 시도하는 과정에서도 서툰 질문으로 원하는 결과를 얻지 못할 가능성이 크다. 다르게 질문하여 좋은 결과를 얻는 것은 올바른 답을 찾아 좋은 결과를 얻는 게임보다 난이도가 높다. **그럼에도 불구하고 우리는 왜 앞으로 나아가야 하는가?** 다르게 질문을 해야 하는 당신 안의 필요, 혹은 세상이 다른 질문을 필요로 하는 이유를 망각해서는 안 된다. "왜 살아야 하는지 아는 사람은 그 '어떤' 상황도 견딜 수 있다(빅터 프랑클)."

만약 '다르게 질문하기'를 돕는 도구가 있다면

도구Tools는 특정한 행위의 성공 가능성을 높여준다. 목수에게는 망치가, 주방장에게는 칼이, 화가에게는 붓이 그러한 업의 도구이다. 도구는 반복되는 일들을 더 쉽고, 빠르고, 정확하게 수행할 수 있도록 돕는다. 다르게 질문하기 위해서도 '도구'가 필요한데, 가장 많이 활용되는 것이 '책'이다. '질문 카드'나 '발상 카드'와 같은 도구도 자주 활용된다. 생각을 돕는 각종 차트와 프레임도 그런 도구들 중 하나이다. 그리고 도구들보다 더욱 효과적인 도구가 탄생할 것이다. 이 책에 쓰인 글들 역시 다르게 생각하기'를 돕기 위한 도구로서 작동될 것이다.

그러나 무엇보다 중요한 것은 _____ 이다

실패하더라도 좌충우돌 시행착오를 거치며 시도하면서 배우는 것이나, 효과적인 도구를 통해 습득의 과정을 단축하는 것 이상으로 중요한 것이 있다. 그것은 우리가 모방할 수 있는 구체적인 사례들과 다르게 질문하는 사람들과의 만남이다. 다른 누군가가 성공했다면, 나 역시도 성공할 가능성이 높다. 그렇지 않은가? 다행히 우리에게는 그런 사례가 풍부하다. 다만 아직 충분히 발견하지 못했을 뿐이다.

💬 다르게 질문하기 위한 최우선 과제는 무엇인가?

새장을 가지고 있는가

140여 개의 특허와 30여 개의 명예박사 학위를 갖고 있는 델코의 창립자 찰스 케터링. 그는 자신의 목표를 매일 한 가지씩 뛰어난 생각을 떠올리는 것으로 정하고 실천했다고 한다. 케터링과 관련된 일화 중 많은 사람에게 알려진 '아름다운 새장' 이야기가 있다.

케터링은 친구에게 애완용으로 새를 구입하게 만들겠다고 장담했다. 물론 친구는 절대 새를 키우지 않겠다고 장담하며, 내기를 걸었다. 그로부터 며칠 후 케터링은 친구에게 값비싼 수제 새장을 사주었다. 친구의 집에 놓인 새장을 본 사람들은 "새는 어떻게 되었죠?"라고 물었다. 한 번도 새를 키운 적이 없다고 말했지만, 사람들은 계속해서 물어보았다. 이런 일이 반복되자 친구는 결국 작은 앵무새 한 마리를 살 수밖에 없었다. 케터링은 이에 대해 "마음속에 새장을 가지고 있으면 언젠가는 그 안에 담을 무엇인가를 갖게 된다"라고 말했다(존 맥스웰,《생각의 법칙 10+1》)."

다르게 질문하기 위한 첫 걸음은 더 좋은 질문이 머무를 새장을 마련하는 것이다. 마음속의 새장이 될 '질문노트'를 만들자. 답이 아닌 질문을 기록할 노트를 말이다.

질문노트를 만들어라

'총각네 야채가게'를 남다른 성공으로 이끈 이영석 대표는 자신이 채소와 과일 장사에서 성공할 수 있었던 이유로 질문을 이야기한다. 이영석 대표는 젊은 시절 장사를 배우며 수십 권의 질문 노트를 써왔다고 밝혔다. 장사를 배우며 밤늦게 집에 귀가하면, 스승에게 할 수십 가지의 질문을 적었다. 그리고 다음날 스승을 찾아가 명확하게 이해될 때까지 꼬치꼬치 물어보았다고 한다. 이영석 대표의 질문노트는 자신만의 성공을 뛰어

넘어 수많은 청년이 성공할 수 있게 만든 저력이 되었다.

특정한 목적을 가진 '빈 공간'은 그 공간에 담을 적절할 '내용'을 채워나가라고 압력을 가한다. 다르게 질문하기를 위한 첫 번째 실천은 '다른 질문'을 보관할 새장, 즉 '질문노트'를 만드는 것이다.

이 글을 읽는 독자는 '질문 예술가Question Artist'가 되길 바란다. 남들이 던지는 수많은 질문에 답하기에 급급한 사람이 아니라, 세상이 함께 품을 가치 있는 질문을 창조하고 활용하는 사람이 되는 것이다. 나는 이러한 사람들을 '질문 예술가(줄여서 질문술사)'라고 부른다. 자, 그럼 더 좋은 질문들을 창조해나갈 준비를 함께 해보자.

질문노트의 첫 장을 열고 다음과 같은 질문을 적어보자. 그리고 빈 공간 가득 자신만의 다양한 답을 채워넣기 전까지는 다음 글을 읽지 않길 권한다.

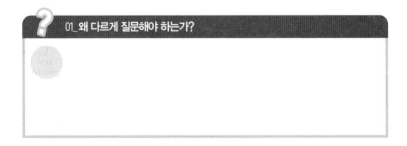

01_ 왜 다르게 질문해야 하는가?

03 더 좋은 질문이란

우리가 하는 질문은 우리 삶의 방향을 결정한다. 우리가 하는 질문들은 무엇을 배울 것인가, 어떤 토론을 할 것인가, 관계 개발을 위해 어떤 노력을 할 것인가, 그리고 어떤 행동을 할 것인가를 결정한다.

_다이아나 휘트니 외,《행복한 가족을 위한 대화》

💬 통하는 질문이 더 좋은 질문이다

어떤 질문이 더 좋은 질문일까? 답을 찾기 어려울 땐 반대로 접근하면 유용한 통찰을 이끌어낼 수 있다. 그렇다면 '어떤 질문이 나쁜 질문일까?'

책망하기	왜 그랬어? 생각은 하고 사니?
압박하기	결혼은 언제 할래? 정말 밥값은 하고 있다고 생각해?
자신감 꺾기	네가 뭐라고 그런 걸 해? 누가 감히 그렇게 하라고 해?

모든 질문이 좋은 것은 아니다. 질문을 가장한 유도심문, 강요, 심판의 덫을 놓는 사람을 조심해야 한다. 모든 질문에 답할 필요가 없다는 사실을 기억하자. 좋은 질문에만 답하기에도 인생은 짧다. 그럼 긍정적인 영향을 이끌어내는 질문들을 살펴보자.

긍정적 질문의 활용 예시	
긍정 결과 강화하기	어떻게 그런 결과를 냈어? 특별한 비결을 좀 알려주겠어?
배움 구하기	이럴 때 어떻게 해야 할까? 가장 중요한 것은 무엇인가?
친밀한 관계 구축하기	요즘 어떻게 지내니? 뭐 더 필요한 건 없어?

의도   →   질문   →   영향
Intention   Question   Impact

이 두 가지 질문 패턴 간에 존재하는 차이점은 무엇인가? '문제를 야기하는 질문'의 이면에는 타인의 행동에 대해 심판하고, 제한되고 고정된 사고 방식이 깔려 있다.

반면 '통하는 질문'은 다르다. 상대에 대한 존중과 '다름'에 대한 인정과 존중이 바탕이 되는 것이다. 이러한 질문을 하는 사람은 긍정적인 면을 강화하고, 질문을 학습과 발견의 도구로 활용한다.

모든 질문은 '질문을 던지기 전, 질문을 던진 후'라는 맥락을 갖는다. 질문하는 사람은 의도를 가지고 질문하며, 질문을 통해 대화하는 가운데 영향력이 발생된다. 질문의 의도와 영향력을 검토해보면, 통하는 질문의 가장 핵심적인 특징들을 발견할 수 있다.

그럼 통하는 질문의 세 가지 기본 조건을 먼저 살펴보자. 누구나 알고 있지만, 또 실제 질문할 때는 간과되기 쉬운 것들이다.

💬 통하는 질문의 3가지 기본 조건

통하는 질문은 '긍정적'이다

질문의 의도만 긍정적인 것이 아니다. 질문을 통해 일어나는 영향까지 긍정적이어야 한다. '긍정 중심의 질문' 반대편에는 '문제 중심의 질문'이 놓여 있다.

> ☑️ **문제 중심의 질문**
>
> - 넌 왜 그렇게 화를 참지 못하니?
> - 내가 그렇게 도와주었는데도 제대로 못 하니?
> - 어떻게 하다가 일을 그렇게 망쳐놨니?
> - 네가 그 일을 해도 된다고 누가 그랬니?

'문제 중심의 질문'을 받으면 어떤 생각이 드는가? 어떤 느낌이 올라오는가? 누구도 상대로부터 이런 식의 질문을 받길 좋아하지 않을 것이다. 문제를 개선하기 위한 긍정적인 의도를 갖고 있더라도 질문이 문제 자체에 초점을 맞추게 된다면 질문을 받는 상대는 추궁당하거나 평가받는 느낌을 받게 된다. 추궁당하고 평가받는 것을 달가워할 사람은 없다. 이런 경험이 쌓이고 쌓이면 '질문'이라는 말만 떠올려도 위축되고 피하고 싶게 된다.

☑️ **긍정 중심의 질문**

- 어떤 일을 좋아하나요?
- 특별히 자신있는 것, 잘할 수 있는 것, 당신의 강점은 뭔가요?
- 어떻게 그런 좋은 결과를 이끌어낼 수 있었나요?
- 만약 그 일이 의도한 바대로 잘된다면 어떤 기분이 들까요?

긍정적인 것에 초점을 둔 질문들은 답하려는 사람들에게 안전한 느낌을 제공하고 허심탄회한 대화를 가능하게 한다. 긍정적인 경험과 기억을 떠올리게 되면 우리 내면의 정서 상태는 자연스럽게 긍정적으로 전환된다. 에너지는 관심에 따라 흐른다. 긍정적인 상태에서 우리는 타인에게 자신의 이야기를 풀어놓을 수 있는 개방적인 태도를 취할 수 있다.

통하는 질문은 '개방적'이다

개방적 질문이란 상대의 경험과 의견을 구체적으로 표현할 수 있게 하는 열린 질문을 의미한다. "공부 잘하고 싶지?"라는 질문에는 "네" 혹은 "아니오"라는 답변만 허용된다. 답할 수 있는 공간이 협소하다. 이런 질문으로는 의미있는 대화가 촉진되지 않는다. "어떤 공부를 좀 더 해보고 싶어?" "그런 생각을 하게 된 특별한 이유라도 있니?"와 같은 열린 질문은 이야기를 자연스럽게 풀어놓을 수 있게 한다. 답할 공간이 충분히 열려 있어야 우리 안의 경험들이 세상 밖으로 표현될 수 있다.

한 엄마가 아이에게 물었다. "오늘 학교에서 어땠니?" 아이는 "좋았어요"라고 대답한다. 엄마가 다시 "그래, 오늘 뭘 했니?"라고 묻자, 아이는 "아무것도 안 했어요"라고 대답한다. 그 대답을 들은 엄마는 "오늘 7교시를 했는데 아무것도 안 했다고?"라고 반문했다.

이 이야기를 들려줄 때마다 많은 사람이 박장대소하고 웃는다.

나와 남편은 '좋고 더 좋은 항아리'라는 것을 만들었다. 즉 매일 아이들이 학교에서 돌아오면 우리는 "오늘 하루가 좋은 날이었니, 아니면 더 좋은 날이었니(이것은 의도적 긍정 질문임)?"라고 물은 후 아이들에게 그들이 좋은 날 또는 더 좋은 날이라고 생각하는 이유를 자세히 이야기하게 한다. 그리고 아이들의 이야기를 적어서, '좋고 더 좋은 항아리' 안에 넣어둔다. 실제로 좋지 않는 날을 보낸 경우라 하더라도 아이들은 자신이 보낸 하루를 재구성할 수 있게 되고, 그렇게 되면 그날은 좋은 날로 기억된다.

_다이어트 휘트니, '재키 스트라보스의 이야기',

《행복한 가족을 위한 대화》

통하는 질문은 '통합적'이다

대부분의 질문이 이성적인 사유, 즉 생각만을 묻는다. 인간은 이성뿐만 아니라 감성과 의지 모두를 가지고 있다. 이성과 감성, 의지는 인간의 중요한 삼중 구조다.

의지는 경험을 창조하고 실현한다. "무엇을 성취했나?" "앞으로 무엇을 하고 싶은가?" "언제 시작하고 싶은가?"를 묻는 질문들은 '의지'와 통한다. 감성은 그 경험들을 음미한다. 그리고 "해보니 어때?" "어떤 기분이 들었어?" "현재 상황이나 사람들에 대해 어떻게 느끼고 있니?"와 같이 감정을 이해하도록 돕는 질문은 공감을 촉진한다.

이성은 이를 바탕으로 판단하고 미래를 새롭게 창조하는 결정들을 내린다. 어떤 사람들은 경험한 객관적 사실들이 중요하고, 어떤 이들에게는 내면의 느낌이 중요하다. 통하는 질문은 생각과 느낌, 그리고 실제 일어난 일 모두에 대한 통합적Integral 관심을 기반으로 한다.

긍정적이고, 개방적이고, 통합적인 관점에서 하는 질문이어야 통한다. 그렇다면 통하는 질문으로 만난다면 우리가 얻게 되는 것은 무엇일까?

질문하는 사람	답하는 사람
이 질문을 통해 질문하는 사람은 어떤 결과를 얻게 되는가?	이 질문을 통해 답하는 사람은 어떤 결과를 얻게 되는가?
· 상대에 대한 공감 · 새로운 것을 배우는 학습 · 상대에 대한 존중 · 호기심과 관심의 증가	· 관점의 전환 · 중요한 것을 깨닫고 자각하게 됨 · 긍정적인 정서 · 의도한 바의 실천 의지 증가

좋은 질문을 통해 상대를 만나게 된다면 우리는 상대에 대한 존중과 관심을 바탕으로 질문을 통해 공감과 이해에 이르고, 상대와 상대방의 세계에 대한 깊은 배움을 얻을 수 있게 된다.

좋은 질문은 답하는 사람들에게 관점의 전환을 돕고, 중요한 것들을 다시 깨달을 수 있는 기회를 준다. 좋은 질문을 통해 상대방은 자각의 수준이 높아지며, 긍정적인 정서 상태에 이를 수 있게 된다. 높은 수준의 자각과 긍정적 정서는 행동을 실천으로 옮길 수 있는 힘을 제공한다.

💬 통하는 질문을 디자인하기 전에 먼저 누구와 통하고 싶은가를 생각하라

모든 진실한 삶은 만남에 있다.

진실로 나는 너와 만남으로서 비로소 진정한 내가 된다.

_ 마르틴 부버,《나와 너》

누구와 무엇과 통하고 싶은가

자신의 강점을 발견하고, 가치를 찾아내며, 자신이 이루고자 하는 삶의 모습과 통하려면 어떤 질문을 해야 할까? 내가 마주하고 있는 바로 그 사람을 이해하고 공감하고, 그의 가능성이 꽃피우도록 돕기 위해서는 어떤 질문을 해야 할까? 혹은 특정한 주제에 대해 깊이 탐구하고, 배움을 얻기 위해서는 어떤 질문을 해야 할까?

나와 통하고, 너You와 통하고, 그것It과 통하고, 우리We와 통하기 위해서는 '통하는 질문'을 품고 만나야 한다. 가장 먼저 할 일은 '누구와 통하고 싶은가?'를 묻고 이 질문에 답하는 것이다. 모든 사람과 통하는 질문을 디자인하려는 욕심을 버려야 한다. 모든 사람의 욕구를 만족시키려는 비즈니스는 망하는 지름길이다. 모든 독자를 만족시키려는 책이 그러한 것처럼. 질문은 일단 단 한 사람이라도 제대로 통할 수 있어야 한다.

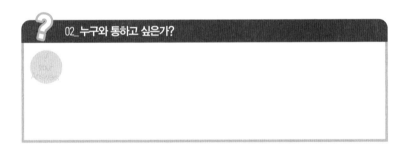

02_ 누구와 통하고 싶은가?

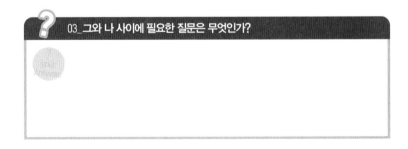

03_ 그와 나 사이에 필요한 질문은 무엇인가?

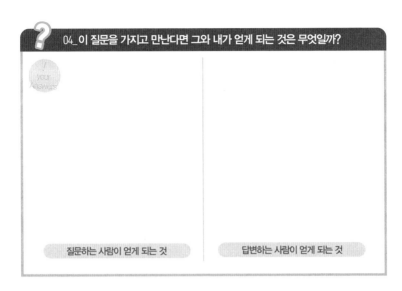

04_ 이 질문을 가지고 만난다면 그와 내가 얻게 되는 것은 무엇일까?

your
Answers

질문하는 사람이 얻게 되는 것

답변하는 사람이 얻게 되는 것

04 질문에는 어떤 힘이 있을까

질문에는 놀라운 힘과 원리가 작동한다. 다르게 질문해야 할 필요를 '질문이 가지고 있는 강력한 힘'에서 찾아보자. 힘에 사로잡혀 삶을 허비할 수도 있고, 혹은 질문의 힘을 올바르게 활용할 수도 있다. '어떻게 질문을 활용할 것인가'를 묻기 전에 일단 질문이 가진 힘과 원리를 탐구해보자.

💬 보이지 않는 고릴라 실험과 질문의 힘

심리학 실험으로 유명한 '보이지 않는 고릴라' 동영상을 본 적이 있는가? 이 실험은 다음과 같은 질문으로 시작한다.

"흰 옷을 입은 여성들은 패스를 몇 번 하는가?"

먼저 흰색 셔츠를 입은 팀 3명과 검은색 셔츠를 입은 팀 3명, 총 6명이 동그랗게 모여 서서 서로 농구공을 패스하는 동영상을 보여준다. 실험 참가자는 흰색 셔츠 팀의 패스 횟수만 세면 된다. 50초가량 진행되는 이 실험에서 고릴라 옷을 입은 사람이 등장해 가슴을 두드린 뒤 퇴장한다. 영상이 끝난 후 실험 참가자의 90퍼센트 이상은 농구공의 패스 횟수를 맞춘다. 그런데 의아하게도 실험 참가자의 50퍼센트가 고릴라의 등장을 눈치채지 못한다. 첫 번째 실험이 끝난 이후 실험 참가자에게 중간에 고릴라가 등장했다는 정보를 제공해주고 다시 동영상을 시청하면 실험 참가자들은 당연히 고릴라를 발견한다.

《보이지 않는 고릴라》란 저서를 집필한 크리스토퍼 차브리스와 다니엘 사이먼스는 이 실험으로 인간의 주의력과 인지 능력에 대해 새로운 지

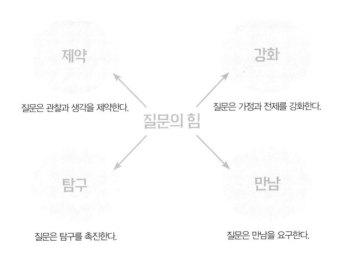

제약
질문은 관찰과 생각을 제약한다.

강화
질문은 가정과 전제를 강화한다.

질문의 힘

탐구
질문은 탐구를 촉진한다.

만남
질문은 만남을 요구한다.

평을 연 것으로 평가받았다. 우리는 이 실험에서 질문이 가지고 있는 강력한 첫 번째 힘을 발견할 수 있다.

💬 질문은 [＿＿＿＿＿＿]을/를 제약한다

> 잘못된 경영 판단을 내리는 가장 흔한 이유는 올바른 질문이 무엇인지 생각도 하지 않으면서 올바른 답부터 구하려고 서두르기 때문이다.
>
> _ 피터 드러커

질문은 제약한다. 제약한다는 것은 한계를 짓는다는 의미이다. 질문에 따라 사고가 제약되고, 답 또한 제약된다. 만약 실험에서 "흰 옷을 입은 여성들이 몇 번 패스하는가?"라는 질문이 아니라 "앞으로 보여드릴 영상에서 특이한 점이 있다면 무엇일까요?"라고 물었다면, 대부분의 참가자가 고릴라를 발견할 수 있었을 것이다. 질문은 사고를 제약하고, 관찰하는 우리의 역량을 제약한다.

"저 사람의 약점은 무엇일까?"를 묻는 사람과 "저 사람의 강점은 무엇일까?"를 묻는 사람 사이의 차이는 크다. 물음은 그 물음 경계 밖의 정보들을 차단하여 보지 못하게 한다. 질문이 하나의 틀이 되는 것이다. 즉 틀 안으로 어떤 정보가 들어오게 할지를 거르는 작용을 한다. 쉽게 말해 질문은 생각을 제약한다. 이러한 질문의 제약하는 특성을 잘 활용하면 더 좋은 질문을 할 수 있다.

더 좋은 질문을 하려는 것은 제약에 변화를 주려는 것이다. "매달 말에는 남는 돈이 하나도 없습니다"라고 문제를 정의한 사람이 있다고 가정해 보자. 이를 해결할 수 있는 아이디어를 얻기 위한 수단으로 우리는 다양한 질문을 디자인할 수 있다. 예를 들어 다음과 같은 상황에서 더 효과적인 질문이 무엇일지 살펴보자.

상황 : 매달 말에는 남는 돈이 하나도 없다.

Q1. 어떻게 더 많은 돈을 벌 수 있을까?

Q2. 어떻게 지출을 더 줄일 수 있을까?

Q3. 수입에 맞춰 지출을 하려면 어떻게 해야 할까?

Q4. 누구와 함께 이 문제를 풀어가야 할까?

어떤 질문을 선택하는지에 따라 답이 달라지게 된다. 첫 번째 질문은 돈을 벌 수 있는 수단을 찾는 데 초점을 두고 있으며, 두 번째 질문은 지출을 줄이는 수단을 찾는 데 초점을 맞춘다. 세 번째 질문은 수입과 지출의 관계에 초점을 두고, 네 번째 질문은 문제를 함께 풀어갈 조력자를 찾는 데 초점을 두고 있다.

질문에 따라 도출되는 아이디어는 매우 다르다. 질문 자체는 답을 제약하고, 사고 과정 자체를 제약한다. **문제는 "우리가 어떤 질문에 사로잡혀 있는가"이다.**

질문은 햄릿의 삶을 어떻게 제약했을까

죽느냐 사느냐? 그것이 문제로다.

이 가혹한 화살이 꽂힌 고통을 죽는 듯 참는 것이 장한 것이냐,

아니면 파도처럼 밀려드는 재앙을 두 손으로 막아 물리치는 것이 장한 것이냐? 죽는다. 잠든다. 다만 그뿐 아닌가? 잠들면 모든 것이 끝이 아닌가? 마음과 육체가 받는 온갖 고통이 모두 끝난다.

그렇다면 죽음이야말로 우리가 열렬히 원하는 생의 목표가 아니겠는가! 그래, 꿈도 꾸겠지. 아, 이게 문제다.

_셰익스피어,《햄릿》

셰익스피어는 햄릿을 통해 진짜 문제를 우리에게 선물해주었다. 죽느냐 사느냐의 문제가 아니라, "그래, 꿈도 꾸겠지. 아, 이게 문제다!"

그렇다. 우리는 꿈을 꾸고 있는 상태이고, 진실로 문제인 것은 아직 꿈에서 깬 상태가 아니라는 것이다. 꿈에서 깨지 못한 채 죽느냐, 사느냐 따위의 문제에 사로잡혀 삶을 낭비하고 있는 것이다. 꿈에서 깨어나지 못

한 채 이기느냐, 지느냐 따위의 문제에 사로잡혀 있는 것이다. 꿈에서 깨어나지 못한 채 "오늘 뭐 하지?"의 문제에 답하고 있는 것이다. 꿈에서 깨어나지 못한 채 "매출을 늘리려면 뭘 해야 하지?"를 묻고 있는 것이다. 꿈에서 깨어나지 못한 채 아이들에게 "너는 커서 뭐가 될려고 그러니?" 하고 묻고 있는 것이다.

만약 '죽느냐 사느냐'가 아니라, 다른 질문을 품을 수 있다면

"묻느냐, 묻지 않느냐"는 사실 중요한 문제가 아니다. 내가 잠들어 있다면 그 물음에 답하는 과정 역시 잠들어 행하는 몽유병의 증상일 뿐이다. 너무나 자주 잊어버리지만 우리는 질문을 선택할 수 있다. '만약'이라는 말은 우리를 또 다른 가능성의 세계로 인도하는 신비한 언어이다. "만약 내가 햄릿이었다면 스스로에게 어떤 질문을 던졌을까? 만약 죽느냐 사느냐가 아니라, 다른 질문을 품을 수 있다면 어떤 질문이 가능할까?"

만약 햄릿이 "사는 것이 문제가 아니다.
어떻게 사는 것이 진정한 삶일까?"라고 물었다면 어떻게 되었을까

햄릿이 만약 "죽는 것은 필연이다. 그렇다면 죽기 전까지 나의 삶을 누구를 위해 불사를 것인가?"를 물었다면 어떻게 되었을까? 질문은 마법과 같다. 강력한 삶의 기술이며 영혼을 인도하는 나침반이다. 일단 내가 묻기 시작하면 의식하든, 의식하지 않든 작동하기 시작한다. 무작정 다른 사람이 선물해준 질문에 답하기 전에 깨어나 질문을 검토해보고 선택해보면 어떨까?

이 질문이 내가 답할 만큼 가치있는 질문이 될 것인가?

사느냐, 죽느냐를 묻는다면, 이 질문은 당신에게 삶 또는 죽음만을 선물할 것이다. 이익이냐, 손해냐를 묻는다면 나는 이익 혹은 손해만을 얻게 될 것이다.

☑️ **질문에 질문하기**

- 누구에게 무엇을 묻는가, 왜 묻는가?
- 답하기 어렵더라도 잠시 멈추어 질문에 질문을 던져보자. 이것이야말로 '질문술사'라면 한 번쯤 진지하게 탐구할 가치가 있는 물음이 아닐까?
- 세상이 당신에게 던지는 질문에 곧바로 답하려 하지 말고, 세상과 함께 품을 질문이 무엇일지 조금은 신중하게 선택해본다면 어떨까?

❓ 05_내가 탐구할 만한 문제, 답할 가치가 있는 질문은 무엇인가?

💬 질문은 [_____]을/를 강화한다

> 사람들은 질문받고, 탐색되며 연구되는 방향으로 움직인다.
>
> _ 데이비드 쿠퍼라이더, 《긍정탐구Appreciative Inquiry》

질문의 두번째 힘은 "특정 질문은 우리의 경험을 특정한 방향으로 강화한다"는 것이다. 긍정적 경험이든, 부정적 경험이든 우리가 묻기 시작하는 순간 강화되기 시작한다. 질문 수업을 시작하며, 요즘 어떤 질문을 하면서 지내는지 물으면 가장 많은 빈도로 나온 질문은 다음과 같다.

- 어떻게 하면 행복할 수 있을까?
- 어떻게 하면 더 부자가 될 수 있을까?

첫 번째 질문은 여성 그룹에서 가장 많이 나오며, 두 번째 질문은 남성 그룹에서 가장 많이 나오는 질문이다. 그런데 질문하는 순간, 질문은 어떤 경험을 우리에게 선물한다. 그 질문 뒤에 숨어 있는 전제와 가정을 일방적으로 받아들이게 한다.

질문 속에 숨어 있는 전제와 가정은 무엇인가

"어떻게 하면 행복할 수 있을까?"라는 질문을 하면, 이 질문의 전제인

"나는 지금 충분히 행복하지 않다"는 가정을 수용하게 한다. 행복하고자 물은 질문이 나 자신의 불행한 현실을 더 깊이 체험하게 만든다.

"왜 나의 삶은 이토록 행복하지?"라고 묻는다면 현재의 삶 속에서 행복한 이유에 집중하게 된다. 이 질문은 나의 삶 속에 행복한 순간들이 있음을 전제하고 있기 때문이다. 질문에 답하는 과정에서 그동안 경험했던 행복한 순간들이 기억나고, 다시 체험할 수 있게 되며, 행복에 대한 경험을 더욱 강화된다.

"어떻게 하면 더 부자가 될 수 있을까?"라는 질문 역시 '충분히 풍요롭지 못한 현실'을 지속적으로 경험하게 한다. "내 삶의 풍요로움이 더욱 커지고, 다른 사람들과 나눌 수밖에 없다면, 그 이유는 무엇일까?"라는 질문을 품는다면 실제 자산 규모와 상관없이 다른 체험을 하게 된다. 자신이 가진 것들을 인식하고 감사하는 사람들이 진짜 부자다. 부자는 부자다운 질문을 한다. 그래서 더욱 풍요로운 삶을 누린다. 강화의 고리가 작동되는 것이다.

인생이 늘 긍정적이지만은 않다는 것을 우리는 잘 알고 있다. 또 해결해야 하는 수많은 문제를 모두 무시한 채 긍정적인 것에만 집중하는 어리석음을 범하라는 제안이 아니다. 다만 긍정적인 것에 주의를 집중시킴으로써, 우리가 더 원하는 것에 다가설 수 있는 상태에 이를 수 있다는 점을 잊지 말아야 한다. 감사하는 사람에게 감사할 만한 일들이 더 자주 일어난다.

- **긍정 탐구** : 어떻게 해서 이렇게 훌륭한 작품을 만들 수 있었어?
- **방법 탐구** : 더 잘하려면 뭘 어떻게 해야 할까?

긍정적인 질문은 좋은 상황을 계속 이어지게 만든다. "어떻게 해서 이렇게 훌륭한 작품을 만들 수 있었어?"라고 묻는 부모는 자녀에게 자긍심과 자기 존중감을 선물해줄 수 있다. "영어 점수는 좋지만, 수학은 어떻게 할래?"라는 질문은 방법을 탐구하기보다는 자신의 부족함에 대해 쓸데없이 자학하게 만든다. 문제를 해결하기 전에 우리는 문제를 해결할 수 있는 긍정적인 상태에 이를 필요가 있다.

- 매일 나 스스로에게 하는 질문은 나 자신을 어떤 상태로 이끄는가?
- 매일 내가 하는 질문은 타인에게 어떤 영향을 주고 있는가?

무엇을 강화하고 싶은가? 긍정적인 삶의 면모를 탐구하게 만드는 질문은 우리 삶의 긍정성을 더욱 강화시킬 단초들을 발견하게 해줄 것이다. 아직 우리는 우리가 왜 사랑받아 마땅한지 충분히 묻고 있지 않다. 그렇지 않은가?

맨 먼저 자신을 존경하는 것부터 시작하라. 아직 아무것도 하지 않는 자신을, 아직 아무것도 이루지 못한 자신을 인간으로서 존경하라.

_ 니체, 《권력에의 의지》

- 질문 노트를 꺼내 적어보자. 충분히 머물러 답할 '종이와 시간'
  을 나 자신에게 선물해보자.

06_ 내 삶에서 조금 더 긍정해야 할 것은 무엇인가?

💬 질문은 '탐구'를 촉진한다

당신의 마음속에서 해결되지 않는 모든 것에 목매지 말라.

질문 그 자체를 받아들이려 노력하라.

지금 안 되는데 해답을 찾으려고 하지 말라.

왜냐하면 지금은 답이 나올 시기가 아니기 때문이다.

핵심은 모든 것을 자연스럽게 받아들이고 그것을 즐기는 것이다.

현재의 질문 속에서 구하라. 아마 깨닫지 못하는 사이, 시간이 조금 흐른 후 당신은 해답을 찾을 수 있을 것이다.

_라이너 마리아 릴케

질문은 하나의 틀이 되고, 답으로 채워져야 되는 비어 있는 공간을 만든다. 질문은 빈 공간이 있음을 알리는 신호다. 비어 있는 상태를 유지하는 것, 무지를 자각하고 있는 상태는 고통스럽다. 대개의 경우 빠르게 그 상태를 벗어나고자 하는 추동을 갖게 한다.

오늘의 나를 만든 질문은 무엇인가

한 존재가 자신의 인생 속에서 긴 시간 동안 큰 열정을 가지고 답하려 노력해온 질문들을 나는 인생질문이라 부른다. 누구나 질문을 품고 살아간다. 그리고 그러한 질문에 오래 머무르고 진지하게 탐구하는 경우 그 사람의 전문성을 형성하거나, 가치관을 형성하고, 인생의 진로에 분명한 방향을 선물해준다.

나의 인생질문을 수차례 정리해보면서 가장 많은 시간을 보내온 탐구 질문은 다음과 같다.

질문술사의 인생질문

Q1. 학습이란 무엇인가?

Q2. 진정으로 배움과 성장을 촉진하는 것은 무엇인가?

Q3. 무엇이 성과의 차이를 만들어내는가?

Q4. 리더십의 본질은 무엇이고, 어떻게 향상시킬 수 있는가?

Q5. 사업의 본질은 무엇이고, 어떻게 사업의 성공을 도울 수 있는가?

Q6. 다르게 질문하는 삶을 가능하게 하는 것은 무엇인가?

한 사람이 탐구해온 질문을 보면 그 사람이 어떤 관심과 흥미, 무엇에 열정을 갖고 있는지 어느 정도 추론해볼 수 있다. 짧게는 3~4년 이상, 어떤 질문은 10여 년이 넘게 매달려온 질문들이다.

나의 인생질문은 무엇인가

나의 경우 교육학을 전공하던 대학시절, 아니 사실 입시 중심의 고등학교 생활을 하면서부터 '학습과 성장에 대한 질문'을 품어왔다. 교육의 본의는 배움과 성장을 촉진하는 것일진대 진정으로 배우고자 하는 것을 돕기보다는 주입식, 암기식으로 진행되는 교육에 대한 반감으로 묻기 시작했는지도 모른다.

존 테일러 게토의 《바보 만들기》라는 책을 보면서 "진정으로 배움을 촉진하는 것은 무엇일까?"를 묻기 시작했고, 이 큰 질문에 답하려 20여 년간 읽고, 만나고, 실험해보면서 살아왔다. 이 질문이 나를 배움과 성장을 촉진하는 코치이자, 그룹의 학습을 촉진하는 퍼실리테이터로 살아가게 하는 원동력이 되었다. 내가 품은 질문들이 오늘의 나를 만들었고, 앞으로 내가 품을 질문들이 내일의 나를 만들어갈 것이다.

탐구하는 질문이 달라지면, 얻게 되는 결과가 달라진다.

■하워드 슐츠의 인생질문

스타벅스의 하워드 슐츠 회장은 커피원두 수입회사의 직원으로 근무하던 시절, 1983년 이탈리아를 방문한 후 이런 질문을 품고 귀국했다. "어떻게 하면 이탈리아와 같은 에스프레소 바를 미국에 재현할 수 있을까?" 이 질문은 1985년 '일 지오르날레Il Giornale'를 오픈하게 했고, 이후 "어떻게 하면 멋진 커피를 즐길 수 있는 쾌적하고 편안한 환경을 만들 수 있을까?"를 묻고 또 물었다. 이런 질문들이 슐츠에게 스타벅스라는 강력한 브랜드 파워를 가진 커피숍을 전 세계적으로 성공시킬 수 있도록 기여했다.

■칼 로저스의 인생질문

인본주의 심리학자인 칼 로저스는 초기 상담가 시절에 "어떻게 사람을 다루고, 치료하고, 또는 변화시킬 수 있을까?"를 물었고, 이 질문에 대한 가장 효과적인 답을 탐구하는 과정에서 상담 전문가로서의 전문성을 쌓았다. 그리고 이후 "어떻게 내가 이 사람에게 인간적 성장을 위해 사용할 수 있는 관계를 제공할 수 있을까?"를 묻기 시작하면서 인본주의 상담이라는 큰 탑을 쌓아갈 수 있었다.

피터 드러커의 조언

지금까지 품고 탐구해온 질문들이 지금의 나를 만들어온 것을 이해한다면, 앞으로의 인생에서 어떤 질문을 품고 살아갈지 새롭게 선택해볼 수 있을 것이다. 올바른 질문을 하는 재능, 조직을 전체적인 관점에서 조망하는 방법 그리고 연역법과 귀납법을 함께 사용하여 논리를 전개하는 능력을 바탕으로 경영자들의 성장을 도왔던 피터 드러커 삶의 방식은 우리에게 질문을 어떻게 활용할 수 있을지 귀한 가르침을 준다.

나는 3년 또는 4년마다 다른 주제를 선택한다.

그 주제는 통계학, 중세 역사, 일본 미술, 경제학 등 매우 다양하다.

3년 정도 공부한다고 해서 그 분야를 완전히 터득할 수는 없겠지만

그 분야가 어떤 것인지를 이해하는 정도는 충분히 가능하다.

그런 식으로 나는 60여 년 이상 동안 3년 내지 4년마다

주제를 바꾸어 공부를 계속해오고 있다.

_ 피터 드러커, 《프로페셔널의 조건》

주제를 정하고 나면 드러커는 탐구할 질문들을 정리하고, 답을 찾아 탐구해나갔다. '경영이란 무엇인가? 기업가란 무엇인가? 혁신이란 무엇인가?와 같은 피터 드러커의 질문들은 현재까지 수많은 경영자에게 커다란 유산으로 남게 되었다.

당신은 지금 어떤 질문을 탐구하고 있는가? 앞으로 어떤 질문을 품고 탐구해나갈 것인가? 그 질문은 어떤 결실을 맺게 하고, 어떤 유산을 남기게 할 것인가?

질문으로 시작하는 수업

교사라면 학생들이 수업을 시작하기 전에 당일 배울 내용에 대해 탐구할 질문을 먼저 적어보고, 수업을 시작해보도록 촉진하면 어떨까? 교사의 발문으로 시작하는 것도 좋지만, 학생들이 직접 질문들을 구상하고 노트에 적은 후 그룹별로 좋은 탐구질문을 발표하도록 해보는 것은 어떨까? 질문은 무엇을 탐구해야 하는지 초점을 잡을 수 있도록 돕고, 수업의 내용을 주의 깊게 이해하도록 촉진하는 훌륭한 도구다.

'그리고 또?' _ 집요하게 탐구하기

질문을 탐구의 도구로 활용하는 경우 한 가지 보조질문을 자주 활용해보길 권한다. 귀한 질문일수록 그저 그런 답으로 만족해서는 안 된다. 다양한 답변들을 찾아보고, 그 중에서 가장 효과적인 답들을 얻기 전까지

"그리고 또?"라는 질문을 멈추지 말아야 한다.

"그리고 또?"

나의 강점은 무엇인가? 뭐라고 답하겠는가? 자신의 강점은 하나가 아니다. 그리고 또 무엇인가? 물론 둘로 끝나는 것도 아니다. 끊임없이 묻고 탐구하는 집요함은 탐구자의 필수 덕목이다. '질문의 품'을 확장시켜보자. 답을 담을 공간의 크기에 따라 수많은 답을 담을 수 있다. 가장 훌륭한 답은 맨 처음 나온 답이 아닐 수 있다. 하나의 답만을 허락하는 질문을 거부해야 한다. 찾고, 또 찾고 찾아낸 후 나중에 진주와 같이 응축된 심플한 답으로 통합하고 정리해도 좋다.

질문은 탐구를 촉진한다. 한 번 더 묻자.

"그리고 또 무엇을 물어야 할까?"

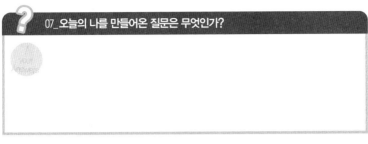

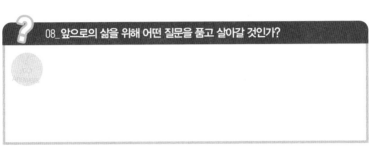

💬 질문은 '만남'을 요구한다

다른 사람의 사상이나 경험에 전혀 자극받지 않고 혼자서만 뭔가를

한다면 그것처럼 시시하고 단조로운 일도 없을 것이다.

_앨버트 아인슈타인

나의 한계를 넘어서기 위해서는 누구를 만나야 할까?

이 글을 읽기 전에 종이와 펜을 준비하자. 그리고 내가 만나야 할 사람을 찾기 위해서 질문들을 살펴보고 떠오르는 사람들의 이름을 적어보라. 현재 직면한 문제들과 과업들에 도움을 줄 좋은 협력자들을 찾아낼 수 있기를 기원한다.

만약 자신이나 동료들에게 답을 얻을 수 없다면 어떻게 해야 할까? 누구나 자신의 한계 속에서 사유하고 실천하기 마련이다. 고정관념을 떠나서 사고하기 위해서는 자신이 잘 알고 있는 분야에서 벗어나, 다른 분야에서 활동하는 사람과 만나야 한다.

GE의 혁신을 이끌었던 잭 웰치는 피터 드러커를 만나며 그 한계를 극복할 수 있는 귀한 지혜를 얻을 수 있었다. 수많은 사업을 벌여놓고 어떻게 사업을 성공시킬지 고민하던 잭 웰치에게 피터 드러커는 "만일 그 사업을 하고 있지 않다면, 지금이라도 뛰어들 것인가?"라는 유명한 질문을 던졌다. 이 질문은 잭 웰치가 그 일에 집중할 수 있도록 도와주었다. 나에게 피터 드러커처럼 질문해줄 사람은 누구인가?

나의 안전지대에서 벗어나게 해주는 사람은 누구인가

나에게는 사고의 안전지대를 벗어나게 해주는 사람이 있는가? 나 자신이 갇혀 있는 사고의 안전지대를 벗어나기란 쉽지 않다. 그러나 이미 안전지대 밖에서 머물고 있는 사람들이라면 위험해 보이는 곳에서도 즐겁고 창의적인 해결책이 있음을 안내해줄 수 있을 것이다. 나의 상상력의 한계를 극복하게 해주는 그 사람은 누구인가?

> 기업이 미래를 창조하는 데 실패하는 이유는 그들이 미래를 예측하
> 지 못했기 때문이 아니라 상상하지 못하기 때문이다.
>
> _ 게리 헤멀, 《꿀벌과 게릴라》

피터 드러커처럼 '올바른 일'이 무엇인지 질문해줄 사람은 누구인가

우리가 얻는 결과를 다르게 만드는 것은 행동이며, 우리의 상태가 어떤
지에 따라 행동은 영향을 받는다. 긍정적이고 자신감 넘치는 상태는 과감
하고 담대한 행동을 이끌어내고, 부정적이고 위축된 상태에서는 조심스
럽게 행동하고 주저할 수밖에 없다. 상태의 변화를 이끌어내는 것에는 다
양한 요인들이 있겠지만, 평소에 던지는 질문이 우리의 상태에 영향을 준
다.

낙엽이 떨어져 치워야 할 일들이 늘어난 상황 속에서 "언제까지 이 낙
엽을 쓸고 있어야 하나?"라는 질문을 던지는 사람과 "떨어진 낙엽으로 멋
진 작품을 만든다면 어떤 즐거움을 선물해줄 수 있을까?"를 묻는 사람은
내적 상태가 다르기 때문에 같은 상황이라도 다르게 받아들인다.

그렇다면 다른 질문을 품으려면 어떻게 해야 할까? 질문은 만나는 사
람에 따라 달라지게 된다. 각자 다른 입장과 세계관을 품고 살아오고 있
기 때문에 나 자신에게 던지는 질문은 달라진다. 그리고 그 만남으로 인

해 내가 품는 질문이 달라지거나, 같은 질문에 대해서도 전혀 다른 답들을 얻을 수 있다. 만약 나 자신이 한계 속에 갇혀 있음을 깨닫는다면, 늘 만나는 사람이 아니라 나의 한계를 넘어서게 할 수 있는 사람들을 만나야 한다.

실제로 문제를 해결해본 경험이 있는 진짜 전문가는 누구인가

만약 문제에 직면했다면 좌절하지 마라. 대부분의 문제는 맥락이 다를 수 있지만 누군가 이미 경험했던 문제일 가능성이 매우 크다. 좌절하지 말고 "이 문제를 경험한 사람을 어디에서 찾을 수 있을까?"라는 질문에 답해보라. 그리고 그들과 만남을 갖고 대화를 나눠보라. 의외로 쉬운 해결책을 찾게 될지도 모른다.

그 사람은 내가 가진 자원과 에너지를 어디에 투자해야 할지 안내해줄 것이다. 다만 무엇인가를 나에게 일방적으로 판매할 목적으로 접근하는 사람은 경계해야 한다. 우리는 가짜 전문가가 아니라 진짜 전문가를 만나야 한다.

하나는 위대한 일을 하기에 너무 적은 숫자이다.
그렇다면 나에게 꼭 필요한 사람을 연결시켜줄 사람은 누구인가

우리가 품는 질문이 우리가 만날 사람을 선택하도록 영향을 주기도 하고, 우리가 만나는 사람이 우리의 질문을 다르게 변화시키기도 한다. 질문은 만남을 촉진하고, 만남은 질문을 다르게 한다.

디자인 사고 Design Thinking라는 혁신적인 방법으로 유명한 IDEO사는 혁신을 만들어낼 때, 반드시 다양한 사람들로 팀을 구성한다. IDEO사가 혁신 프로젝트를 진행하면서 팀을 만들 때에는 기본적으로 전체 프로세스를 조율하고, 디자인 사고 방법론에 능숙한 디자인 전문가를 배치한다. 더불어 반드시 인간의 내면과 행동에 대한 풍부한 지혜를 갖춘 인적 분야의 전문가, 수많은 아이디어를 실제로 구현해낼 수 있게 하는 기술 분야 전문가 그리고 만들어낸 혁신 제품이 시장에서 통할 수 있을지를 검토하는 비즈니스 전문가를 포함시킨다.

비즈니스의 성장을 이끌어내기 위해서는 기업과 고객을 연결해줄 혁신 협력자 그리고 혁신적인 제품과 서비스를 개발할 수 있도록 돕는 혁신 협력자들이 필요하다. 코치로서 경험하게 되는 비즈니스 코칭에서 종종 발생하는 이슈는 '필요한 사람이나 기업'을 찾는 것이고, 이를 연결시켜주는 일이 종종 중요한 혁신을 이끌어내기도 한다.

나라는 존재의 깊은 갈망이 드러나게 해주는 사람은 누구인가

때로는 성급한 조언을 해주는 사람이 아니라, 침묵 속에서 나의 이야기를 경청해줄 사람이 필요할 수도 있다. 우리는 종종 우리 자신의 깊은 곳에서 올라오는 목소리를 듣지 못한다. 들어주는 사람이 있을 때 내 안의 소중한 갈망들을 다시 인식할 수 있는 기회를 갖게 된다.

모든 살아 있는 존재는 깊은 갈망을 가지고 있다. 채워지지 않는 욕구는 자신의 가치와 필요를 반영하기 마련이다. 중요한 것은 그것이 충분히 표현되고 경청될 수 있는 기회를 나 자신에게 허락하는 것이다. 묵묵히 고개를 끄덕이며 나의 갈망을 진심으로 들어주는 사람은 누구인가?

때로는 내가 살고자 하는 바로 그 모습대로 살아가고 있는 사람이 나의 갈망을 불러일으키곤 한다. 질문술사로서 나는 질문을 통해 타인의 성장을 도운 탁월한 스승들과의 만남 속에서 내 안의 갈망을 다시 보곤 한다.

자신의 과업을 질문하는 것이라고 말했던 피터 드러커, 우리의 담대한 도전을 가로막는 제약은 무엇인지를 물었던 제약이론의 골드렛 박사, 온전하고 통합적인 조망을 인류에게 제공하기 위해 한 평생을 헌신한 통합 이론의 켄 윌버, 기업들의 파괴적 혁신을 묻기도 했지만 리더들이 더 온전한 삶을 살아갈 수 있도록 '당신의 인생을 어떻게 평가할 것인가?'라는 질문을 선물해준 크리스텐슨 교수, 긍정조직을 이끌어내는 길을 안내한 AI 방법론과 긍정 질문법을 선물한 데이비드 쿠퍼라이터와 다이애나 휘트니, 현대적 코칭의 아버지인 이너게임의 티모시골웨이는 '더 좋은 질문'에 대한 깊은 갈망을 이끌어내는 훌륭한 스승이다.

나는 누구에게 어떤 공헌을 하고자 하는가

정말 누구에게나 꽃피는 장소는 따로 있는 것일까?

그렇다면 자신의 장소를 발견하는 일만 남았다.

_J. M. 에르,《메이드 인 차이나》

'왜Why'라는 질문에 대한 강력한 답을 가진 인간은 무수한 고난과 역경에도 불구하고 방법을 찾고, 위대한 일들을 실현할 힘을 갖는다. '왜'라는 질문에 대한 답, 즉 나의 강력한 목적Compelling Purpose을 찾는 방법은 내가 공헌하고자 하는 사람이 누구인지 선택할 때 드러나게 된다.

사랑하는 가족, 공헌하고자 하는 고객, 성장을 돕고자 하는 학생들이 "왜 이 일을 하는가?"라는 중요한 질문에 대한 답을 제공한다. 내가 누구를 섬기고자 하고, 그들의 어떤 문제나 과제를 해결해주고 싶은지가 '왜'라는 질문에 대한 답을 구성한다.

만약 아직 '왜'라는 질문에 대한 답을 찾지 못했다면, 내가 누구에게 공헌하는 삶을 살고 싶은지를 먼저 물어보라. 그리고 그들에게 공헌할 수 있는 것이 무엇인지를 찾아보라. 강력한 부름을 이끌어내는 목적을 찾는다면, 힘들고 고난이 가득한 길일지라도 앞으로 나아갈 힘을 얻을 수 있을 것이다.

누구에게 공헌할지는 알고 있지만, 어떤 공헌을 할 수 있을지 아직 알지 못한다면 일단 만나 물어보라. 그들의 필요가 무엇인지, 그들이 갈망하는 것이 무엇인지를 물어보라. 그들이 겪고 있는 진실한 문제 속에서 나 자신의 '왜'라는 질문의 답을 찾을 수 있을 것이다.

함께 비를 맞고 있는 사람은 누구인가

삶 속에서 내가 위대한 도전을 할 때마다 흥분됨과 두려움을 동시에 느끼는 경험을 하게 된다. 이런 창조적 긴장감을 버텨내는 것은 쉽지 않다. 그러나 이 과정을 함께 겪고 있는 사람이 있다면 두려움에 굴하지 않고 앞으로 나아갈 힘을 얻게 될 것이다.

지금 나와 함께 비를 맞고 있는 사람은 누구인가? 누가 나의 옆에 있는가? 그 사람과 진정으로 만난 적은 언제인가? 너무 먼 사람들과 교류하기 위해서 지금 바로 옆에 있는 소중한 사람들을 놓치는 어리석음을 범해서는 안 된다.

소중한 만남을 지속하기 위해 내가 해야 할 노력은 무엇인가

이제 내가 메모해둔 사람들의 목록을 살펴보자. 그 사람들 중 일회성으로 만날 사람은 누구이고, 지속적으로 교류할 사람은 누구인가? 삶은 만남의 연속이고, 내가 만나는 사람이 나의 삶에 영향을 준다. 누구와 만남을 지속해나갈 것인가? 그 만남을 지속하기 위해 내가 기울여야 하는 노력은 무엇일까?

'나답게 살기' 위해 내가 담대하게 행할 것은 무엇인가

자신을 잃어버리지 말라.

자신의 본질에서 벗어나지 않는다면 다른 건 다 잃어도 좋다.

_요한 볼프강 폰 괴테

나의 담대한 행동을 기다리고 있는 바로 그 사람은 누구일까? 미래의 나 자신이 바로 그 사람이 아닐까? 나는 나 자신과 만나고 있는가? 나의 한계라고 가정한 그 선을 넘어선 자리에서 진정한 나 자신과 다시 만날 수 있기를 기원한다.

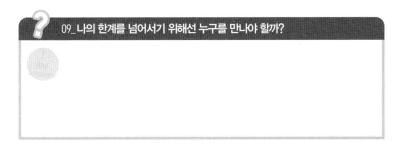

2부

What if

만약 다르게 질문한다면

차이를 만들어내는 질문

Question for the Difference

05 질문의 하수, 중수, 고수 :
고수의 질문은 무엇이 다른가

💬 안고수비[眼高手卑] : 눈은 높고 손은 낮다

눈은 얼굴에 있으니, 팔의 끝자락에 있는 손보다 높은 것은 자연스럽고 당연하다. 고수[高手]는 이 당연함에 저항한다. 고수는 일반인들보다 높은 손을 갖고 있는 것일까? 눈은 낮은 손보다 높은 손을 더 쉽게 인식한다. 고수는 일반인들의 시선을 사로잡는 섬세한 손을 갖고 있다. 눈은 높으나 솜씨가 서투르며, 이상만 높고 실천이 따르지 못하는 나와 다르다. 당연함을 뛰어넘어 탁월함에 이르렀기에 고수다. 안목의 탁월함보다 손으로 비유되는 실천의 탁월함을 더 가치 있게 여긴 조상의 지혜가 이 사자성어에 담겨 있다.

질문에도 고수가 있을까? 있다면 어떤 사람이 질문의 고수일까? 고수의 질문은 하수나 중수의 질문과 얼마나 다를까? 운 좋게도 그동안 많은 질문의 고수를 만날 수 있었다. 수많은 고수 중에서 처음으로 질문의 중요성과 가치를 인식할 수 있도록 도와준 사람은 경영학의 아버지라 불리우는 피터 드러커다. 피터 드러커의 다섯 가지 중요한 질문은 지금도 영리/비영리기관의 경영자들에게 큰 영향을 남기고 있다.

피터 드러커의 다섯 가지 질문

Q1. 우리의 사명은 무엇인가?

Q2. 우리의 고객은 누구인가?

Q3. 고객이 가치 있게 여기는 것은 무엇인가?

Q4. 우리의 결과는 무엇인가?

Q5. 우리의 계획은 무엇인가?

고수의 질문이지만 그리 특별해 보이지 않는다. 그러나 경영자들에게는 평범해 보이는 이 질문들에 진지하게 답하는 것이 결코 쉽지도, 간과해서도 안 되는 과정이다.

피터 드러커의 질문이 경영자들에게 특별하게 다가오는 이유는 경영자가 '고민해야 할 바를 고민할 수 있게 하는 질문'을 던지고, '고민해야 할 관점에서 고민하게 만드는 질문'을 하기 때문이다. 질문 자체가 특별하기보다는 '특별한 입장에 서 있는 사람들에게 적합한 질문'을 던졌기 때문에 특별하게 다가오는 것이다.

이런 질문을 마주하고 답을 하다 보면, 질문에 답하기 전과 질문에 답한 이후 조직의 변화를 목도할 수 있게 된다. 피터 드러커는 또한 지식 근로자들에게 자기 자신을 알기 위해서는 다음과 같은 질문에 답해볼 것을 요구했다.

Q1. 나의 강점은 무엇인가?

Q2. 나는 어떻게 성과를 올리는가?

Q3. 나는 읽는 자인가, 듣는 자인가?

Q4. 나는 어떻게 배우는가?

Q5. 나는 일을 어울려서 하는 편인가, 혼자 일하는 스타일인가?

Q6. 나의 가치는 무엇인가?

Q7. 나는 어디에 속하는가?

피터 드러커의 이 질문에 온전히 답하는 것은 결코 쉽지 않다. 그럼에도 불구하고 피터 드러커의 질문들에 답하는 과정에서 나 자신에 대한 이해의 폭을 넓혔고, 전문가로서 성장하는 데 큰 도움이 되었다. 질문이 조직의 방향을 변화시킬 수 있고, 리더들의 성장을 도울 수 있다는 것은 놀라운 일이다. 고수의 질문에 숨겨져 있는 특별함은 무엇일까? 하수의 질문과 비교해서 바라보면, 그 다름을 더 깊이 인식할 수 있을 것이다.

💬 고수의 질문은 다르다

어떤 사람의 현재 모습을 그대로 받아들이는 것은 그를 망치는 길이다. 그 사람의 가능성이 이미 발현되었다고 믿고 그를 대하면 정말로 그렇게 된다.

_요한 볼프강 폰 괴테

고수의 질문은 상대에 대한 사랑의 실천이다

"하수는 자신이 아는 것을 확인하기 위해 묻는다.
중수는 자신이 모르는 것을 배우기 위해 묻는다.
고수는 상대에게 필요한 것을 끌어내기 위해 묻는다."

하수는 자신을 위해 묻는다. 자신의 옳음을 증명하기 위해 묻는다. "이렇게 하는 게 맞지요?"와 같이 상대의 인정과 평가를 바라고 묻는다. 타인의 의견은 오직 자신의 옳음을 증명하기 위한 것일 뿐이다.

중수는 한 걸음 더 나아가 최소한 자신이 모르는 것을 타인이 알 수도 있다는 생각을 한다. 타인에 대한 존중과 배우려는 마음을 품을 수 있는 것이 중수다. "어떻게 하는 것이 좋을까요?"와 같이 상대의 의견에 대해 열린 입장을 취한다. 그러나 질문을 통해 자신의 이익을 먼저 챙긴다. 자신이 부족하다는 생각에서 아직 벗어나지 못했기 때문이다.

고수는 자신을 위해 묻기보다는 상대에게 도움을 주기 위해 묻는다. 자신의 앎을 드러내기 위해서가 아니라, 상대가 알아야 할 것들을 깨닫고 정리할 수 있는 기회를 제공하기 위해 질문을 활용한다. 즉 하수는 자신을 위해 묻고, 고수는 상대를 위해 물을 여유를 가지고 있다.

"하수는 사실을 확인하기 위해 묻고
중수는 상대의 입장을 이해하고 공감하기 위해 묻고
고수는 상대를 배려하고 존중하는 방식으로 묻는다."

하수의 질문은 표면적인 것, 눈에 보이는 것에서 좀처럼 앞으로 나아가지 못한다. 또한 상대방의 입장과 감정을 헤아리지 못한다. 상처를 입고 귀가한 자녀에게 "어디서 넘어졌니?"라고 물어보는 것은 자녀에게 도움이 되기보다는 부모에게 도움이 되는 질문이다.

사건 자체보다는 그 사건에 대한 상대의 마음을 헤아리고 공감할 수 있어야 한다. "많이 아프겠다. 괜찮니?"라고 물어보는 것이 자신의 호기심보다는 상대를 아낄 때 할 수 있는 질문이다. "내가 뭘 도와줄까?"라고 묻는 것은 상대를 사랑할 준비가 되어 있는 것이다.

상대에 대한 애정과 관심, 사랑하는 능력이 커질수록 질문의 수준도 하수에서 고수로 높아진다. 하수에게는 사실이 중요하지만, 고수에게는 상대가 더 중요하다.

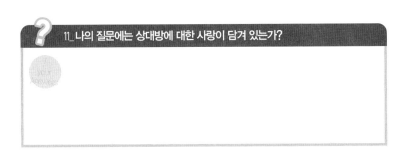

11_ 나의 질문에는 상대방에 대한 사랑이 담겨 있는가?

고수의 질문은 상대의 관점을 확장시킨다

"하수는 결과를 묻고 What?

중수는 과정을 묻고 How?

고수는 의도를 묻는다 Why?."

하수는 지금 현재 눈에 보이는 것을 묻는다. 결과는 드러나 있기에 집중하면 누구라도 눈으로 볼 수 있다. "이번 달 매출은 얼마인가요?"라는 질문은 장부를 뒤적여보면 누구라도 답할 수 있다. 결과를 만들어낸 과정은 시간의 흐름 속에서 일시적으로만 볼 수 있다.

"어떻게 이처럼 좋은 성적을 거둘 수 있었나요?"라고 물어봐야 상대가 성공의 과정을 다시 인식할 수 있다. 과정을 돌아보면, 그 과정을 반복하거나 개선해서 결과를 다르게 만들 수 있는 힘을 얻을 수 있다.

고수는 눈으로 볼 수 없는 '의도'까지 묻는다. 왜 그런 일을 시작했는지 내면의 필요와 욕구, 즉 동기를 물어보고 살펴보게 한다. 의도가 행동을 낳고, 행동이 결과를 낳는다. 그러나 결과는 쉽게 보이지만, 의도는 물어보기 전까지 내면 깊은 곳에 잠들어 있어 보이지 않는다. 그렇기 때문에 고수는 결과가 아니라, 결과를 만들어내는 원인에 더 집중한다.

> "하수는 정해진 답을 찾기 위해 묻고
> 중수는 정해진 답을 의심하여 묻고
> 고수는 숨어 있는 인과관계를 드러내기 위해 묻는다."

하수는 정해진 답을 찾기 위해 묻는다. 정답을 맞추면 만족하고 묻기를 그만두는 것이다. 원인과 결과 사이의 인과관계를 명확히 알 수 있다면 원하는 결과를 다시 만들어내거나, 더 나은 결과를 만들어내는 힘을 얻을 수 있다. 보이지 않는 것을 볼 수 있도록 돕는 사람이 바로 고수다.

하수가 "정답은 뭔가요?"라고 묻는다면, 고수가 될수록 "만약 ~하면, 그 결과 어떤 일이 일어날까요?"와 같은 인과관계를 명료하게 인식할 수 있도록 묻는다. 나무에서 사과가 떨어질 때, 어떤 원인 때문인지 묻고 탐구해야 중력의 존재와 만류인력의 법칙을 발견해낼 수 있다.

원인과 결과를 단선적으로 이해하는 것에서 멈추는 것이 아니라, 그 인과관계 속에 숨어 있는 다른 원인이나 전제까지 집요하게 탐구할 수 있어야 인식은 더욱 확장된다. 질문과 답을 하는 과정에서 상대에게 점수를 주는 것에 그치는 것이 아니라, 상대의 '생각하는 힘'을 키워주는 것이 고수다. 고수의 질문은 상대가 지혜롭게 될 수 있도록 돕는다.

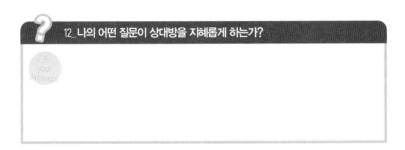

12_ 나의 어떤 질문이 상대방을 지혜롭게 하는가?

고수의 질문은 상대의 가능성을 신뢰하고, 고수로서 존중한다

"하수는 상대와 같은 차원에서 묻고 고민하지만,

중수는 상대보다 한 차원 높은 곳에서 묻는다.

고수는 상대가 한 차원 높은 곳에서 질문할 수 있도록 작은 도움을 줄 뿐이다."

하수는 상대를 하수로 대하고 묻는다. 하수는 상대를 하수처럼 대하기 때문에 스스로 하수에서 벗어나지 못하는 것이다. 낮은 차원의 질문에서 훌륭한 답변이 나오기는 어렵다. 자신의 한계가 질문의 한계가 되기 때문이다. 하수는 자신의 이익에 집착하여 물으며, 상대도 자신처럼 이익에 집착할 것이라 가정하고 묻는다. 하수의 질문은 상대와 자신 모두에게 의도치 않은 결과를 불러일으키게 된다.

중수는 상대에게 도움을 주려고 물으나, 자신이 상대보다 우월하다는 오만함을 떨치지 못하기 때문에 결국 자기 욕심만 채우는 것에 그치게 되기 쉽다. 중수는 상대를 위하려는 선한 의도를 품고 있으나, 상대방의 입장에 대한 이해와 공감이 부족하기 때문에 효과적인 도움을 주지 못하곤 한다. 어떻게 보면 뿌리 깊은 오만함으로 하수보다 더 나쁜 영향을 주기도 한다.

잘난 사람 옆에 있으면, 자연스레 위축되는 것처럼 중수의 존재들은 하수에게 독이 되기 쉽다. 다행인 것은 하수는 고수를 이해하긴 어렵지만, 중수는 고수를 알아차릴 능력이 있다는 것이다. 겸손한 중수가 오만한 중수를 극복하는 단계다. 겸손한 중수가 되어야, 비로소 모든 존재에게 배울 수 있는 그릇이 된다.

고수는 하수 안에 잠든 고수를 볼 수 있기 때문에 남들이 하수라고 업신여기는 사람들도 존귀하게 대한다. 그리고 하수의 존재로 인하여 고수가 쓰임을 받는다는 것을 알기 때문에 하수에게 더 큰 고마움을 느낀다. 고수에게는 하수가 없다. 아직 고수인 걸 깨닫지 못한 고수 후보만 있을 뿐이다. 고수는 상대방 안에 잠재되어 있는 가능성을 신뢰하며 묻기 때문에 상대에게 본질적인 도움을 주며, 그 과정에서 자기 자신도 유익함을 얻게 된다. 다시 한 번 정리하자면 고수는 상대가 더 높은 차원으로 도약할 수 있음을 진실되게 믿는다.

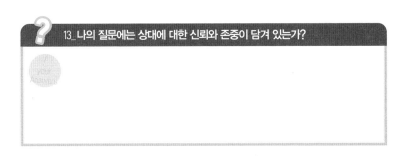

13_나의 질문에는 상대에 대한 신뢰와 존중이 담겨 있는가?

질문의 고수가 되고 싶은가, 고수답게 질문하고 싶은가

고수의 질문에는 상대에 대한 존중과 인식을 확장시키는 지혜로움 그리고 관심과 사랑이 담겨 있다. 고수의 질문이 따로 있는 것이 아니라, 고수라서 다르게 질문하는 것이다. 좋은 질문이 따로 있는 것이 아니라, 훌륭한 사람의 진정성 있는 질문이어서 훌륭하게 느껴지는 것이다.

"하수는 올바른 답을 찾기 위해 묻고

중수는 올바른 문제를 찾기 위해 묻고

고수는 올바른 사람과 관계를 맺기 위해 묻는다."

하수는 자신이 하수인지 모르고 묻고, 중수는 고수인 척 묻고, 고수는 고수답게 묻는다. "나는 하수인가, 중수인가, 고수인가?"를 묻는 것은 하수다. "어떻게 고수가 될 수 있는가?"라고 묻는 것은 중수의 질문이다. "누구와 만나 질문을 주고 받을까?"를 묻는 것이 고수의 질문이다. 물론 고수는 다른 고수를 찾지 않는다. 친구를 찾을 뿐이다. 고수는 만남에 집중하기 때문이다.

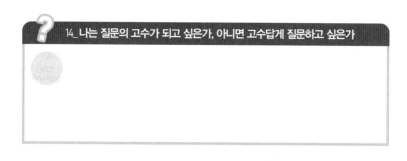

14_ 나는 질문의 고수가 되고 싶은가, 아니면 고수답게 질문하고 싶은가

06 바라봄의 차이를 만들어내는 질문
: 다르게 보기 위해서는 다르게 물어야 한다

자세히 보아야 예쁘다. 오래 보아야 사랑스럽다. 너도 그렇다.

_나태주, 〈풀꽃〉

　자세히 본다고 해서 예쁜 것을 볼 수 있는 것은 아니다. 오래 본다고 해서 사랑스럽게 보이는 것이 아니다. 예쁜 것을 보려 하고, 사랑스러운 것을 보려 할 때 예쁘게 보이고, 사랑스럽게 보인다. "저 사람은 왜 저렇게 생겨먹은 거야?"라는 질문을 가지고서는 아무리 자세히 보고, 오래 본다고 해서 다르게 보이지 않는다.

　김용택 시인은 영화 〈시〉에 출연해 다음과 같이 이야기했다.

　"여러분, 사과를 몇 번이나 봤어요? 백 번? 천 번? 백만 번? 여러분은 사과를 한 번도 본 적이 없어요."

　그렇다. 우리는 보아도 진정으로 보고 있는 것이 아니다. 잘 알고 있다고 생각하는 것에 대해 다시 물어야 한다.

"저 사람은 나와 다르게 뭐가 아름다울까? 저 사람만의 매력은 무엇일까?"라고 질문해야 그동안 보지 못했던 아름다움이 드러나 보이기 시작한다.

사과라는 것을 정말 알고 싶어서, 관심을 갖고 이해하고 싶어서, 대화하고 싶어서 보는 것이 진짜 보는 거예요.

-김용택 시인, 영화 〈시〉에서

📝 페덱스 로고에 숨겨진 콘셉트

발견은 모든 사람이 보는 것을 보고, 아무도 생각하지 않는 것을 생각하는 것으로 이루어져 있다.

_로버트 루트번스타인 외, 《생각의 탄생》

세계적인 배송업체인 페덱스사의 로고이다. 무엇이 보이는가? 두 가지 색상의 다섯 글자 'FedEx'가 보일 것이다. 하지만 여기에는 숨겨진 것이 있다.

"이 로고 안에 담긴 페덱스^{FedEx}사의 본질은 무엇인가?"

주의를 기울이지 않으면 보이지 않는 것들이 있다. 자세히 보라. 페덱스의 로고에는 이 기업의 중요한 콘셉트가 담겨 있다. "이 로고 안에 담긴 페덱스^{FedEx}사의 본질은 무엇인가?"라는 질문을 품고 바라보기 시작하면, 처음에 글자만 보던 사람들이 하나둘씩 'E'라는 글자와 'X'라는 알파벳 사이에 숨겨져 있는 화살표를 발견한다. 페덱스는 기업의 본질인 신속한 배송을 숨겨진 화살표로 심어두었다. 한 번 보이기 시작한 화살표는 이제 주의를 기울이지 않아도 보이게 된다.

무엇에 주의를 기울이고 있는가

사물의 숲은 우리의 눈을 가리고 진정한 가치를 인식하지 못하도록 한다. 일상은 이미 아는 것, 늘 보는 것, 소소한 것이라는 익숙함의 장막에 싸여 좀처럼 본질을 드러내지 않는다.

_ 임정섭, 《씽킹 Thinking - 왜 나는 아이디어가 없을까?》

익숙한 패턴에 갇혀 있더라도 다르게 질문할 수 있다면, 놓치고 있는 중요한 것들을 다시 바라볼 수 있게 된다. 질문은 '보는 것'을 제약하기도 하며, '새로운 것'을 볼 수 있게도 한다. 질문에 따라 뇌의 처리 시스템이 다르게 가동되면서 무엇을 볼지 선택한다. 질문에 따라 주의를 다르게 집중함으로써 같은 일상 속에서 다른 것들을 발견하게 되는 것이다. 즉 다르게 질문하게 되면 그동안 보이지 않았던 것들에 주의를 기울이고, 세심하게 살필 수 있게 된다.

다음 그림은 다트머스 대학교의 경영학교 교수인 고빈다라잔Vijay Govindarajan과 컨설턴트 스리니바스Srikanth Srinivas가 〈하버드 비즈니스 리뷰〉에 올려 논쟁이 된 그림이다. 별 다를 것 없는 이 그림에 이런 질문이 달리자 논쟁이 시작되었다.

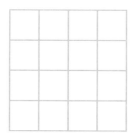

"이 그림에서 얼마나 많은 정사각형을
찾을 수 있을까"

가장 쉽게 떠올리는 답은 16개이다. 그러나 질문을 멈추지 않고 주의 깊게 관찰한 사람들에 의해 한 칸짜리 사각형 16개뿐만 아니라, '두 칸× 두 칸'짜리 사각형 아홉 개와 '세 칸×세 칸'으로 된 정사각형 네 개, '네 칸 ×네 칸'으로 된 커다란 정사각형까지 총 30개의 정사각형이 드러나기 시 작했다.

$$16 \ (1 \times 1 \ \text{squares}) + 9 \ (2 \times 2 \ \text{squares}) + 4 \ (3 \times 3 \ \text{squares})$$
$$+ \ 1 \ (4 \times 4 \ \text{square}) = 30 \ \text{squares}$$

심지어 가장자리가 검은색인 30개와 가장자리가 하얀색인 30개를 포 함해 60개의 정사각형을 발견한 사람과 그 이상의 정사각형을 발견한 사 람들이 나타나기 시작했다.

이에 대해 고빈다라잔과 스리니바스는 이렇게 말한다.

"정사각형들은 계속 그 자리에 있지만
찾으려 하기 전까지는 보이지 않는다."

질문을 받기 전까지 우리는 페덱스사의 로고에서 화살표를 발견하지 못하고, 익숙한 사각형에서 다른 무엇인가를 찾으려 하지 않는다. 훌륭한 질문자들에 의해 우리는 익숙한 현실과 상황을 '다시 바라보게 하는 질문'을 선물받게 되는 것이다.

무엇에 집중하고 있는가

"A와 B는 무엇이 같은가?"라고 물을 때 두 요소 간의 공통적인 특징을 발견할 수 있고, "A와 B는 무엇이 다른가?"라고 물을 때 다름과 차이를 분별하는 기준이 보이기 시작한다.

혁신가들의 특징을 연구한 크리스텐슨 교수는 "우리가 진정으로 봐야 할 것, 세심하게 관찰할 것은 무엇인가?"라는 질문을 통해 관찰할 것을 선택하는 질문을 할 것을 권한다.

> 관찰은 여러 감각이 동시에 작동하는 과정이며, 또한 강력한 질문을 통해 더 자극을 받는 경우도 많다.
>
> _크리스텐슨 외 《이노베이터 DNA》

얼마 전 내가 하는 일Facilitation의 역량과 전문성을 향상시키기 위해, 평소 존경하는 교수님이 진행하는 연수에 참가했다. 보다 효과적인 회의를 촉진하는 방법을 안내하기 위해, 먼저 교수님께서 시범을 보이시며 관찰할 기회를 주셨다. 이후 학습자들이 최근 한 달 동안 참가한 회의를 떠올려볼 것을 요청하셨다. 그리고 다음과 같은 질문을 하셨다.

Q1. 평소의 회의 진행자와 '다르게 한 행동'과 '하지 않은 행동'은 무엇인 가?

Q2. 그 행동으로 인해 회의 참가자들에게 어떤 효과가 발생했는가?

이 두 가지 질문으로 참가했던 학습자는 지난 회의를 다시 돌아보게 되었고, 효과적인 회의와 비효과적인 회의를 가르는 결정적인 차이를 발견할 수 있게 되었다. 정해진 시간 동안 모든 참가자가 적극적으로 참여하면서, 화기애애한 분위기 속에서 원하는 결과를 도출하는 회의를 가능하게 하는 요소들이 교수님이 제시한 질문으로 토론하는 과정에서 새롭게 보이기 시작했다. 교수님의 질문이 없었더라면 그냥 지나쳤을 회의 진행자의 사소한 행동들의 의미가 질문을 통해 새롭게 드러났다.

교수님께서는 "진행자가 먼저 주도하지 않고, 참가자들에게 질문하는 것이 결정적인 차이를 만든다"고 하셨지만, 내가 깨달은 것은 "질문이 달라지면 관찰하게 되는 것이 달라진다"는 것이었다.

남다른 관찰을 통해 수많은 혁신을 이끌어낸 회사 중 IDEO는 독보적이다. 이 회사의 회장인 톰 켈리는 혁신가들에게 사무실에만 앉아서 고민하지 말고, 고객들이 자주 모여드는 장소에 가보라고 권한다. 다음과 같은 질문을 품고 사람들의 행동을 관찰하고, 무슨 일이 일어나고 있는지를 헤아려보라고 말한다.

"그들은 당신의 제품, 서비스에 대해 어떤 반응을 보이며 대하고 있는가? 그들이 관심이나 흥미 수준을 보여주는 보디랭귀지를 보고 당신은 무엇을 포착할 수 있는가(톰 켈리, 데이비드 켈리,《유쾌한 크리에이티브》)?'

톰 켈리뿐만 아니라, 혁신을 주도하는 많은 사람이 '다르게 보라'고 권한다. 그러나 우리가 더 깊게 들여다볼 것은 혁신가들이 남들과 다르게 관찰하기 위해 '어떤 질문을 품고 있는가'이다. 관찰을 통해 새로운 것을 발견하기 위해 다음과 같은 질문을 해보라.

Q1. 어떤 것이 놀라운 점인가?
Q2. 예상과 다른 점이 무엇인가?

고정관념 때문에 보아야 할 것을 제대로 보지 못하는 것을 방지하기 위해 우리는 다르게 질문해야 한다. 이 질문들에 답하기 시작하면서 관찰 이후 진정한 학습과 혁신이 시작될 것이다.《감성지능》의 저자 대니얼 골만은 묻는다. "멈출 수 없는 산만의 시대, 그대는 어떻게 핵심에 집중하는가?"

어떤 관점으로 바라보고 있는가

온 세상이 태어나는 것처럼 일출을 보고, 온 세상이 무너지듯 일몰을 보라!

_앙드레 지드

인간은 상상력으로 인해 보는 관점을 변형시킬 수 있다. 나에게는 일주일가량 정성을 다해 작성한 보고서가 있다. 더할나위 없이 훌륭하고, 완벽하게만 보인다. 그런데 직장 상사가 이렇게 묻는다.

"네가 만약 이 보고서를 최종적으로 승인할 사장이라면,
이 보고서에서 무엇이 부족하다고 볼까?"

사장의 눈으로 보고서를 다시 보게 되면, 놓친 부분이 다시 보이기 시작한다.

"네가 만약 신입직원이라면
이 보고서의 어떤 부분을 이해하기 힘들까?"

질문이 달라지면 눈높이를 변화시켜, 더욱 쉽게 읽히는 보고서로 다시 만들어낼 수 있다.

"네가 만약 고객이라면,
이 보고서를 보고 우리 제품이나 서비스에
대해 어떻게 생각할까?"

바쁜 고객의 입장에서 바라본다면 신뢰를 얻기 위해 놓친 부분이나, 변화시켜야 할 것이 보이기 시작한다. 지금 나는 누구의 관점으로 현재를 바라보아야 하는가?

💬 다르게 보기 위해서는 다르게 물어야 한다

心不在焉, 視而不見, 聽而不聞, 食而不知其味 심부재언, 시이불견, 청이불문, 식이부지기미

마음에 있지 않으면 보아도 보이지 않고, 들어도 들리지 않으며, 먹어도 그 맛을 모른다.

_《대학大學》

見問 : 다르게 보기 위해선 다르게 물어야 한다

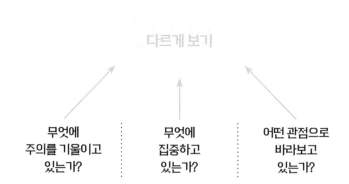

다양한 경험이 견문見聞 (보는 것과 듣는 것)을 넓혀주지 않는다. 견문을 넓히기 위해서는 '보는 질문'을 갖고 있어야 한다.

- 무엇에 주의를 기울이고 있는가?
- 어떤 관점으로 바라보고 있는가?
- 지금 무엇을 묻고 있는가?

이 질문이 내가 보는 것을 다르게 한다.

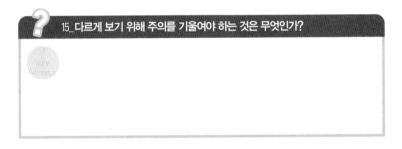

15_ 다르게 보기 위해 주의를 기울여야 하는 것은 무엇인가?

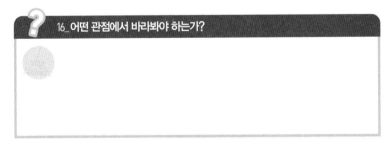

16_ 어떤 관점에서 바라봐야 하는가?

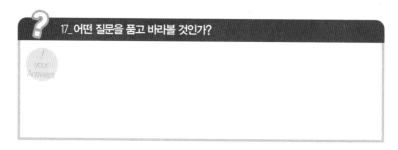

17_ 어떤 질문을 품고 바라볼 것인가?

your
Answers

07 만남의 차이를 만들어내는 질문 : 들을 준비가 되었는가

꽃은 아름답지만 아름다움의 근원은 뿌리에서 왔다.

이것을 잊으면 안 되는데, 사람들은 거름을 주어

뿌리의 힘을 돋울 생각은 않고, 꽃만 피우겠다고 난리다.

_정민

💬 더 좋은 만남을 위해 준비할 것은 무엇인가

뿌리는 숨어 있어서 사람들은 그 아름다움을 잘 모른다. 드러난 것은 숨어 있는 것을 바탕으로 하기 때문에 바탕에 힘쓰는 삶이 되어야 한다. 답의 뿌리는 질문이다. 질문이라는 뿌리가 자랄 수 있게 하는 토양은 '만남'이다. 만남이야말로 삶의 변화를 이끌어내는 강력한 힘이다.

존재론

나는 누구인가?

VS

관계론

나는 누구와 어떤
관계를 맺고
있는가?

가르치는 사람은 배우는 사람을 만나야 온전해지며, 물건을 파는 사람은 물건을 사는 사람을 만나야 성공할 수 있다. 아픈 사람은 치료하는 사람과의 만남으로 건강을 회복할 수 있고, 작가는 자신의 글을 읽어주는 사람을 통해 비로소 그 존재 가치가 빛을 발하게 된다.

"나는 누구인가"라는 질문에 대한 답은 모호할 수밖에 없다. 대신 "나는 누구와 어떤 관계를 맺고 있는가 혹은 맺어갈 것인가?"라고 질문해야 한다. 인간의 존재는 관계 속에서 피어나기 때문이다. 삶을 변화시키는 중요한 만남에 앞서서 우리는 무엇을 물어야 할까? 이 만남에서 '통하는 관계'로 도약하기 위해 우리는 무엇을 준비해야 할까?

더 좋은 만남은 준비가 필요하다. 통한다는 것은 서로가 서로에게 주고받을 것이 있다는 의미이다. 만남의 순간 무엇을 말할지, 무엇을 물을지, 무엇을 들을지 미리 준비할 수 있다면, 서로 통하는 감정을 교류하고 더 의미있는 관계로 나아갈 수 있다.

무엇을 준비해야 하는가?

무엇을 말할 것인가? (말할 준비)	무엇을 물을 것인가? (들을 준비)

통하기 위해 우리는 다음 두 가지를 준비해야 한다.

첫째, 마음을 전하기 위한 말들을 준비한다.

둘째, 듣기 위한 물음들을 준비한다.

나는 들을 준비가 되어 있는가

돌이킬 수 없어 보이던 혼돈도

누군가 잘 들어주면 마치 맑은 시냇물 흐르듯 풀리곤 한다.

_ 칼 로저스

잘 듣고 싶다면, 잘 물어야 한다. 적절하지 못한 질문에 훌륭한 답을 주는 사람도 있겠지만, 나쁜 질문에 좋은 답변이 나오기는 매우 어렵다. "숙제는 하고 놀러 나가니?"라고 묻는 엄마에게 '지금 만나러 가는 친구가 자신에게 어떤 의미인지, 얼마나 이 만남을 기다려왔는지'에 관한 두근거리는 심정을 표현할 방법이 없다.

만나자마자 자기 회사의 상품에 대해 자랑을 늘어놓는 세일즈맨에게 자신의 고충과 진짜 원하는 것을 풀어놓는 고객은 거의 없다. 통하고 싶다면 들을 준비를 해야 하고, 더 잘 듣고 싶다면 좋은 질문을 준비해야 한다.

묻기 위한 첫 번째 준비 : 묻는 의도를 분명하게 하라

루이스 캐롤의 고전인 《이상한 나라의 앨리스》에는 재치 있는 문답이

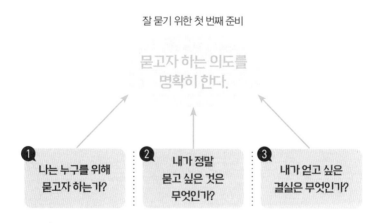

잘 묻기 위한 첫 번째 준비

묻고자 하는 의도를
명확히 한다.

① 나는 누구를 위해 묻고자 하는가?

② 내가 정말 묻고 싶은 것은 무엇인가?

③ 내가 얻고 싶은 결실은 무엇인가?

나온다. 주인공 앨리스는 길을 헤매다 서로 반대쪽으로 뻗어 있는 두 갈래로 나뉜 교차로에 이른다. 앨리스는 고양이 체서에게 묻는다.

"어느 쪽으로 가야 하지?"

고양이 체서는 이렇게 답한다.

"네가 어디로 가고 싶은가에 달렸어.
어디로 가고 싶은지 모른다면,
어느 길을 선택하든 상관이 없어."

상대방에게 질문하기 전에, 먼저 나 자신에게 솔직하게 묻자.

질문을 던지기 전에 먼저 나의 질문에 응답해줄 그 사람에 대해 집중해보자. 그 사람이 처해 있는 상황은 무엇인가? 그 사람이 겪고 있는 어려움이 무엇인지, 그 사람이 진실로 갈망하고 있는 것이 무엇인지 충분히 이해하고 공감하고 있는가? 나 자신의 호기심을 위해 혹은 이익을 위해 묻고 있는가? 아니면 그 사람에게 진실로 도움을 주기 위해 묻고 있는지를 먼저 살펴보라.

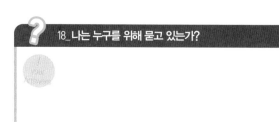

단지 사실을 확인하기 위해 묻는 것인가? '그렇다' 또는 '아니다'라는 답을 얻기 위해 하는 질문은 명확하게 입장과 사실을 확인하기에 적당할 수 있다. 그러나 보다 깊은 이해에 도달하기에는 지나치게 닫혀 있다. 그가 어떻게 느끼고, 생각하고 있는지를 묻고 이해하고 싶은가? 아니면 내가 직면하고 있는 문제를 풀어나갈 실마리를 얻기 위해 묻는 것인가? 정말로 묻고 싶은 것에 초점을 맞추자.

"삶의 의미는 무엇일까요?"라는 질문 뒤에는 "나 자신의 삶을 보다 의미있게 살아가려면 무엇이 달라져야 하는가"에 대한 더 깊고 근본적인 문제의식이 담겨 있다. 모호한 답변에 만족하고 싶은 것이 아니라면, 나의 질문이 보다 구체적이고 명확해야 한다. 더 초점 잡힌 질문이어야 보다 명확하고 도움이 되는 답변을 이끌어낼 수 있다. 솔직하게, 정말 묻고 싶은 것은 무엇인가?

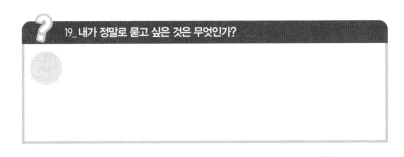

19_ 내가 정말로 묻고 싶은 것은 무엇인가?

씨를 뿌리는 농부는 그 씨앗이 자라 결실을 맺길 원한다. 일 년 동안의 노력이 결실로 맺어지지 않는다면, 아쉽고 실망스러울 것이다. 대화가 끝난 후 내가 기대하는 결과는 무엇인가? 대화를 하기 전과 대화를 나눈 이후에 무엇이 달라지길 원하는가? 얻고자 하는 결실이 보다 명확해지면, 내가 묻고자 하는 질문이 그 결과를 얻기에 효과적인 질문이 될 수 있을지 점검할 수 있게 된다.

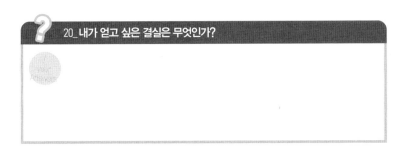

20_ 내가 얻고 싶은 결실은 무엇인가?

묻기 위한 두 번째 준비 : 상대방의 입장에서 먼저 생각해보기

내가 명확한 의도를 가지고 묻는다 하더라도 "그 질문에 답할 것인가,

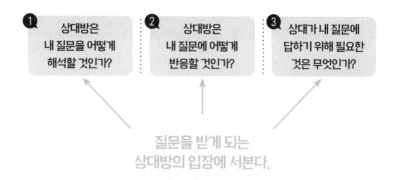

잘 묻기 위한 두 번째 준비

답하지 않을 것인가"는 상대방의 선택이다. 내가 묻고자 하는 '핵심 질문'을 먼저 종이 위에 적어두고, 상대방의 입장에서 바라보자.

질문이 모호하거나 상대에 대한 이해가 부족하면 상대방은 질문하는 사람의 진짜 의도가 무엇인지 의혹을 갖고, 상대방의 의도에 대해 모호한 추측을 하기 마련이다.

"숙제는 했니?"라는 질문이 단지 자녀가 해야 할 일을 끝마쳤는지 궁금해 사실을 확인하기 위해 던진 질문이라도, 자녀는 그 질문에 '엄마가 나를 안 믿는구나'라거나, '친구들과 놀지 못하게 하려나 보다'로 해석할 수도 있다.

21_ 상대방은 내 질문을 어떻게 해석할 것인가?

대개 사람들은 질문을 받으면 깊이 숙고해보지 않고 습관적으로 대응한다. 이미 답을 가지고 있다고 생각한다면 그 답을 자동적으로 이야기하기 마련이다. 만약 늘 얻어온 답변과 다른 답을 듣길 원한다면 상대의 습관적인 반응을 넘어설 준비가 필요하다. "그렇게 생각하는 특별한 이유가 있나요?"라는 질문을 통해 더 깊은 사고를 요구하거나 "그 생각 말고 다른 의견이 있다면 그것은 무엇인가요?"라고 묻는 등 기존의 생각에 갇힌 답이 아닌 다양한 답을 집요하게 요청해야 한다.

22_ 상대방은 내 질문에 어떻게 반응할 것인가?

나의 질문에 상대가 적극적으로 응답할 긍정적인 의도를 가졌다 할지라도, 대답을 이끌어내기 위해서는 먼저 살펴야 할 것들이 있다. 상대방의 입장에서 그 질문에 답하기 전에 먼저 떠올려야 할 것은 무엇일까? 그 질문에 대답하기 위해서 먼저 필요한 경험은 무엇일까? 예를 들어 "당신의 강점은 무엇입니까?"라는 질문에 상대방이 온전하게 응답하려면 무엇이든 실제로 잘해본 경험을 먼저 회상해봐야 한다. 자신이 무엇인가 잘 수행했던 과거를 추억해볼 시간을 허락하지 않고 답을 요구한다면 상대방은 당황스러운 느낌만을 표현할 것이다. "그동안 학교나 회사생활을 하면서 뿌듯했던 순간을 떠올려볼까요?"라는 선행 질문이 필요하다.

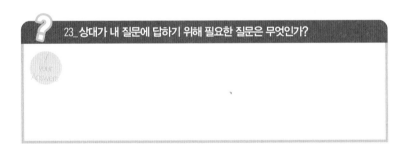

23_ 상대가 내 질문에 답하기 위해 필요한 질문은 무엇인가?

Your Answer

묻기 위한 세 번째 준비 : 질문의 적절한 흐름을 미리 구상하기

좋은 대화에는 흐름이 있다. 질문은 이 흐름을 만들어주는 도구가 될 수 있도록 순차적으로 이루어져야 한다. 먼저 대화의 초점이 잡히도록 대화의 주제에 집중하게 하는 질문에서 시작해서, 해당 주제를 폭넓게 사고

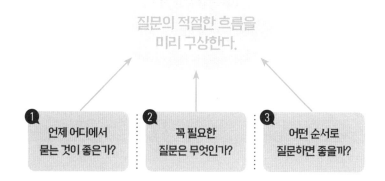

잘 묻기 위한 세 번째 준비

질문의 적절한 흐름을
미리 구상한다.

❶ 언제 어디에서
묻는 것이 좋은가?

❷ 꼭 필요한
질문은 무엇인가?

❸ 어떤 순서로
질문하면 좋을까?

하고 대화를 나눌 수 있도록 확장하는 질문을 그다음으로 전개한다. 마지막으로 대화의 결과가 명확해질 수 있도록 대답들을 검토하고 새로운 대안을 선택하게 하는 등 수렴하는 질문을 마련하는 것이 좋다.

아무리 좋은 질문이라도 때와 장소를 가려서 물어야 한다. 묻고 답할 적절한 시간과 적합한 장소는 어디일까? 일요일에 가족과 쉬고 있는 직원에게 갑자기 전화를 걸어 새로운 사업 아이템을 묻는 것은 적절하지 못하다. 가장 창의적인 생각이 싹틀 수 있는 공간에서, 적절한 시간을 잡아서 초대해야 한다. 속된 말로 다 때가 있는 것이다.

상대방이나 내게 익숙한 공간에서는 익숙한 답만을 이끌어낼 가능성이 크다. 바쁘고 지치는 순간에는 어떤 질문이라도 힘을 잃게 된다. 새로운 공간은 익숙함에서 벗어나게 한다. 높은 천장을 가진 실내공간이나 탁 트인 산 정상에서 나누는 대화는 답답한 사무실에서 이뤄지는 대화와는 전혀 다른 흐름을 만들어낸다. 언제, 그리고 어디에서 만날 것인지를 고민해보자.

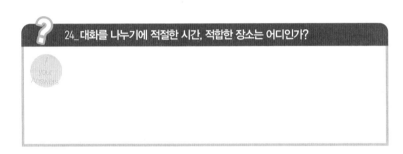

24_대화를 나누기에 적절한 시간, 적합한 장소는 어디인가?

이제 당신과 그 사람 사이에 필요한 질문들을 모두 기록해보자. 아이디어를 브레인스토밍하는 것처럼, 대화하고 싶은 질문들을 먼저 모두 기록해보자. 브레인스토밍의 원칙 중에는 '양질전환의 법칙'이 있다. 양적으로 많은 생각을 해야, 그 중에서 질적으로 좋은 아이디어를 얻어낼 수 있다는 것이다.

좋은 만남을 갖기 위해 최소한 10가지가 넘는 질문들을 미리 정리해보자. 정말 묻고 싶은 것, 대화를 통해 얻고자 하는 결실에 도움이 될 질문들을 모두 기록해보자. 그리고 그 질문들 중 불필요한 질문들은 버리고 꼭 필요한 질문들을 세 가지 이하로 선택한다.

더 좋은 질문을 선택하기 위한 ERRC 프레임

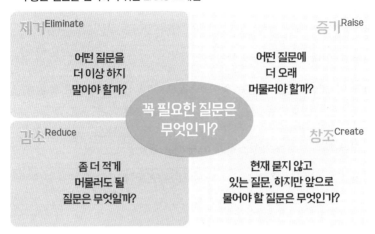

제거Eliminate

어떤 질문을
더 이상 하지
말아야 할까?

증가Raise

어떤 질문에
더 오래
머물러야 할까?

꼭 필요한 질문은
무엇인가?

감소Reduce

좀 더 적게
머물러도 될
질문은 무엇일까?

창조Create

현재 묻지 않고
있는 질문, 하지만 앞으로
물어야 할 질문은 무엇인가?

어떤 질문을 버리고 어떤 질문을 남겨둘 것인가? 꼭 필요한 질문은 무엇일까? 당신이 진정으로 듣고 싶어 하는 것은 무엇인가? 그 열망을 실현시켜줄 단 하나의 질문만 선택한다면, 그 질문은 무엇인가?

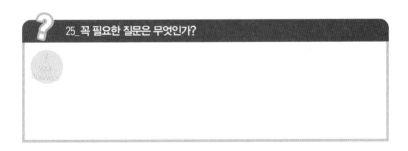

? 25_ 꼭 필요한 질문은 무엇인가?

Your
Answer

같은 질문이라도 질문의 순서와 흐름에 따라 전혀 다른 답을 얻게 된다. 학생들의 배움을 촉진하고 싶은 교사라면 이런 질문으로 수업을 시작해볼 수 있다. "어제 배운 것 중 기억에 남는 것은 무엇인가요? 아직 명확하게 이해되지 않는 것은 무엇이죠? 앞으로 더 깊이 탐구해보고 싶은 것은 무엇인가요?"

이런 질문을 통해 자연스럽게 어제 배운 것과 앞으로 배운 것들을 연결시켜볼 수 있다. 질문의 순서가 달라지면 답하는 흐름이 막히게 된다.

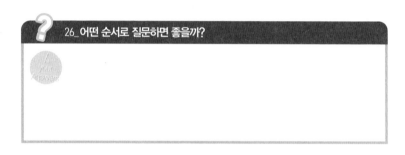

26_ 어떤 순서로 질문하면 좋을까?

혁신을 이끌어내는 사람들은 기존의 통념에 의문을 제기하는 '왜Why'에서 출발해, 새로운 가능성을 탐색하는 '만약 ~한다면What If'과 같은 질문을 해본다. 그리고 나서 구체적인 실행방법을 모색하는 '어떻게How'라는 질문을 행한다.

의사결정을 돕는 대화의 경우 상대방이 관심을 가질 수 있는 주제에 생각을 집중할 수 있도록 초점Focus질문으로 시작하고, 그 의사결정의 의미를 탐색해본 후 Meaning, 기존의 생각 외에 더 많은 대안을 생각해볼 수 있도록 확장질문으로 돕고 Option, 여러 대안 중 가장 효과적인 방법을 선택하도록 Choice 질문의 흐름을 정리하면 좋다.

잘 듣기 위해서 무엇을 해야 하는가?

일단 자신의 내면에서 올라오는 목소리를 먼저 들어야 한다. 자신의 목소리를 듣지 못하는 사람은 타인의 목소리를 들을 자격이 없다. 그리고 진실로 듣고 싶다면, 말하는 사람 입장에서 질문을 다시 살펴볼 수 있어야 한다. 마지막으로 더 좋은 질문의 자연스런 흐름을 미리 구상해보자. 이제 진실로 들을 준비가 되어 있는가?

08 문제해결의 차이를 만드는 질문
: 진짜 그게 문제일까

멍청이들과 광신도들은 늘 확신으로 가득 차 있고,

현명한 사람들은 의심으로 가득 차 있다는 것이

이 세상의 총제적 문제다.

- 버틀란트 러셀

답을 찾지 못해 문제인 경우보다 문제가 문제일 때가 더 많다. 더 좋은 문제를 찾아 집중해 해결하거나, 쓸데없는 문제로부터 자유로워질 수 있다면 삶은 어떻게 변해갈까?

요즘 고민하는 문제들의 목록을 만든 후 다음 질문에 답해보자. 일단 문제 목록을 정리해보는 시간을 갖는 것이 중요하다.

27_요즘 고민하는 문제들은 무엇인가?

💬 문제를 다시 보기 위한 8가지 질문

누구의 문제인가

내 문제도 아닌데, 쓸데없이 에너지를 낭비하고 있는지 점검해보자. 세상의 일이나 다른 사람들의 삶에 쓸데없이 간섭하다 보면 그 문제에 내가 신경 써야 한다고 착각하기 쉽다. 자신의 문제를 마주하기 힘들어 남의 문제에 간섭하고 있는 것은 아닌지 돌아보아야 한다.

28_내 문제를 풀고 있는가, 남의 문제에 간섭하고 있는가?

나만 문제일까

우리는 관계 속에서 살아간다. 온전히 내 문제만 해결한다고 삶이 술술 풀리는 것이 아니다. 때로는 고개를 들어 주위를 둘러볼 필요가 있다. 내가 관심을 가져야 할 이웃의 문제를 놓치고 있는 것은 아닐까?

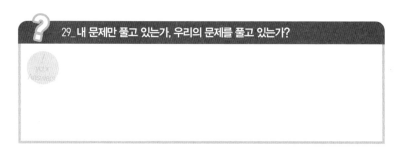

침묵하고만 있을 것인가

세상이 그릇된 방향으로 흘러갈 때, 위험을 무릅쓰고 문제를 제기한 사람들에 의해 세상은 좀 더 살 만해졌다. 침묵하지 않고 문제를 문제라고 말해야 할 때가 있다. 해법을 도출할 책임이나 권한도 없다 해도 말이다. 혹은 정말 중요한 문제인데 아무도 해결하려 노력하지 않고 있다면, 문제를 느끼고 있는 사람이 문제해결의 주체가 되어야 할 때도 있다. 진짜 문제라면 문제를 제기하는 사람이 나의 역할인지, 문제를 해결하는 것이 나의 역할인지 선택해야 한다.

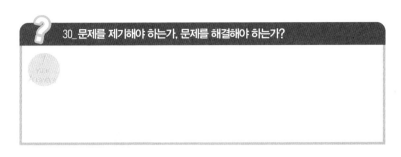

30_ 문제를 제기해야 하는가, 문제를 해결해야 하는가?

진짜 문제를 풀고 있는가

진짜 문제가 무엇인지도 이해하지 못하고, 증상에 사로잡혀 해결하기 위해 애쓰는 경우가 있다. 이런 경우 해법이라고 선택한 것들이 문제를 더 악화시키기도 한다. 진짜 문제를 이해하고 있는가? 문제를 이해하지 못한 채 해법을 찾아 헤매고 있는 것은 아닌가?

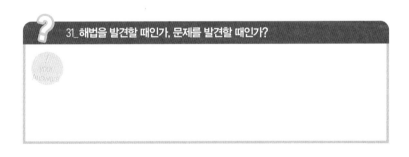

31_ 해법을 발견할 때인가, 문제를 발견할 때인가?

혼자 풀 수 있는가

혼자 묵묵히 풀어가야 할 문제가 있고, 함께 풀어가야 할 문제가 있다.

함께 풀 문제를 혼자서 낑낑거린다고 풀리지는 않는다. 도움을 청하는 것은 문제를 풀어가는 훌륭한 지혜 중 하나다. 물론 자기 자신의 문제를 남에게 떠넘기는 것은 지양해야 할 해악 중 하나이다.

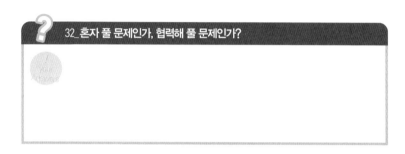

지금이 풀 때인가

타이밍Timing이 문제인 경우가 있다. 너무 빠른 접근도 문제이고, 너무 늦게 다루는 경우도 문제이다. 그 문제를 풀어갈 적기는 언제인가? 어떤 상황과 조건이 갖춰질 때 그 문제를 풀어야 할까? 최적의 타이밍에 최선의 노력을 기울인다면, 더 좋은 결과를 얻을 수 있다.

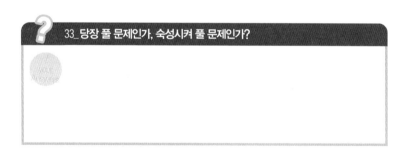

여러 문제를 동시에 풀고 있는가

여러 가지 일을 동시에 처리한다는 멀티테스킹은 효율성 · 효과성의 적이다. 해결하고 싶은 문제가 너무 많지 않은가? 적어둔 문제 목록 중에 떠나보낼 문제를 지워보자. 진짜 중요한 문제라면 다시 떠오르기 마련이다. 문제 목록을 다시 살펴보고 우선순위를 매겨 하나씩 해결해나가야 한다. 지금 풀어야 할 문제가 산적해 있는데 진짜 중요한 문제라면 위임하거나 도움을 청해보자. 도움을 청할 사람이 한 명도 없다면, 그것이야말로 내가 풀어야 할 진짜 문제가 아닐까?

34_ 문제를 소유할 것인가? 문제를 떠나 보낼 것인가?

문제라는 관점이 문제인가

문제라는 말이 계속 거슬리는가? 문제라는 말만 들어도 힘이 빠지는가? 그렇다면 문제를 과제로, 혹은 도전이라는 말로 변경해보자. 반드시 해결해야 하는 문제들, 걸림돌들은 때로는 목표를 달성하는 결정적인 조건, 즉 디딤돌이 되기도 한다. 지금 풀어가는 그것을 문제라 부를 것인가,

도전이라 부를 것인가? 걸림돌인가, 아니면 디딤돌인가?

길을 가다 돌이 나타나면 약자는 그것을 걸림돌이라 하고, 강자는 그것을 디딤돌이라 한다.

_토마스 칼라일

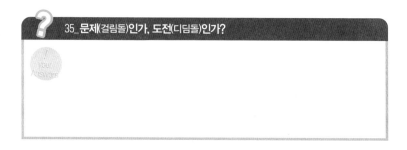

09 변화를 촉진하는 질문
: 무엇을 먼저 물어야 하는가

변화에 대한 가르침이 넘쳐나는 시대다. 변화의 필요성을 역설하는 리더와 변화의 걸림돌로 자리하고 있는 리더들로 조직의 상층부는 채워진 듯하다. 그리고 이런 조직에 속한 대부분의 구성원들은 강요된 변화 요구에 지쳐 있거나, 학습된 무기력에 빠져 있다. 보다 의미 있는 변화를 촉진하기 위해 물어야 할 것은 무엇인가? 변화의 여정에서 우리가 함께 답을 찾아나서야 하는 질문은 무엇인가?

💬 어떤 변화를 만들어갈 것인가

리더들과 본격적으로 변화에 대한 이야기를 나누기 전에, 다음과 같은 질문으로 변화에 대한 대화를 나누곤 한다.

실패는 변화의 원동력이다. 의미 있는 실패는 변화의 계기가 되기도 하며, 변화의 원동력이 되는 중요한 깨우침을 선물하기도 한다. 그러나 시도하지 않는 사람들에게는 실패조차 허락되지 않는다. 실패를 두려워하게 만들어 변화를 추구하게 하려는 얄팍한 멘토들을 경계하라.

더 좋은 실패를 촉진하는 사람들이 진짜 스승일지 모른다. 아니, 실패야말로 변화의 진짜 스승이다. 우리는 '의미 있는 실패'를 돌아보고, 그 속에서 교훈을 이끌어낼 수 있어야 한다. 성공을 물어보는 사람들은 나를 기쁘게 만들어주지만, 실패를 물어보는 사람들로 인해 한뼘 더 성장할 기회를 얻게 된다.

변화를 여는 질문

변화를 맞이하기 위해서는 필요한 것들이 있다. 앞으로 나아가기 위해서는 뒷발에 힘을 주어 내디뎌야 한다. 뛰기 위해서는 먼저 움츠려야 한다. 변화의 원동력을 확보하지 않고 뛰어나가는 것은 변화의 소용돌이에 휩쓸리고 추진력을 잃게 한다.

무엇이 당신을 앞으로 나아갈 수 있게 하는가? 무엇이 필요한가? 지금 준비해둔 것으로 충분한가? 더 필요한 것은 무엇인가? 빠진 것은 없는가? 급하게 나아가는 것이 중요한 것은 아니다.

변화를 위한 긍정적 질문

변화는 새로운 것을 시작할 뿐 아니라 낡은 것을 끝낸다는 의미다.
낡은 것을 보내는 것과 새로운 것을 포용하는 것
모두가 사람들에게는 쉽지 않은 일이다.

_트리시아 에머슨, 메리 스튜어트,《The Change Book》

낡은 것, 익숙한 것들 중에서 그만두고 싶은 것은 무엇인가 혹은 새롭게 시작하고 싶은 것은 무엇인가? 그리고 그것을 시도하는 데 있어 장애가 되는 걸림돌은 무엇인가?

변화의 과정에서 당면하는 '걸림돌'들은 무엇에 집중해야 할지 알려주는 표지이다. 그 걸림돌이야말로, 변화를 위한 '디딤돌(중간 목표)'이 된다. 변화를 이야기하며 걸림돌들을 마주 하지 않으려는 것은 태만이다. 보다 충만한 삶을 위해 필요한 긍정적인 변화가 있다면 그것은 무엇인가?

변화를 행하게 하는 질문

리더는 실행이 없는 비전으로는

어떤 것도 이룰 수 없다는 것을 아는 사람이다.

_ 존 C. 맥스웰

변화는 순간적인 이벤트라기보다는 기나긴 여정이며, 이러한 여정을 통해 우리 자신에 대한 신념과 믿음까지도 변화하게 된다. 변화를 위한 여정에서 가장 중요한 것은 무엇일까? 변화를 위해 질문이 필요한 순간이 있고, 행동이 필요한 순간이 있다. 생각만으로 변화가 일어나지 않는다. 이 둘을 잘 분별해야 한다.

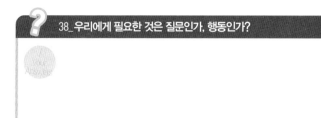

변화에 동참하길 바란다면!

"무엇을 변화시켜야 하는가?

어떤 방향으로 변화시켜야 하는가?

어떻게 변화를 일으킬 것인가?"

변화는 갈망Hunger에서 시작된다. 우리는 다른 결과를 얻기 위해 새로운 전략이나 기술, 조직 또는 새로운 기능이라는 변화를 도입한다. 그리하여 최선의 경우에는 성공, 운이 좋으면 현상 유지, 최악의 경우 실패를 경험하게 된다.

변화는 대가를 요구한다. 리더 자신의 입장에서만 변화의 이유를 찾아야 할 것이 아니라, 변화에 동참하는 사람들의 입장에서도 변화의 이유, 변화를 위해 필요한 것들을 묻고 답할 수 있어야 한다.

왜 변화를 주장하는가

변화를 요청할 때 우리는 좀 더 주의를 기울여야 한다. 모든 변화가 좋은 것만은 아니며, 도대체 왜 변화가 필요한지부터 납득할 수 있게 안내해야 한다. 진정으로 변화를 설득하기 위해서는 상대방의 입장에서 다음의 질문에 답할 수 있어야 한다.

Q1. 왜 이러한 변화가 필요한지 충분히 납득이 되는가?

- 지금 어떤 변화가 필요한가(지금과는 무엇이 달라져야 하는가)?
- 만약 그 변화가 이루어진다면 무엇이 좋은가(혹은 그렇게 변화하지 않는다면 무엇이 나빠지는가)?

Q2. 변화를 이루기 위해 필요한 조건을 충분히 고려했는가?

- 무엇이 필요한가(변화를 위해 요구되는 것은 무엇인가)?
- 그것으로 충분한가, 또 무엇이 필요한가?

질문에 대한 답을 명확하게 설명할 수 없다면, 아직 나는 사람들을 변화로 이끌 준비가 안 된 것이다. 유의할 점은 나의 답변이 변화에 초대될 상대방의 입장에서 납득이 되어야 한다는 것이다.

변화에 동참할지를 물어보기

변화의 필요성을 설명해준 후 상대에게 물어보자.

• 첫 번째 질문 : 이 변화를 원하는가?

첫 번째 질문에 "네, 원합니다 Want~"라고 답을 하지 않았다면, 방법의 문제가 아니라 '변화를 통해 기대되는 효과'에 대해 상대가 충분히 납득되지 않은 것이다. 가능하다면 그가 생각하는 필요한 변화는 무엇이고, 왜 그러한 변화를 원하는지, 그 변화를 위해 필요한 조력은 무엇인지를 묻고 경청하도록 하자. 서로의 변화 지도를 공유하고 비교할 때 새로운 변화는 성큼 다가온 것이다. 변화의 중요성을 충분히 지각할 수 있을 때 우리는 변화에 대한 의지를 품을 수 있게 된다.

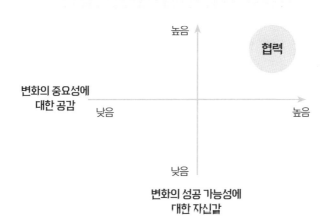

변화에 협력할 준비가 되었는가?

• 두 번째 질문 : 변화할 수 있는가?

두 번째 질문에 "네, 할 수 있습니다I Can Do it"라고 답하지 못하다면, 원해도 실행할 수 없다. 방향성은 동의하지만 '능력의 문제'가 있는 것이다. 변화의 규모가 너무 거대하고 크게 보인다면, 변화의 범위를 단계별로 쪼개어 도전할 수 있는 범위로 줄여야 한다. 혹은 능력을 향상시킬 수 있는 기회를 제공해야 한다.

《몰입의 즐거움》의 저자 칙센트미하이 박사의 주장처럼 능력보다 큰 도전은 우리를 긴장시키고 불안감을 주며, 능력보다 지나치게 낮은 도전은 권태롭다. 후자의 경우는 실제 의미 있는 변화라기보다는 단순 반복해야 하는 일이 늘어나는 것일 뿐이다. 스스로 변화할 수 있는지를 묻는 행위는 앞으로 일어날 변화를 예측할 좋은 지표가 된다.

• 세 번째 질문 : 변화할 것인가?

세 번째 질문에 "네, 할겁니다I Will Do it"라는 답은 변화할 준비가 되어 있음을 뜻한다. 만약 상대가 긍정적으로 답하지 못하고 있다면, 그 망설임 속에 숨겨진 속 사정을 물어볼 기회이다. 무엇이 걱정되는지를 묻거나, 지금이 아니라면 언제 하려고 하는지, 그가 생각하는 최적의 타이밍에 대해 먼저 물어야 한다. 혹은 이 변화보다 우선적으로 하고자 하는 것을 파악해야 한다.

하고는 싶지만 구체적으로 무엇부터 해야 할지First Step 모를 때에도 이

의지

능력

변화하고
싶어요.

변화의 중요성

변화에 대한 자신감

변화할 수
있어요.

준비

중요성의 우선순위

변화할
것입니다.

질문에 기꺼이 답하지 못한다. 변화 목표는 막연한 구호가 아니라 행동 목표로 전환되어 제시되어야 한다. '건강한 육체에 건강한 정신을!' 이라는 막연한 구호가 아니라 '주 3회, 30분의 유산소 운동하기'로 제시되어야 행할 수 있다.

> 사람들이 주고받는 일상 대화 속에는 지혜가 들어 있는 것 같다.
> 변화동기가 높다는 의미가 들어 있는 말 속에는 '하고자 함, 할 수 있음, 할 준비가 되어 있음'과 같은 구절들이 보통 포함되어 있다. 이는 동기 속에는 적어도 세 가지 중요한 요소들이 들어 있다는 의미를 내포한다. 즉 의지, 능력, 준비다.
>
> _ 윌리엄 R. 밀러

저항의 이유를 묻기

딜레마가 해결될 때까지는 변화가 일어나도 천천히 일어나고, 일어난 변화도 금방 없어지기 쉽다.

_ 윌리엄 R. 밀러

모든 변화는 저항에 직면한다. 새로운 시도로서의 변화든 익숙한 것으로부터 결별을 요청하는 변화든 달라진다는 것 자체는 유지하는 것보다 많은 투자를 요구한다. 변화에 저항이 없기를 바라는 것은 스스로는 변화하지 않고 다른 사람만 달라지길 바라는 이기적인 욕심일 뿐이다.

만약 저항에 부딪친다면, 상대방의 입장에서 다음 네 가지를 물어보자.

Q1. 만약 변화한다면, 무엇을 얻게 될 것으로 기대하고 있는가?

Q2. 만약 변화의 여정에 참여하게 된다면, 지불해야 하는 대가나 감수해야 하는 위험은 무엇인가?

Q3. 만약 변화하지 않았을 때의 유익은 무엇인가?

Q4. 만약 변화하지 않았을 때, 치러야 하는 대가가 있다면 무엇일까?

당근(Q1)과 채찍(Q4)만으로 사람은 변화하지 않는다. 변화를 강요하기 전에 상대방의 입장을 이해하려 노력해보자. 함께 만들어가는 변화라면, 그 변화를 위해 상대방의 입장에서 묻고 답할 수 있어야 한다. 그 변화가 상대방에게 약속하는 유익이 무엇인지, 상대방이 감당해야 하는 위험과 지불해야 하는 대가는 무엇인지에 대해서이다. 또한 변화를 위해 포기해야 하는 것, 그러나 상대방이 지키고 싶어 하는 것이 무엇인지, 변화하지 않았을 때 치러야 하는 대가가 무엇인지 상대방의 입장에서 함께 헤아려야 한다. 나를 위한 변화를 그럴 듯한 말로 포장해, 상대방을 변화의 도구로 삼지 말아야 한다.

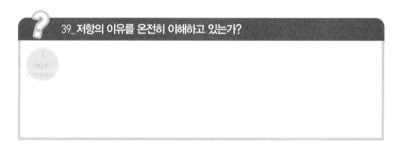

39_ 저항의 이유를 온전히 이해하고 있는가?

변화 동기를 묻기

동기부여의 진실은 사람들이 자율성, 관계성, 역량에 대한 심리적 욕구를 지니고 있다는 전제로부터 출발한다.

인간은 배움을 통해 성장을 추구하고, 일을 즐기기를 원한다. 누군가에게 긍정적으로 기여하기를 바라며, 오래 지속되는 인간관계를 지향한다.

_ 수전 파울러

리더는 과거-현재-미래로 이어지는, 우리가 진정으로 지키고 싶은 것들을 지켜나가기 위해 필요한 변화를 이끌어가는 사람들이다. 변화를 요

일터에서 기본적인 욕구가 충족되고 있는가?
세 가지 심리적 갈망

관계성
Relatedness

자율성
Autonomy

역량
Competency

청하기 전에 리더가 지켜가야 할 것이 있다.

리더의 역할은 직원들을 드라이브 하고 동기부여하는 것이 아니다. 구성원들이 자율성, 관계성, 역량의 욕구를 충분히 만족시킬 수 있는 경험을 제공하는 일터를 만들어가는 것이다. 변화를 요구하기 전에, 기본적인 욕구부터 먼저 채울 수 있는 일터를 만들기 위해 노력해야 한다.

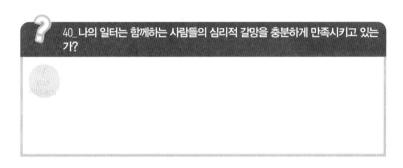

40_ 나의 일터는 함께하는 사람들의 심리적 갈망을 충분하게 만족시키고 있는가?

💬 변화의 여정을 위한 첫걸음

다음은 변화를 촉진하기 위해 리더가 해야 할 일들을 정리한 목록이다.

- 평소 직원들의 심리적 갈망이 충족되는 일터를 만든다.
- 어떤 변화가 필요한지, 그리고 변화의 필요성은 무엇인지 명확하게 설명한다.

- 상대방에게 변화에 동참할지를 물어, 참여할 준비가 되었는지 확인한다.
- 변화에 저항하는 이유를 이해하고, 동참할 수 있는 매력적인 조건을 구축한다.
- 변화의 여정을 함께할 핵심적인 동료를 확보한다.
- 변화를 실천하며, 작지만 의미있는 성공을 거둔다.
- 만약 실패한다면, 학습과 성장의 계기로 삼는다.
- 변치 않게 지켜내야 할 소중한 것들을 지속적으로 지켜나간다.
- 조직의 미래를 창출하는 역량을 강화시킨다.

10 창의성을 촉진하는 질문
: 창의성을 촉진하기 위한 효과적인 질문은 무엇일까

💬 **어떻게**How **인가, 무엇**What **인가?**

Q1. 어떻게 하면 그림을 더 잘 그릴까?

Q2. 어떤 그림을 그리면 좋을까?

예술가처럼 살기 위해서는 어떤 질문을 더 자주해야 할까? 위 두 질문 중 어떤 질문을 선택했는가? 다행히 정답이 있는 질문은 아니다. 질문의 순서와 질문에 머무르는 시간이 때로는 더 중요하다. 어떤 질문이 더 탁월한 예술가의 질문일까? 실제 예술가들은 어떤 질문을 하며 살아갈까? 몰입과 창의성 연구의 대가로 잘 알려진 칙센트미하이의 유명한 연구사례를 살펴보자. 시카고 미술대학에 재학중인 4학년 학생 30여 명을 대상으로 진행한 실험이다.

이들에게 여러 가지 물체를 주고 그 중 두 개를 골라 정물화를 그려보라는 간단한 과제를 주었다. 어떤 학생들은 금세 윤곽을 잡더니 바로 그림을 그리기 시작했고, 어떤 학생들은 그보다 시간이 좀 더 걸렸다. 빠르게 그림을 그린 그룹의 경우 '어떻게 하면 그림을 더 잘 그릴까?'를 생각하며 문제를 해결하는 데 주력했다.

'어떻게'라는 질문은 대개 '올바른 해법이 미리 정해져 있고, 그것을 맞춰야 한다'라는 전제를 깔고 있다. 혼자서 답해야 할 경우는 이미 알고 있는 답 외에는 특별한 답들이 잘 나오지 않는다. 지금도 입시미술학원에 다니는 대다수의 학생은 '어떻게 그려야 하는지'를 집중적으로 훈련받는다. 어떻게 그려야 하는지에 대한 방법은 이미 정해져 있고, 학생들은 기계적으로 그 방법들을 습득한다.

느리게 그린 두 번째 그룹의 경우에는 '어떤 그림을 그리면 좋을까?'를 생각하며, 정물화로 표현해야 하는 물체를 이리저리 돌려도 보고, 다르게 배치해보고, 더 자세히 들여다본다. 물론 그림을 그리는 데에도 시간을 더 들였다. 전문가들은 이 그룹의 작품이 첫 번째 그룹의 작품에 비해 더 창의적이라고 평했다.

이 실험이 진행된 지 6년이 지난 후 칙센트미하이의 연구팀은 실험에 참가한 학생들이 졸업 후 어떻게 지내는지 추적했다. 학생들의 절반가량은 미술계를 완전히 떠나 있었고, 나머지 절반은 미술 분야에서 활발하게 활동하고 있었다. 물론 예술가로 살아가고 있는 이들의 거의 대부분은 두 번째 그룹에 속했던 학생들이었다.

'어떻게'라는 질문은 문제를 해결하는 데 초점을 두게 한다면, '어떤'이라는 질문은 자신만의 관점에 의해 문제를 발견하고 새롭게 정의할 것을 요구한다. 창의성은 방법의 문제라기보다는 관점의 문제이다. '어떻게'라는 실용적인 방법론이 중요하지 않다는 뜻은 아니다. 다만 우리는 너무 빠르게 문제를 해결하기 위해서, 방법과 정답을 찾느라 바빠 어떤 관점으로 문제를 다뤄야 할지, 정말 다뤄야 할 문제가 무엇인지를 현명하게 선택하지 못한다.

칙센트미하이와 함께 연구를 진행했던 게첼스는 "창의적인 사람들이 해당 분야에서 다른 사람들과 구별되는 차이점은 지식, 기술, 기교의 우수성에 있다기보다는 문제를 발견하고 만들어내는 데에 있다"고 결론 내렸다.

내가 평소에 자주하는 질문은 '어떻게'인가, '어떤 그림'인가? 어떻게 성공할 것인가를 물어야 할 때인가, 아니면 어떤 성공을 추구할 것인지를 물어야 할 때인가? 어떻게 공부할 것인지를 물어야 하는가, 어떤 공부를 할 것인지를 물어야 할 때인가? 두 질문 중 어느 하나가 더 올바른 질문이라고 주장하는 것은 아니다. 다만 창의성을 촉진하고 싶다면, 어떤 질문이 보다 효과적일지를 생각해보자.

만약 미술을 지도하는 선생이나, 미술가 지망생을 둔 부모라면 학생들에게 어떤 질문을 하는 것이 좋을까?

Q1. 어떻게 그려야 하겠니?

Q2. 어떤 그림을 그려볼래?

어떤 그림을 그리고 싶은지 아직 결정하지 못한 학생들에게 어떻게 그려야 할지에 대한 답을 너무 빨리 알려주고 있는 것은 아닐까? 혹시 교사나 부모가 생각하는 그림과 전혀 다른 그림을 그리고 싶은 것은 아닐까?

정해진 답을 효과적으로 찾고 따르게 하는 '어떻게'라는 질문에 중독된 기성세대가 자신만의 '어떤' 것을 간절히 찾아 헤매고 있는 학생들의 창의성을 질식시키고 있는 것은 아닐까? 먼저 물어보자. 창의성을 촉진하고 싶은 것인가, 아니면 효율성을 높이고 싶은 것인가?

삼나무를 그렸던 고흐는 "어떻게 삼나무를 그릴까"라는 질문을 먼저 했을까? 아니면 "삼나무에서 어떤 것을 그릴까"라는 질문을 품었을까? 고흐는 그리는 방법을 찾기 전에 삼나무를 자세히 바라보며, 다른 사람들이 바라보지 못한 무엇인가를 보았다. 그리고 그것을 그리기 위한 '어떻게'를 나중에 찾지 않았을까? 김용택 시인은 사과를 본 적이 있느냐고 물으며 이렇게 말했다.

"오래오래 바라보면서 사과의 그림자도 관찰하고, 이리저리 만져보고 뒤집어보고 한입 베어 물어도 보고 사과에 스민 햇볕도 상상해보고. 그렇게 보는 것이 진짜로 보는 거예요."

'어떤' 것에 답하려면 시간이 필요하다. 저 깊은 곳에서 올라오고 있는 창의성을 효율성의 논리로 질식시키고 있는 것은 아닌지 주의해야 한다. '어떻게'라는 질문을 너무 빠르게 던지지 말자. 잠들어 있는 창의성이 깨어나기 전까지는 잠시 '어떻게'는 뒤로 미루는 여유를 갖자. 어떤 그림을 그리고 싶은지, 왜 그런 그림을 그리고 싶은지 호기심을 가지고 묻고 공감하는 대화를 나눠보자. 그리고 스스로 답을 찾을 때까지 침묵 속에서 응원해보는 것은 어떨까.

'어떻게'는 학생이 물을 때 효과적인 질문이지, 부모나 교사와 같은 촉진자가 묻기에는 부적절하다. '나는 답을 알고 있다. 너는 답을 모른다. 너는 나에게 배워야 한다'는 가정을 품고 있을 때 우리는 '어떻게'라는 질문으로 상대를 압박한다. '어떻게'를 알려주고 싶다면, 학생이 물어올 때를 기다려 시범을 보여주고 피드백을 해주는 것으로 충분하다.

자, 그럼 나에게 필요한 질문은 무엇인가?

Q1. 어떻게 질문을 해야 할까?

Q2. 어떤 질문을 해야 할까?

질문은 창조의 도구가 될 수 있다. 예술가처럼 물어보자.

41_ 나는 삶을 통해 무엇을 새롭게 창조하고 싶은가?
구체적으로 어떤 작품을 만들고 싶은가?

11 공감을 촉진하는 질문
: 착한 사마리아인은 어떤 질문을 했을까

누가복음에 한 율법교사와 예수님이 나눈 흥미로운 일화가 실려 있다. "네 이웃을 너 자신과 같이 사랑하라"는 이야기가 오고 간 후 율법교사는 예수에게 이렇게 묻는다.

"그러면 누가 저의 이웃입니까?"

예수는 인류의 위대한 스승들이 그러하듯 비유와 질문으로 답한다.

"어떤 사람이 예루살렘에서 예리코로 내려가다가 강도들을 만났다. 강도들은 그의 옷을 벗긴 후 때려 초주검으로 만들어놓고 가버렸다. 그 길을 내려가던 한 사제는 그를 보고서는 길 반대쪽으로 지나가버렸다. 레위인도 마찬가지로 그곳에 이르렀는데, 그를 보고서는 길 반대쪽으로 지나가버렸다. 그런데 여행을 하던 어떤 사마리아인은 그가 있는 곳에 이르러 그를 보고서 가엾은 마음이 들었다. 그래서 그에게 다가가 상처에 기름과

포도주를 붓고 싸맨 다음, 자기 노새에 태워 여관으로 데리고 가서 돌보아주었다. 이튿날 그는 두 데나리온을 꺼내 여관 주인에게 주면서 '저 사람을 돌보아주십시오. 비용이 더 들면 제가 돌아올 때에 갚아 드리겠습니다' 하고 말하였다. 너는 이 세 사람 가운데에서 누가 강도를 만난 사람에게 이웃이 되어 주었다고 생각하느냐?" — 누가복음 10:30~36

다르게 질문하는 법을 배우기 위해 우리는 율법교사나 예수의 질문에 집중하지 말고, 표현되지 않은 착한 사마리아인의 질문에 집중해보자. 강도에게 돈을 빼앗기고 두들겨 맞아 길가에 쓰러져 신음하던 낯선 사람을 돕기 전에 그는 어떤 질문을 했을까?

💬 착한 사마리아인은 스스로에게 어떤 질문을 했을까

Q1. 이 사람을 돕는다면 '내게' 무슨 일이 일어날 것인가?
Q2. 이 사람을 돕지 않는다면 '그에게' 무슨 일이 일어날 것인가?

이 질문은 먼저 지나친 사제나 레위인을 비난하기 위한 의도는 아니다. 먼저 그 길을 지나간 두 사람은 아마도 쓰러진 사람을 보고 첫 번째 질문을 떠올리지 않았을까? 그들의 입장에서 변론해보자면 무섭기도 하고 귀찮은 일에 휘말리고 싶지 않았을 것이다. 다르게 질문하면 다른 답이 떠오르기 마련이다. 사마리아인의 자비로운 행위 이전에 그의 내면에 스치고 지나간 질문은 자신을 중심에 둔 질문이 아니라, 쓰러진 사람의 입장에서 품은 질문이었을 것이다.

💬 왜 우리는 착한 사마리아인처럼 질문하지 못할까

우리는 학교에서 수많은 질문에 답하며 많은 시간을 보낸다. 예를 들어 이런 질문이다.

Q1. 철수에게 15개의 사과가 있었다. 영희가 다가와 4개의 사과를 먹었다. 남은 사과는 몇 개일까?

정답이 중요한 것은 아니다. 이 질문에 사로잡히는 순간 우리는 다르게 질문할 기회를 잃어버리게 된다. 이런 질문의 유형을 예를 들어 '철수 질문'이라 부르자. 수학적이고 인지적 사고를 촉발시키기 위한 질문이지만, '만약' 우리가 다르게 질문하면 어떤 일이 일어날지 상상해보자.

Q2. 철수에게 15개의 사과가 있었다. 영희가 다가와 4개의 사과를 먹었다. 철수의 기분은 어땠을까?

질문의 차이가 느껴지는가? 인지적이며, 계산적인 훈련을 목적으로 하는 질문이 아니라, 만약 교사가 철수의 입장에서 공감하기 위한 질문을 던진다면 학생들은 어떻게 반응할까? 만약 철수가 욕심쟁이였다면 기분은 어땠을까? 만약 철수가 영희를 짝사랑했다면 어떤 감정이었을까? 영희가 사과를 아무 말 하지 않고 그냥 가져가버렸다면 철수는 어떤 기분일까? 자녀가 자신의 감정을 소중히 여기며, 타인의 입장에서 공감할 수 있고, 이웃을 사랑하는 철수가 되길 바란다면, 가정과 학교에서 일상적으로 탐구하는 질문이 달라져야 한다.

우리는 서로 맺어지기 위해 꼭 노력해야 한다.
들판 여기저기에서 타오르는 저 불빛들 중
몇몇과 소통하기 위해 애써야만 하는 것이다.

_ 생텍쥐 페리,

《인간의 대지 _ 바람과 모래와 별 Terre des hommes》서문, 1939

질문은 사고를 돕기 위해서도 쓰일 수 있지만, 잠들어 있는 우리의 공감 능력을 이끌어내는 열쇠가 될 수도 있다. 착한 사마리아인처럼 물어보자. 선택은 당신의 몫이다.

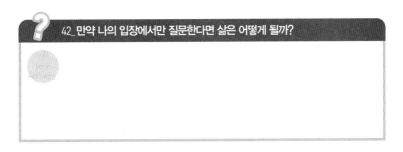

42_ 만약 나의 입장에서만 질문한다면 삶은 어떻게 될까?

43_ 만약 타인의 입장에서 질문할 수 있게 된다면 나의 삶은 어떻게 달라질 수 있을까?

3부

질문을 질문답게 만드는
단어는 무엇인가

·

질문어 質問語 탐구

12 질문어質問語탐구 (1) 물음표
: 끝낼까? 시작할까¿

모든 새로운 시작은

다른 시작이 끝나는 데서 비롯된다.

_ 세네카

💬 마침표에 대한 거부, 물음표

할 말을 다 했다. vs 할 말을 다 했다?

마침표를 찍어 끝내기에는 의심스럽다. 확실하지 않다. 사실인지 아닌지 모르겠다. 문장을 끝내야 하지만, 끝내기에 찝찝하다. 그래서 우리는 '마침표'를 거부하며 '물음표'를 남긴다. 물음표는 의심하는 표정을 담고 있다. 차마 끝낼 수 없는 마침표는 물음표로 다시 태어난다.

44_마침표를 거부하고 되살리고 싶은, 삶을 위한 나의 문장은 무엇인가?

💬 저항의 몸짓, 물음표

세상을 주어진 대로 받아들이지 않고, 타인이 말한 바를 그대로 수용하지 않는 사람은 물음표를 사용할 수밖에 없다. 세상을 바꾸려는 불온한 사람은 항상 물음표를 들고 나타난다. 혁명이 늘 성공하는 것은 아니지만, 혁명을 시작하는 것은 물음표다.

이것이 위대한 대한민국이다. vs 이것이 위대한 대한민국이다?

물음표에는 새로운 시작을 부르는 힘이 담겨 있다. 일본어에는 물음표를 붙이지 않는 것이 원칙이라 한다. 그래서 일본인들이 순종적인 것일까? 인터넷에 익숙한 젊은 일본 친구들은 물음표를 사용한다. 다행이다. 핵발전소가 무너져서 방사능에 고통 받으면서도 물음표 하나 찍어보지 못하는 나라에는 희망이 없을 테니.

물음표가 사라진 국민들이야말로 현 권력자들이 바라는 '국민國民'이리라. 나라의 백성이 아니라, 질문하는 백성(문민問民)이 없다면 민주주의는 꽃피지 못한다.

🗨 뒤집힌 물음표 ¿, ⸮

한글에서는 문장을 끝까지 따라가야, 그것이 질문인 줄 알게 된다. 그런데 문장의 첫 글자를 물음표로 시작하는 '불손한 자(¿)'들이 있다. 더하여 감히 신성한 물음표를 뒤집어(¿) 사용하기도 한다. 이 역물음표(¿)는 에스파냐어에서 사용되며, 의문문의 시작에 붙인다고 한다. 아랍어와 페르시아어 등 문장을 오른쪽에서 왼쪽으로 쓰는 국가에서도 뒤집어진 물음표(⸮)를 쓴다. 물음표가 뒤집혔다고 달라질 건 없지만, 문장을 시작하면서 의문문임을 먼저 표기하는 방식은 매력적이다.

'물음표를 뒤집는다'는 표현은 매력적이다. 세상이 우리에게 던지는 질문을 그대로 받아들일 필요는 없지 않은가? 물음표가 달렸다고 모두 가치 있는 질문은 아니다. "이번 시험에서는 몇 점을 받았니? 취직은 했고?

결혼은 언제 할 거니? 월급은 얼마냐?" 이런 질문들은 물음표만 달았을 뿐 사실 질문을 가장한 명령문이다. 달리 말하자면 '불통 질문'이다. 질문에 답하면 답할수록 답답해지고 소통이 일어나지 않는다.

물음표를 제거해 그 문장의 참뜻을 살펴보라. "시험을 잘봐라. 놀지 말고 취직해라. 결혼은 해야지." 물음표만 붙인다고 제대로 된 질문이 되는 것이 아니다. 가치 없는 질문에 답하느라 인생을 허비하지 말고, 그 질문에 다시 되물어야 보아야 한다. 뒤집어 물어보자.

¿ 왜 대학에 가야 하나요?

¿ 당신에게 일이란 무엇인가요? 나에게 일이란 무엇이어야 할까요?

¿ 중요한 것은 언제 결혼할지보다 누구와 어떤 관계를 맺어가는지가 아닐까요?

불통 질문을 일삼는 사람들에게 역으로 질문을 던지면 궁색한 답변만 늘어놓을 것이다. '거짓 물음표'에 답하는 최선의 방법은 '침묵' 또는 '진실된 물음표다.

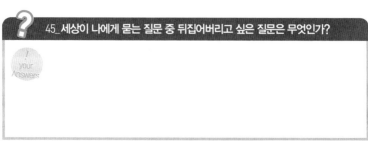

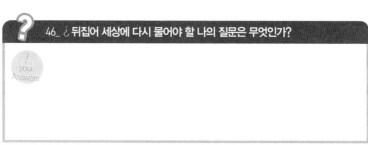

💬 물음표로 시작하기

비즈니스는 고객이 해결하고 싶은 물음표를 돈을 지불해도 아깝지 않은 느낌표로 바꾸는 예술이다. 일상에서 해결하지 못하고 있는 고객들의 가치 있는 물음표를 발견할 수 있다면 새로운 비즈니스를 창조할 기회가 생긴다. 비즈니스의 혁신, 새로운 비즈니스의 탄생은 언제나 고객의 숨겨진 물음표를 발견하는 것에서 시작된다. 고객의 물음표를 만족스런 느낌표로 전환시켜 그의 마음을 얻는 것이 비즈니스의 본질이다. 물음표를 가

146

져오는 고객을 도리어 쫓아내고 마침표를 찍어버리는 회사는 어떻게 될까? (고객의 물음에 응답하지 못하는 회사에게는 마침표를 선물해주는 게 도리다.) 비즈니스의 탄생이 물음표에서 온다면, 새로운 삶의 출발 역시 물음표에서 시작되어야 할 것이다.

삶에 물음표를 되살려보고 싶다면 어떻게 질문해야 할까? 다음 질문 중 먼저 답해야 하는 질문은 무엇인가?

어떻게 물어야 할까? vs 무엇을 물어야 할까?

어떻게 물어야 할지는 나중 문제다. 내가 묻고 싶은 것이 무엇인지 먼저 찾아야 한다. 물음표는 의심, 불확실, 모름을 인정할 때 쓰인다. 내가 확신하지 못하는 것, 의심하는 것, 잘 모르는 것은 무엇인가? 불확실성과 무지를 사랑하는 사람은 물음표를 사랑하게 될 것이다.

지금은 모르지만 답을 얻고 싶은 것은 '무엇'인가? 일단 내 안에서 올라오는 질문을 모두 적어보자. 내가 품고 답해야 할 가장 중요한 질문은 무엇인가? 좋은 질문은 아름다운 문장을 이끌어낸다. 문장으로 쓰이지 않는 것은 아직 나의 질문을 찾지 못했기 때문이다.

혼자 답을 찾기 어렵다면, 누구를 만나야 할지도 생각해보자. 물음표는 자연스럽게 새로운 만남으로 이끈다. 혼자 쓰는 삶의 문장도 좋지만, 때로는 함께 쓰는 문장이 아름답다.

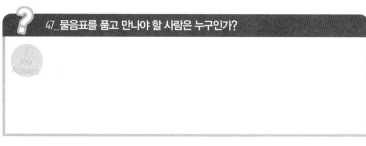

47_물음표를 품고 만나야 할 사람은 누구인가?

your
Answers

48_그 사람과 함께 대화한다면 어떤 질문으로 시작하고 싶은가?

your
Answers

💬 물음표로 만나 꽃피우기

물음표와 느낌표를 만나게 해서 인테러뱅interrobang(물음느낌표, ?!, !?, ‽)이라는 기호를 만든 사람들도 있다. 삶 속에 감탄과 의문을 함께 품을 수 있다면 그것도 좋다. 그런데 나의 물음표와 너의 물음표가 만나면 어떻게 될까? 물음표와 물음표가 만나면(؟?) 사랑이 될 수도 있지 않을까? 내가 너에게 소중한 것을 묻고, 또 네가 나에게 소중한 것을 묻는 것이 사랑이 아닐까? 사랑이 사라질 때 물음 또한 사라진다.

혼자만 품는 물음표는 반쪽이다. 물음표는 상대의 반응이나 대답을 기다린다는 초대이다. 둘이 만나면 사랑이 되고, 함께 물음표를 나누면 공동체가 될 수 있다. 꾸물거리던 애벌레(!)가 물음표를 만나 나비로 성장하는 이야기(꽃들에게 희망을)도 있지 않은가? 우리의 삶을 꽃피울 물음표는 어디에 있을까?

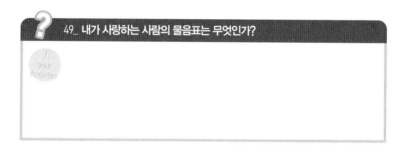

49_ 내가 사랑하는 사람의 물음표는 무엇인가?

13 질문어 質問語 탐구 (2) 왜(Why)
: '왜' 라는 질문이 필요한 이유

💬 인간은 왜 질문하는가

익숙한 것들로 현재의 문제를 해결할 수 없을 때 인간은 질문한다.

_ 권재원,《세상을 바꾼 질문》

기존의 프레임을 수용하거나 해석할 수 없는 경계에 직면했을 때 인간은 질문한다. 경계 안의 세상에 대해 의혹을 갖거나 경계 밖의 세상에 대한 호기심을 갖고 집요하게 탐구하기 위해 '왜'를 묻는 것이다. 호기심을 품고 새로운 정보를 수집하고 분류해보며, 상관관계와 인과관계를 파악하려는 노력에서 새로운 이해와 통찰을 얻게 된다. 고민하는 힘을 통해 삶의 문제를 들여다볼 때 우리는 자신만의 의견을 갖게 된다. 즉 '고민'을 통해 인간은 성숙해진다.

고민하는 힘을 향상시키기 위해 할 수 있는 것은 무엇일까

고민하는 힘을 향상시키기 위해 질문이라는 도구를 사용하는데, 여러 질문들 중 가장 많이 사용하는 질문어가 '왜'이다. 기존의 프레임과 가정에 대해 의문을 제기하며, 더 좋은 프레임을 획득해야 한다. "왜 꼭 그래야만 하죠?"라고 묻는 친구들에 의해 세상은 진보하고 새롭게 탈바꿈할 계기를 갖게 된다.

> 기존의 프레임으로 이해하거나 수용할 수 없는 경계에 직면할 때
> 인간은 질문한다.
>
> _ 질문술사

💬 '왜'라는 질문이 필요한 이유는 무엇인가

어린아이들뿐만 아니라, 어른이 된 우리에게도 '왜'라는 질문이 필요하다. '취학 전 아동은 부모에게 하루 평균 100가지의 질문을 한다. 하지만 중학생이 되면 거의 질문을 하지 않는다'는 기사가 〈뉴스위크〉에 실린 적이 있다. 어린시절 당당히 '왜'라는 질문으로 세상에 대한 호기심을 드러내다가 한 살 한 살 나이를 먹어가며 우리는 묻기를 멈춘다.

'올바른 질문연구소'라는 기관에서 2009년 미국의 '국가학업성적표

자료를 바탕으로 학생들의 나이에 따른 질문 활용도를 다음과 같이 정리했다.

질문하기가 점차 줄어듦에 따라 참여도는 점점 감소하는 경향을 보인다. 초등학교의 경우 76퍼센트의 참여도를 보이나, 중학교에는 61퍼센트 그리고 고등학교에서는 44퍼센트의 참여율을 보인다고 한다.

질문 활용도

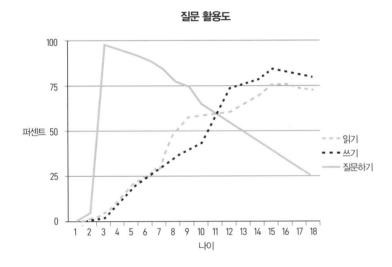

한국의 상황은 어떨까? 학생들이 수업시간에 '가만히' 앉아 있기를 바란다면, 질문할 기회를 주지 않는 것이다. "왜 공부해야 하나요?" "왜 꼭 대학에 가야만 하나요?" "왜 꼭 그래야만 하나요?"라고 질문하는 학생들에게 어른들은 어떻게 대답하고 있는가. 혹시 쓸데없는 질문하지 말고 공부나 하라고 윽박지르고 있지 않는가? 학생들이 질문하기를 멈춘다면 우리나라의 미래는 암울할 수밖에 없다.

'왜를 묻는다는 것'은 무엇을 묻는 것인가

우리에게 '왜'라는 질문이 더 많이 필요한 이유는 무엇일까? '왜'라는 질문을 품고 탐구하다 보면, 우리는 더 깊은 이해에 도달할 수 있다. 어떤 주장의 근거를 파악할 수 있고, 그 결과로 어떤 일들이 일어날 수 있는지 미리 생각해볼 수 있게 된다. '왜'라고 묻는 사람들은 사건을 단순하게 받아들이지 않고, 원인과 결과 그리고 그로 인해 일어나게 될 일들을 입체적·맥락적으로 파악할 기회를 갖게 된다.

이해되지 않는 다른 사람의 주장과 행동을 보고 '왜'를 묻다 보면, 그 사람의 입장에서 사안을 바라볼 수 있게 되며, 공감할 수 있는 능력이 향상된다. 그의 주장Want 이면에 숨어 있는 필요Needs를 이해하게 될 때, 우리는 필요를 충족시켜줄 더 나은 해법도 조언할 수 있게 된다.

마지막으로 '왜'라는 질문을 통해 원인과 결과의 흐름을 구조적으로 파악하게 되면, 우선 집중해야 할 곳이 어디인지 명확해지고, 제한된 시간과 자원의 한계 속에서 초점Focus을 어디에 두는 것이 효과적인지를 깨닫게 된다.

문제를 해결하기 위해서는 먼저 문제를 발견해야 한다. 올바른 문제를 찾아내기 위해 가장 널리 쓰이는 기법 중 하나가 '5 why'이다. 눈에 띄는

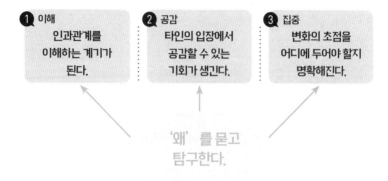

'왜'라는 질문이 필요한 이유는 무엇인가?

❶ 이해
인과관계를
이해하는 계기가
된다.

❷ 공감
타인의 입장에서
공감할 수 있는
기회가 생긴다.

❸ 집중
변화의 초점을
어디에 두어야 할지
명확해진다.

'왜'를 묻고
탐구한다.

현상을 바라보고, 그 문제가 왜 발생했는지 거듭 '왜'를 질문해보며, 문제의 근본 원인을 찾는 방법이다.

'5 Why' 기법을 활용하다 보면, 많은 사람이 원인^{Cause}이나 기대효과 ^{Effect}를 구분하지 못하고 뭉뚱그려 답한다는 것을 알게 된다. '왜'라는 질문이 묻는 것은 크게 다음 세 가지다.

첫째, 어떤 주장의 근거나 사건의 원인^{Cause}을 묻는다.

둘째, 그 주장으로 인해 예상되는 결과, 즉 기대효과^{Effect}를 묻는다.

셋째, 원인과 결과 사이의 연관성(인과관계)을 묻는다. 특히 원인과 근거를 묻는 이유는 집중적으로 개입할 효과적인 지점을 찾기 위해서다.

💬 '왜'라는 질문을 어떻게 물으면 좋을까

'왜'라는 질문은 자칫 공격적으로 들릴 수 있기 때문에 가능하다면 다르게 질문하는 것이 좋다.

Q 1. **영향**Effect을 묻기

- 그것을 하게 되면 무엇이 좋아지나요?
- 그것을 하지 않으면 무엇이 나빠지나요?
- 그렇게 되면 무엇이 달라지나요?
- 그렇게 한다면 앞으로 어떤 일이 일어나게 되나요?

Q 2. **근거와 원인**Cause을 묻기

- 그렇게 주장하는 이유는 무엇인가요?
- 어떤 근거로 그렇게 말씀하시는 것인지 조금 더 자세히 설명해주시겠어요?
- 그렇게 되기 위해 필요한 조건은 무엇인가요?
- 그것을 특별히 중요하게 생각하는 이유는 뭔가요?

Q 3. **인과관계를 묻기**

- 만약 A(원인)라면 B(결과)가 일어난다는 말씀이시지요?

- B(결과)를 위해서는 A(원인)가 필요하다는 거죠?
- 만약 A(원인)라면, B(결과)가 발생한다고 했는데, 또 다른 근거(C)는 무엇이죠?
- 혹시 제가 이해하지 못하고 있는 숨겨진 이유(가정Assumtions)가 있다면, 그것은 무엇이죠?

중요한 것은 질문 그 자체보다는 상대방의 주장과 근거를 존중하려는 태도이며, 호기심을 품고 이해해 보려는 겸손한 자세이다.

💬 만약 나의 삶에 '왜'라는 호기심이 피어난다면

'왜'라고 반복적으로 묻는 것은 더욱 깊은 진실에 들어가기 위해 정말로 가치 있는 시도다.

_워런 버거

'왜'라는 호기심을 가득 품고 열린 마음으로 세상에 나가 자세히 관찰하고 귀를 기울이게 된다면, 나의 삶이 어떻게 달라지게 될까? 자기 자신을 위해 살아갈 의미와 가치를 발견하고, 타인을 이해하고 공감하며, 세상의 진실에 더 깊이 연결되기 위해 '왜'를 묻고 탐구하는 사람들, 이런 사람들에게 '와이러너Why learner('왜'를 탐구하는 사람들)'라는 이름을 선물해주고 싶다. '왜'라고 묻지 못하는 세상에 진보는 없다.

'왜'라는 질문으로 보다 깊은 진실을 탐구할 준비가 되었는가?

혁명가들은 우리보다 더 자주 '왜'라고 묻는다.

_ 게리 해멀, 《꿀벌과 게릴라》

왜 그래야만 하죠

_ 아이디어 디렉터 안다비 님의 Why Art 이야기

질문을 예술로 승화시킨 진짜 '질문+예술가'를 찾아 만나보았다. '아이디어 디렉터'라는 직업을 스스로 만들어내고, '아이디어와 손재주로 세상을 감동시키겠다'는 담대한 포부를 품고 살아가는 안다비 님이 바로 그 사람이다. 180센티미터의 큰 키와 빼어난 미모를 가져, 주변 지인들과 친구들이 '모델을 하면 좋겠다'는 이야기를 자주 들었다고 한다. 실제로 무대 위에 서서 모델이 되어보는 경험도 했다.

그러나 기대만큼 만족하지 못했던 다비님은 남들에게 잘 보이기 위한 꿈이 아니라, 스스로 만족할 수 있는 삶을 위해 자신의 강점인 아이디어와 손재주로 감동을 주는 일을 찾아 다양한 직업을 경험한다. '파티 플래너, 디자이너, 광고

기획자가 되어 보면서 남들이 이름붙인 직업들이 자기다움과 조금씩 어긋난 다는 것을 깨우친다. 결국 스스로 명함을 만들어 '아이디어 디렉터'라는 직함을 당당하게 새겨넣었다.

"쓸데없는 생각 그만하고 공부나 해", "돈 되는 일을 해야지", "언제까지 철없 는 아이처럼 살꺼니"라며 '세상의 흐름에 거스리지마'라고 종용하는 이들로 인 해 힘이 빠지기도 했다는 다비 님은 어느 순간 종이를 꺼내 질문을 끄적이기 시 작했다.

왜 그래야만 하죠?

'왜, 왜, 왜'를 묻다 보니 '왜'가 'why'가 되고, 어느 순간 'why'가 꽃처럼 피어 났다고 한다. 사람들이 자기 자신의 호기심에 새싹을 달고 피어나길 바라는 마 음이 그녀의 작품들에 가득 담겨 있다. 다비 님의 모든 작품 속에는 호기심 넘 치는 'Why'가 담겨 있다. 다음 작품에서 몇 개의 'Why'를 발견했는가?

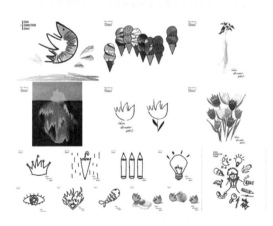

14 질문어質問語 탐구 (3) 누구(Who)
: 누구에게 묻고 있나요?

우리는 이슈What에 반응하느라 바빠 그 사람Who 자체를 놓친다. 나는 지금 '누구'와 함께하는 삶을 살고 있는가?

> 누구한테 물어볼 수 있지
> 내가 이 세상에 무슨 일이 일어나게 하려고 왔는지?
>
> _ 파블로 네루다, 《질문의 책》

'누구who'를 물어야 하는 이유는 무엇인가

"현대인에게 만남은 없고 스침만이 있다"고 마르틴 부버는 말한다. 전 세계가 웹으로 연결되어 있는 소셜미디어에서 떨어질 수 없는 현대인에

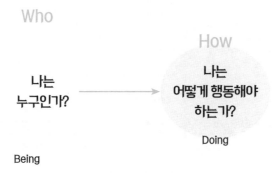

게 가장 필요한 질문은 '누구'다. '누구'라는 질문이 중요한 이유는 어떤 행동을 해야 할지 알려주기 때문이다. 내가 누구인지 알아야, 내가 누구를 만나야 하는지 그리고 그 관계 속에서 내가 어떻게 해야 하는지가 명확해진다. '현재의 내가 누구'이고, 또 '앞으로 나는 누구이고자 하는지'는 살아있는 인간이라면 끊임없이 묻는 질문이다.

'어떻게 생각할 것인가'는 도구Tool와 방법을 찾게 하고, '무엇을 생각할 것인가'란 질문은 초점을 명확하게 하도록 돕는다. 그렇다면 '누구를 생각할 것인가'라는 질문은 우리에게 어떤 선물을 제공하는가?

Q1. 누구를 생각할 것인가?

Q2. 누구를 위해 생각할 것인가?

Q3. 누구와 함께 생각할 것인가?

'누구'라는 질문은 우리에게 더 좋은 만남, 더 깊은 만남을 요구한다. 나는 누구와 통할 수 있는가?

💬 '누구'를 묻는다는 것은 '무엇'을 묻는 것일까

통상 우리가 '누구'라는 질문어를 사용할 때, 그 '누구'를 의미하는 것은 다음과 같은 네 가지 중 하나다.

Q1. 어떤 사람Someone : 우리가 찾는 사람은 누구인가?

Q2. 나 : 나는 누구인가?

Q3. 너You : 너는 누구인가?

Q4. 우리We : 우리는 누구인가?

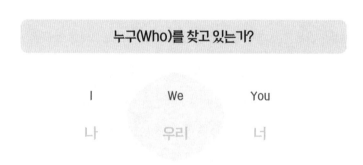

누구(Who)를 찾고 있는가?

I	We	You
나	우리	너

어떤 사람(Someone)

어떤 사람을 찾기 위한 '누구'

지식공학자 허병민 작가는 당대 최고의 지성인 90명에게 변화를 겪어야 할 때 던졌던 '단 하나의 질문(자신의 삶에서 가장 큰 영향을 주었던 질문은 무엇입니까?)'을 뽑아달라고 요청했다. 그리고 이를 엮어 《최고의 석학들은 어떤 질문을 할까?》라는 책을 출간하였다. 이 책에 소개된 로렌스 스타인버그(청소년 심리발달의 세계적인 권위자)의 질문은 다음과 같다.

"당신 인생에서 가장 중요한 스승은 누구인가?"

_로렌스 스타인버그

"이 질문이 중요한 이유는 나 자신의 진짜 모습을 찾고 성장하기 위해 중요한 것이 무엇이었는지 깨닫게 하기 때문이다. 그리고 자신의 모습에 솔직한 사람이야말로, 또 다른 누군가에게 중요한 사람이 될 수 있다"라는 그의 주장에 깊이 공감한다. 매년 자신의 삶에 영향을 준 스승과 앞으로 만나갈 스승이 누구인지 묻는 사람은 배움을 성장시킬 수 있다.

경영학의 아버지라 불리는 피터 드러커는 기업가들이 답해야 할 다섯 가지 중요한 질문 중 하나로 "당신의 고객은 누구입니까?"를 묻는다. 고객을 찾아내고 관계 맺지 못하면 사업은 지속될 수 없다. '우리가 만들어낸 제품과 서비스를 통해 삶이 변화되는 사람'을 고객이라 정의하며, 드러커는 "누가 돈을 내는가?"라는 질문보다는 "누가 구매를 결정하는가?"라고 묻기를 권한다. 예를 들어 책을 읽고 삶이 변하는 사람은 독자이지만, 서점과 출판사, 책을 좋아하고 추천하는 친구 등이 구매결정에 영향을 준다. 누구에게 집중하는지에 따라 사업의 전략과 성공 여부는 달라지기 마련이다.

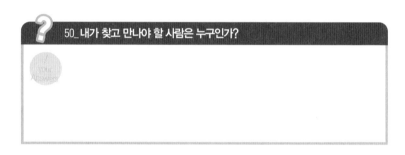

나를 만나기 위한 '누구' _ '6 who'를 발견하기

'나는 누구인가? 아주 오랜 시간 동안 인간이 고민한 철학적 질문으로, 다른 누구도 답해줄 수 없는 실존적인 화두다. 그런데 '나'는 과연 하나일까? 나라고 부를 수 있는 대상은 하나가 아니다. '나는 누구인가?'라는 질문에 답하기 전에 '누가 나일까?'를 답해볼 필요가 있다.

뭐라고? 내가 누구인지를 묻고 있는 거야? 그럼 당연히 알고 있지.
그럼 내가 알고 있는 내가 몇 개나 되느냐, 그것이 궁금한 거야?
_리하르트 다비트 프레히트,《나는 누구인가》

• Who 1 _ 표면적 나 : 다른 사람에게 보이는 나

주로 역할이나 이름으로 불리운다. '나는 누구인가?'라는 질문에 가장
쉬운 대답은 '이름'으로 답하는 것이다. 혹은 소속이나 직함, 또는 하는 일
로 자신을 소개할 수 있다. "질문디자인연구소 박영준 소장입니다. 주로
코칭과 퍼실리테이션을 통해 개인과 조직의 학습과 성장을 돕는 일을 하
고 있습니다."

이런 류의 답변은 상대방에게 내가 누구인지, 무엇을 하며 살아가는지
알려준다. 누구나 물리적으로 만나고 부를 수 있는 '나'이지만, 이 첫 번째

내가 진짜 나일까? 이를 '표면적인 나'라고 불러보자. 이 표면적인 나를 알아차리는 작업을 '관찰'이라고 부른다.

• Who 2 _ 느껴지는 나 : 내가 느끼고 있는 나

내 안의 감정, 욕구 등 외부에서는 느끼기 어렵지만, 지금 이 순간 순수하게 현존하고 있는 나도 있다. 이를 '느껴지는 나'라고 하자. 이 숨은 나를 알아차리는 작업을 '공감'이라고 부른다.

• Who 3 _ 잠들어 있는 나 : 잠재된 나

잠재력, 가치, 의미 등 스스로를 섬세하게 조망하거나, 보이는 것 이면을 보아주는 사람을 만날 때 혹은 도전의 기회에 당면해서 드러나는 나이다. 훌륭한 상담가나 코치를 만나면 이 잠재된 나 자신의 자원들이 새롭게 인식되기도 한다. 나는 이 나를 '잠들어 있는 나'로 부른다. 이 나를 깨우는 작업은 '자각'이라 부른다.

• Who 4 _ 갈망하는 나 : 내가 다가서고 싶은 나

'현재의 나'라고 부르기 어렵지만 되고 싶은 내가 있다. 이를 '갈망하는 나'라고 부를 수 있다. 지나치게 세상의 기준이나 타인의 기대에 부응하다 보면, 이 갈망하는 내가 오염되어 페르소나(가면)와 섀도(그림자)로 현재의 내가 분열되기도 한다. 이 나를 찾아가는 작업은 '창조'라 부르자.

• Who 5 _ 우리-나 : 너를 포함해 확장된 나

네가 아프면 내가 아픈 것처럼, 타인들까지 나의 경계 안으로 품어 나를 확장시킬 수 있다. 이 나를 '우리-나'라고 부르자. 대개 '큰 어른'들은 '나'라는 존재의 경계가 무척이나 넓다. 이 '큰 나, 우리-나'를 찾아가는 작업을 어떤 사람은 자기 초월이라 부르는데 나는 '사랑'이라고 불렀으면 좋겠다.

• Who 6 _ 무아, 온나

이 모든 내가 태어나고, 소멸되는 것을 '바라보는 나'가 있다. 이를 '주시하는 나'라고 부르자. 그리고 이 주시하는 나를 깨닫는 작업은 뭐라고 부르면 좋을까? 내가 아닌 나이니 '무아無我'라고 부르자. 혹은 온전한 나라는 의미로 '온나'라고 부를 수도 있다.

세상이 붙인 이름표를 걷어내고 나를 관찰한 후 다시 답해보자. '어떠한 나'도 틀리거나, '다른 나'보다 우월하거나 열등하다고 여기지 말아야 한다. 다만 '스스로 자주 만나는 나'가 더 자주 현재에서 그 모습을 드러내고 성장할 뿐이다. 나는 '어떤 나'와 더 자주 만나고 있는가? 누가 진짜 나인가? 어떻게 참된 자신을 만날 수 있는가?

51_어떤 나와 더 자주 만나야 할까?

너를 만나기 위한 '누구' _ 5 who를 만나기 위한 질문들

다른 사람을 더 깊이 만나기 위해서는 남다른 질문이 필요하다.

Q1. 당신은 누구인가?

이렇게 물으면 이름이나 소속, 직함 또는 하는 일로서 '표면적인 나'를 소개한다. 당신이 누구인지 소개해달라는 것은 "사람들은 당신을 어떤 이름으로 부르나요?"를 묻는 것이다. 더 깊이 만나기 위해 우리는 상대의 '5 who' 중에 '어떤 나'를 묻고 있는지 명확히 할 필요가 있다.

- 사람들은 당신을 어떤 이름으로 부르나요?
- 주로 무슨 일을 하나요?

Q2. 지금 이 순간, 당신은 누구인가?

지금 이 순간, 이 자리에서 그는 무엇을 느끼고 있을까? 그 사람의 감정과 욕구는 무엇일까? "엄마, 영어 공부는 왜 해야 해? 외국에 나가서 살 것도 아닌데, 한국어만으로 충분하다고 생각해"라고 말하는 자녀에게 어떻게 반응할 것인가? "왜 그렇게 생각하니?"라고 물어볼 수도 있고, "영어하고 수학은 대학진학을 위한 필수 과목이야. 그런 소리 하지 마"라고 반응할 수도 있다.

하지만 "영어 공부하느라 힘들구나?"라고 함께 공감해줄 수도 있다. 우리는 이슈^{What}에 반응하는 데 바빠, 그 사람^{Who} 자체를 놓친다. 누군가 내 감정을 알아주면 내 삶 전체를 인정받고 존중받는 느낌을 받는다. 반대로 내 감정을 알아주지 않으면 지금 여기에 있는 나뿐만 아니라, 내 삶 전체를 부정당하는 경험을 갖게 된다. 그 사람을 만나고 싶다면 이렇게 물어보자.

- 지금 기분이 어때요?
- 지금 이 순간, 당신은 스스로에 대해 어떻게 느끼고 있나요?

공감은 상대방의 마음을 열고 친밀해질 수 있는 기회를 제공하며, 상대방의 실제 이슈를 함께 다룰 수 있는 기회를 잡을 수 있게 해준다.

Q3. 진짜 당신은 누구인가?

현재의 이슈^{What}에 사로잡히면, 자기 자신^{Who}이 가진 것들을 망각하게 되기 쉽다. 인간의 잠재력 개발을 돕는 코칭에서는 '모든 사람이 스스로의 문제를 해결할 자원을 가진 존재'로 본다. 코치들은 그 사람이 가진 잠재력을 이끌어내기 위해 다음과 같은 질문들을 활용한다.

- 당신이 소중하게 생각하는 가치는 무엇인가?
- 당신의 강점은 무엇인가? 당신은 어떤 재능을 가지고 있는가?
- 당신이 남들과 다른 점, 특별한 점은 무엇인가?
- 무엇이 당신을 움직이게 하는가?

만약 내가 그 사람의 숨겨진 잠재력이 발현되도록 일깨우고 싶다면, 그 사람이 가지고 있는 가치관, 신념, 강점과 재능을 물어보고 다시 인식할 수 있도록 적극적으로 들어주어야 한다.

Q4. 당신은 어떤 사람이 되고자 하는가?

그 사람의 현재는 '그 사람이 걸어온 길'과 '그 사람이 걸어가고자 하는 길'에 의해 의미를 갖게 된다. 누군가 '현재의 그'가 아니라, '그가 되고자 하는 모습'을 묻기 시작할 때, 우리는 새로운 가능성을 상상하게 된다. 그리고 새로운 자신을 창조할 기회를 얻게 된다.

- 당신은 어떤 사람으로 기억되고 싶은가?

- 당신은 어떤 존재가 되고 싶은가?
- 5년, 10년 후 당신은 어떤 사람이 되길 소망하는가?

'미래의 나'와 '현재의 내'가 만날 수 있도록 물을 때, 상대방은 새롭게 태어날 기회를 얻게 된다.

Q 5. 누구와 함께할 때 당신다워지는가?

그 사람을 이해하기 위해서는 그 사람과 관계 맺고 있는 사람들이 누구인지를 물어야 한다.

- 내 곁에는 누가 있는가?
- 누구를 위해 시간을 쓰고 있는가?
- 당신의 삶에서 가장 소중한 사람들은 누구인가?
- 당신은 그들에게 어떤 존재가 되고 싶은가?

우리는 함께하는 사람이 누구인지에 따라 끊임없이 변하는 존재間(사이의 존재)이다. '누군가를 만난다는 것', 사실 우리는 '같은 사람의 다른 나'를 만나고 있는 것인지 모른다. '내가 만나고 있는 너'는 누구이며, '네가 만나고 있는 나'는 누구인가? 우리는 묻고 관계를 맺는 수준만큼, 상대를 만날 수 있게 된다.

나는 '나'에 의해서가 아니라, 나를 읽는 '너'에 의해서 완성된다.

_ 안도현 《잡문》

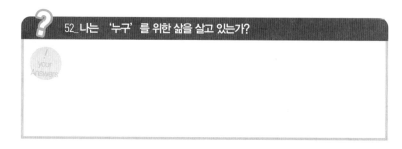

우리We : 우리는 누구인가

타인의 도움을 받을 때 혼자보다 더 잘할 수 있다는 것을 깨달으면
당신은 크게 발전할 것이다.

_ 앤드류 카네기

'나와 너'에 대한 이야기를 나누다 보면, 어느 순간 '우리'가 된다. 나의
삶은 온전히 나만의 것인가? 나와 같은 것을 원하는 사람은 누구인가? 그
사람과 함께 '나와 너'가 만나 '우리'가 될 수 있으려면 어떤 질문에 함께 답
해야 할 것인가? 우리를 우리답게 하는 질문은 무엇인가?

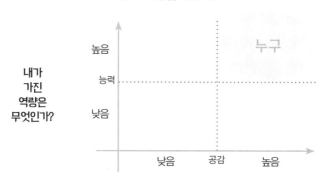

능력 & 공감 매트릭스

내가
가진
역량은
무엇인가?

높음

능력

낮음

누구

낮음　　　공감　　　높음

내가 공헌하고자 하는 사람은 누구인가?

💬 **만약 나의 삶에 근본적인 변화를 원한다면 누구를 만나야 할까?**

트리나 폴러스의 책 《꽃들에게 희망을》에서 이런 대화가 나온다.

"나비가 되기로 결심하면 무엇을 해야 하죠?"

"나를 보렴. 나는 지금 고치를 만들고 있단다. 내가 마치 숨어 버리는 듯이 보이지만, 고치는 결코 도피처가 아니야. 고치는 변화가 일어나는 동안 잠시 들어가 머무는 집이란다. 고치는 중요한 단계란다. 일단 고치 속에 들어가면 다시는 애벌레 생활로 돌아갈 수 없으니까. 변화가 일어나는 동안 고치 밖에서는 아무 일도 없는 것처럼 보일지 모르지만, 나비는 이미 만들어지고 있는 것이란다. 다만 시간이 걸릴 뿐이야."

만약 다시 태어난다면, 익숙한 것으로부터 결별을 해야 한다. 두려움에도 불구하고 새로운 세상으로 나아가야 한다. 그리고 그러한 계기는 만남을 통해 이루어진다. '누구'라는 질문을 통해 '당신이 나비이고, 당신이 만나야 할 사람이 나비'라는 것을 깨달았다면, 이제는 '어디Where'를 묻자.

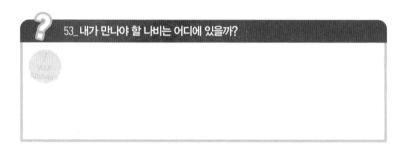

53_ 내가 만나야 할 나비는 어디에 있을까?

15 질문어 質問語 탐구 (4) 어디(Where)
: 답은 어디에 있는가

인간은 세계를 알아야만, 즉 오로지 세계를 자기자신 속에서 그리고
자기자신을 세계 속에서 인지해야만 자기 자신을 알게 된다.

_ 괴테, 《자연과학론》

💬 여정의 첫걸음 : 머물 것인가 vs 떠날 것인가

우리는 자주 '머무름'과 '떠남' 중 하나를 선택해야 하는 상황에 직면하
게 된다. 우리는 선택이 강요되는 것보다는 선택할 수 있는 상황에서 스
스로 선택의 기회를 얻게 되는 것을 더 선호한다.

01. 익숙한 안전지대에 머물 것인가?

Q2. 새로운 여정을 떠날 것인가?

시인(구상)은 "네가 시방 가시방석처럼 여기는 네가 앉은 그 자리가 바로 꽃자리니라"라고 하고, 소설가(파울로 코엘료)는 "네가 서 있는 그 자리 아래에 황금이 묻혀 있다"고 한다. 변혁가들은 "여기가 아니라면 어디입니까? 지금이 아니라면 언제입니까? 당신이 아니라면 누구입니까?"라는 도발적인 질문을 던지며 '당신이 바로 그곳을 변화시킬 리더'라고 우리를 설득한다. 다 좋다. 그러나 무수한 시도에도 불구하고 자신이 선 그 자리를 변혁시킬 수 없다면 낯선 곳으로 떠나는 것도 좋다.

유명한 신화학자인 조셉 캠벨Joseph Campbell은 신화 속 영웅의 모험 여정을 일정한 패턴으로 도식화하고 이를 '영웅의 여정Hero's Journey'이라 이름붙였다. 1949년 출간된 《천의 얼굴을 가진 영웅The Hero With Thousand Faces》에서 캠벨은 이 여정을 크게 '출발Departure, 전개Initiation, 회귀Return'라는 세 가지 큰 단계로 구분하고, 세부적으로 17가지 경험들을 자세히 소개하고 있다.

'영웅의 여정'을 살펴보면, 안전지대를 스스로 떠나거나, 추방된 사람들과 그들의 귀환으로 세상은 변혁되는 경우가 더 많다. 그렇기 때문에 긴 인생에서 한 번쯤 온전한 자신이 되기 위한 여정을 떠나보는 것 또한 나쁘지 않을 것이다. 다만 익숙한 세계의 경계선을 넘어서는 순간 펼쳐지는 풍경은 안전지대에서 통하던 규칙과 혜택이 더 이상 존재하지 않을 수도 있고, 미지의 위험으로 가득 차 있을 수 있다.

"인간은 노력하는 만큼 방황한다 Es irrt der Mensch, solange er strebt"는 괴테의 말처럼, 인간은 선택의 기로에서 자신이 걸어야 할 올바른 길이 '어디'인지 고민하게 된다.

'지금 어디에 서 있는지, 어디로 가야 할지'라는 질문에 답을 해야 할 순간이 있다. 다만 지금이 떠나야 할 때인지를 판단하기 위해 몇 가지 질문 앞에 마주 서보기를 권한다. 잠시 시간을 내어 '어디Where'라는 질문어를 함께 탐구해보자.

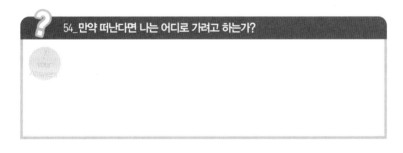

54_ 만약 떠난다면 나는 어디로 가려고 하는가?

💬 우리는 왜 '어디Where'를 묻는가

쿠오 바디스Quo Vadis, 어디로 가나요

'어디Where'와 관련하여 역사상 가장 유명한 질문 중의 하나는 베드로가 예수에게 던진 '쿠오 바디스'라는 질문이다. "어디로 가나요Where are you going?'라는 뜻을 담은 라틴어로, 책과 영화로도 만들어져 많은 사람의 사랑을 받았다. 예수를 잃을까 두려운 베드로는 "쿠오 바디스?'라며 예수께 묻는다. 우리는 소중한 사람을 잃어버리지 않기 위해 "어디에 있니, 어디로 가니?'라는 질문을 던진다.

아이에카Ayyeka, 어디에 있는가

성경에서 하느님이 인간에게 한 첫 질문은 "네가 어디에 있느냐?'이다. 히브리어로 '아이에카Ayyeka'라고 하는데, 에덴동산에서 선악과를 훔쳐 먹은 후 숨어 있는 아담에게 물은 질문이다. 어디에 있는지 몰라서 물었다기보다는, 길을 벗어난 아담에게 주의를 환기시키며 경고하는 질문이다. 하느님은 종종 자신의 창조물인 인간들이 길을 벗어났을 때 나타나 질문을 던진다.

주께서 가인에게 물으셨다. "너의 아우 아벨이 어디 있느냐?' 그가 대답하였다. "모릅니다. 제가 아우를 지키는 사람입니까?'

-〈창세기〉 4:9

선악과를 훔쳐먹고 숨어 있는 아담에게 하느님은 "어디에 있느냐?"고 묻고, 동생 아벨을 죽인 카인에게 "네 동생은 어디에 있느냐?"고 물으며 길을 잃은 사람들에게 주의를 환기시키며 경고한다.

그렇다. 무언가를 잃어버린 사람들의 질문어가 바로 '어디'이다. 잃어 버린 것이 있거나, 나아갈 길을 잃었거나, 부적절한 곳에 처해 있다고 느 낄 때, 우리는 '어디'를 묻는다. '어디'는 방황하는 인간의 질문이며, 그럼 에도 불구하고 길을 걸으려 하는 인간의 질문이다.

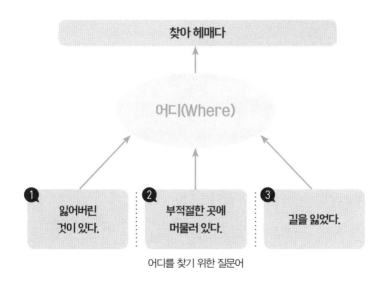

어디를 찾기 위한 질문어

💬 지금 서 있는 곳은 어떠한가

미지의 세계로의 여행이 긍정적인 선물만을 제공할 것이라는 기대는 지나치게 낭만적인 생각이다. 현재 서 있는 자리에서 만족하고 있는 것, 가치를 느끼는 것, 긍정적인 경험과 소중한 관계들을 살펴보자. 그것을 가져갈 수 없다고 해도 떠나겠는가? 떠남으로 인해 포기해야 하는 것이 많고, 새롭게 치러야 하는 비용이나 대가가 만만치 않다고 해도 후회하지 않을 자신이 있는가?

〈지금 서 있는 곳을 점검하기 위한 질문〉

지금 서 있는 곳에서

Q1. 만족스러운 것은 무엇인가?

Q2. 가치 있게 여기는 것은 무엇인가?

Q3. 긍정적인 느낌을 갖게 하는 경험은 무엇인가?

지금 있는 그곳을 떠난다면

Q4. 포기해야 하는 것은 무엇인가?

Q5. 새롭게 치러야 하는 대가는 무엇인가?

Q6. 후회하게 될 것은 무엇인가?

떠남으로 인해 기대되는 가능성과 유익은 무엇인가? 더 이상 참지 않아도 되는 것은 무엇인가? 지금 이 자리에서 채워지지 않는 갈망, 치르고 있는 대가, 놓친 기회, 부정적 경험과 새로운 관계들을 단지 새로운 곳을 찾아 떠난다고 반드시 얻을 수 있는가?

〈지금 서 있는 곳을 떠날지를 점검하기 위한 질문〉

지금 있는 그곳을 떠남으로 인해

Q1. 기대되는 새로운 가능성은 무엇인가?

Q2. 더 이상 낭비되지 않을 것은 무엇인가?

Q3. 얻게 될 유익은 무엇인가?

지금 있는 그 곳에서 머무름으로 인해

Q1. 채워지지 않은 갈망은 무엇인가?

Q2. 치르고 있는 대가는 무엇인가?

Q3. 부정적인 느낌을 갖게 하는 경험은 무엇인가?

Q4. 놓치고 있는 기회는 무엇인가?

현재 서 있는 곳은 익숙하며, 명확하다. 앞으로 걸어갈 미지의 세상은 모호하며, 아직 검증되지 않았다. 선을 넘으면 돌아올 기회는 거의 없거나, 돌아오더라도 아주 오랜시간이 걸릴지도 모른다. 확신을 선호하고,

불확실에 불안함을 느끼는 것이 어쩌면 당연할 것이다. 사실 우리는 '어디'를 찾아가야 하는지도 잘 모른다. 가본 적 없는 '어디'를 찾아가기 위해 필요한 것은 무엇일까? 불확실함과 위험요소를 최소화하기 위해 준비할 것은 무엇인가? '어디'를 찾으려면, 누구에게 무엇을 물어야 할까?

💬 답은 '어디'에 있는가

밤에 열쇠를 잃어버린 사람이 있다. 그는 가로등 아래에서 열쇠를 찾고 있었다. 어떤 사람이 와서 그가 열쇠를 찾는 것을 도와주다가 "여기에서 잃어버린 게 확실합니까?"라고 물었다. "아뇨" 하고 그 사람은 답했다. "그런데 왜 여기서 그걸 찾고 있습니까?"라고 하자 그는 "여기는 불빛이 있지 않습니까"라고 말했다(베르나르 베르베르, 《천사들의 제국》).

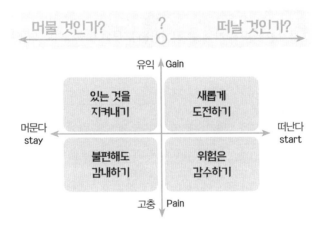

밖에서 찾을 수 없다면, 안에서 찾아야 한다. 나의 감정과 욕구는 관찰할 수 있는 세상 밖에서 발견하는 것이 아니라 내 안의 느낌을 통해 발견할 수 있다. 만약 집 밖에서 찾아야 할 것들을 집 안에서만 찾는다면 우리는 원하는 것을 찾지 못한다. 자기 자신에게서 발견할 수 없을 때, 다른 사람들 속에서 답을 찾아야 할 것들도 있다. 하지만 타인의 답이 아닌 나 자신의 답이 필요한 질문들도 있다.

과거-현재-미래로 이어지는 시간의 흐름 속에서, 나의 꿈과 가능성을 어디에서 발견할 수 있을까? 지나온 경험들을 반추하면서 자신이 좋아하고, 잘하는 것을 발견할 수도 있고, 미래의 어느 날을 상상하면서 나의 비전을 꿈꿔볼 수도 있다. 지금 생생하게 살아 움직이는 이곳에서 사람들과 관계 맺으며, 그 속에서 미래를 발견할 수도 있다.

현재의 문제를 해결하기 위해서 드러난 증상에서 답을 찾을 수도 있지만, 복잡하게 얽혀 있는 구조와 시스템 속에서 진짜 문제를 먼저 발견해야 할 때도 있다. '열이 난다(증상)'고 해서, 해열제만 복용하라는 것 같은 증상 위주의 처방은 오히려 문제를 악화시키기도 한다. 감기 때문인지, 아니면 바이러스에 감염되어서인지 근본원인을 제대로 알아야 올바른 처방을 내릴 수 있다.

답이 어디에 있는지 찾기 위해서 우리에게 필요한 것은 '지도Map'다. 지도를 통해 우리는 현재 서 있는 곳과 가야 할 곳이 어디인지를 분별할 수 있다. 나는 나에게 필요한 지도를 가지고 있는가? 나는 어디에 서 있고,

나에게 필요한 지도는 무엇인가

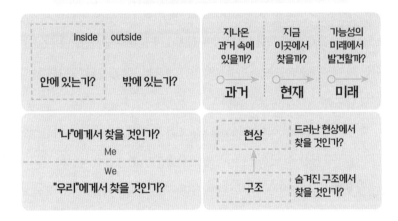

답은 어디에 있는가?

어디로 가야 할지를 알 수 있는 지도가 있는가? 종이 위에 행과 열을 만들고, 매트릭스를 만들어보면, 현재 어디에 서 있는지를 파악하기가 더 쉬워진다. 어디에 서 있는지 알아야, 어디로 가야 할지 알게 된다.

현재 어떤 지도를 갖고 있는가? 나에게 보다 좋은 지도를 선물해주는 사람은 누구인가?

'어떻게How' 답이 있는 곳을 찾아가야 하는가

질문 수업을 하다 보면 "답은 어디에 있나요?"라는 질문을 하는 사람들이 있다. 대개의 경우 나에게는 답이 없다. 그리고 상대도 아직 답을 발견하지 못하는 상태다. 만약 우리에게 지도가 없다면 어떻게 답을 찾아가야할까? 답을 찾아가기 위한 간단한 공식은 다음과 같다.

$$\text{Answer} = \text{Question} \times \text{Team} \times \text{Action} \times \text{Learning}$$

$$\text{답} = \text{질문} \times \text{팀} \times \text{행동} \times \text{학습}$$

좋은 답을 찾으려면, 훌륭한 질문이 있어야 한다. 혼자 답을 찾지 못한다면 좋은 팀을 이뤄 함께 찾아가야 한다. 멈춰 서 있다고 답이 찾아오지 않는다. 그렇다면 답을 찾기 위해 필요한 행동은 무엇인가? 일단 시도해보면서 배우고 깨닫게 된 것을 함께 성찰해보는 것이 좋다.

"답을 찾아가는 여정을 떠나기 위해 당신에게 필요한 것은 무엇인가?"

- ☐ 질문인가?
- ☐ 팀인가?
- ☐ 행동인가?
- ☐ 성찰을 통한 학습인가?

💬 찾고자 하는 답이 무엇인지는 알고 있는가

루이스 캐롤의 고전인 《이상한 나라의 앨리스》의 문답을 다시 떠올려보자. 주인공 앨리스는 길을 헤매다 서로 반대쪽으로 뻗어 있는 두 갈래 길이 놓여진 교차로에 이른다. 앨리스는 고양이 체셔에게 묻는다.

"어느 쪽으로 가야 하지?"

우리는 고양이 체셔의 답을 이미 알고 있다.

"네가 어디로 가고 싶은가에 달렸어.
어디로 가고 싶은지 모른다면,
어느 길을 선택하든 상관이 없어."

어디로 가고 싶은지 알려면, 먼저 나 자신이 찾고 있는 것이 무엇인지 알아야 한다. '무엇What'을 잃어버렸는지, 무엇을 찾고 있는지도 망각한 사람들에게 '어디Where'라는 질문은 작동하지 않는다. 구하고, 찾고, 두드리는 자에게 허락된 질문이 '어디'이다. 어디로 가야 할지 묻는 자에게 '길'이 있으라.

55_ 나는 '어디'에 갇혀 있는가?

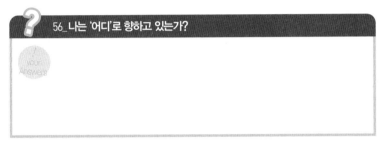

56_ 나는 '어디'로 향하고 있는가?

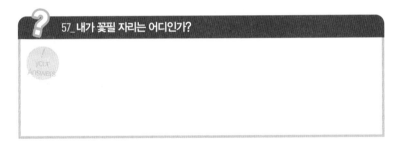

57_ 내가 꽃필 자리는 어디인가?

질문어^{質問語} 탐구 (5) 무엇(What)
: 무엇보다 중요한 질문은 무엇인가

💬 무엇이라는 질문은 왜 이토록 근본적인가

만일 '누구'를 따지는 사람들은 험담하는 사람들이고, '언제'를 따지
는 사람들은 조급한 사람들이고, '왜'를 따지는 사람들은 몽상가들이
고, '어떻게'를 따지는 사람들은 실용주의자들이라면, '무엇'을 따지
는 사람들은 사물의 핵심을 뚫고 들어가는 사람들인 걸까?

_마크 쿨란스키, 《무엇_{WHAT}?》

《무엇_{WHAT}?》이라는 물음표가 가득한 책이 있다. 철학자 마크 쿨란스
키의 책인데, 책의 서문부터 찾아보기까지 모든 문장을 질문으로 끝낸 독
특한 책이다. 질문 그 자체에 대해 재미난 통찰이 가득한데, '무엇이라는
질문은 왜 이토록 근본적인가?'라는 그의 질문에 깊이 공감한다. '무엇(주

제, 문제)'을 물어야 할지 모른다면, 새로운 '무엇(통찰, 해법)'을 발견하지 못한다. 이제 함께 다섯 번째 질문어인 '무엇What'에 대해 함께 탐구해보자.

💬 왜 우리는 '무엇What'을 묻는가

당신이 찾는 것은 '무엇'인가?

Q1. 사랑이란 '무엇'일까?

Q2. 행복이란 '무엇'일까?

Q3. 성공이란 '무엇'일까?

Q4. 질문이란 '무엇'일까?

Q5. 가장 소중한 것은 '무엇'이지?

'무엇'이라는 질문은 '주제에 집중Focus'해달라는 초대장이다

'무엇What'을 묻는 질문들은 중요한 무엇인가에 집중해달라는 요청이다. "사랑은 무엇인가?"라는 질문은 사랑을 집중해서 다시 봐달라는 이야기다. 사랑에 대해 다른 무엇인가를 발견했다는 소리다. "관계란 무엇일까?"라는 질문은 질문 이전에 "관계가 중요하잖아. 더 좋은 관계 맺기에 대해 함께 생각해볼까?"라는 초대다.

주제에 관심을 기울여달라고 할 때 우리는 "○○○은 무엇인가?"와 같은

'주제 질문'을 던진다. 함께 이야기를 나누려면 '주제What'가 있어야 한다. 그리고 그 주제에 대한 '결론What'을 미리 내리지 않고, 호기심을 가지고 함께 대화를 나누고자 할 때 우리는 '무엇What'이라는 질문어를 쓴다.

얼마 전 모 회사에서 팀워크 강의를 하면서 던진 질문도 바로 이렇게 시작했다.

"팀워크란 '무엇'인가?"

Q1. 여러분이 생각하는 팀워크는 무엇인가요?

Q2. 좋은 팀워크가 일어나려면 무엇이 필요할까요?

Q3. 여러분의 팀이 더 좋은 팀이 되기 위해서 무엇을 할 수 있을까요?

'주제 질문'은 질문에 대한 답을 강조하기 위해서 사용하는 것이 아니다. 제시된 주제 그 자체에 호기심과 흥미를 불러 일으키기 위해 '무엇'이라는 질문을 활용하는 것이다. 일단 우리가 '함께 대화를 나눌 주제'가 '무엇'인지 선택하는 것에서 의미 있는 대화가 시작된다.

'무엇'이라는 질문은 '미지수 X'를 구하는 방정식이다

수학에서는 '미지수 X'를 찾는 방정식이 있다. '방정식'은 식에 있는 특정한 문자의 값에 따라 참/거짓이 결정되는 등식이다. 이때 방정식을 참이 되게 하는 특정 문자의 값을 해 또는 근이라 한다. 방정식의 해는 없을 수도 있고, 여러 개일 수도 있고, 모든 값일 수도 있다. 전자의 경우는 불능이라고 하고, 중자의 경우는 방정식, 후자의 경우는 항등식(부정)이라 한다(출처_위키백과).

삶 속에서 우리는 원하는 결과를 얻기 위해 '방정식'의 형식을 빌려 질문할 수 있다.

$$행복=(What?), 성공=(What?), 가족=(What?),$$
$$질문=(What?), 사랑=(What?)$$

등식의 왼쪽에 우리가 바라는 것들을 놓고, 오른쪽에는 나 자신의 체험과 사색에서 나온 답을 적어야 한다. '무엇'이라는 질문은 미지수 X를 찾아가는 여정이다. '사랑=(What?)'과 같은 질문에서 왼쪽은 세상에서 죽은 말이다. 그 죽은 언어를 당신의 살아있는 통찰로 풀어내라는 것이다. '사랑이 사랑이지 뭐야' 따위의 답을 요구하는 것이 아니라, 사랑의 본질에 대한 나의 해석이 무엇인지를 찾아보자는 이야기다.

'무엇'이라는 빈 칸에 적합한 답변을 찾을 때 우리는 죽은 언어를 삶에서 되살릴 수 있다. "팀워크란 무엇인가"라는 질문에 '팀워크란 팀이 함께 일하는 것이다'라는 일반적인 정의보다 다음과 같이 풀어볼 때 훨씬 좋은 대화가 일어난다. "팀워크란 무엇일까요? 저는 팀워크란 '약속된 플레이' 라고 생각합니다. 좋은 팀워크를 가진 팀들은 다양한 상황에서 성과를 내는 적절한 행동방식을 알고 있고, 이를 훈련해서 완벽하게 수행할 수 있지요. 여러분의 팀에는 팀워크가 살아있나요? 다른 말로 약속된 플레이가 있나요?"

이처럼 무엇은 대상의 의미를 다시 생각하게 한다. 이미 사전에 정의된 죽어 있는 해답을 얻기 위해서가 아니라, 새롭고 유용한 해석이 필요할 때 우리는 '무엇'을 묻기 시작한다.

'무엇'이라는 질문은 '본질을 발견하기 위한 돋보기'다

그렇기에 '무엇'이라는 질문어는 우리에게 좀 더 자세히 사물의 본질을 관찰해보길 권하는 돋보기 같은 것이다. "진짜 문제는 뭐지?"라고 물어야, 그저 사람들이 스쳐지나갔던 것 속에서 다시금 자세히 살펴보고 바라보면서 중요한 것을 찾아낼 기회를 살릴 수 있다. '무엇'을 묻다 보면, 사물의 사건을 구성하는 핵심적인 요소들을 찾게 된다. 핵심을 찾아야 우리는 더 좋은 선택과 효과적인 것에 집중할 수 있다.

우리가 궁금한 것은 껍데기가 아니라, 본질적인 그 무엇이다. 무엇이 나의 삶에 있어 본질적인 것인가? 결코 포기할 수 없는 '무엇'을 나는 발견하였는가? 우리는 종종 삶의 핵심적인 구성요소를 찾기 위해 '무엇'을 묻는다. '이유why'와 '방법론how'은 '무엇what'을 발견한 다음에 드러난다.

무엇 What 을 묻는다는 것은?

A = What　→　What　←　What...

```
                          What
                    What         What
A =   What    →    What    ←    What   What
                    What         What
                          What   What
```

방정식의　　　　더 깊이　　　　선택과
미지수(X) 찾기　　살펴보기　　　집중하기

'무엇'이라는 질문을 품고 삶을 다시 자세히, 더 깊이 바라보다 보면, 소중한 것들이 하나씩 표면 위로 올라오기 시작한다. 다시 주목해보고, 다르게 생각해보고, 찾아내야 할 본질이 있을 때, 그리고 선택과 집중이 필요한 순간 우리는 '무엇'을 물어야 한다.

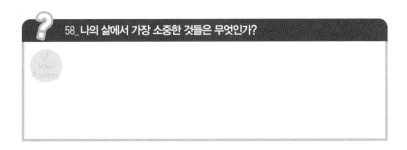

? 58_ 나의 삶에서 가장 소중한 것들은 무엇인가?

💬 진짜 물어야 하는 것은 무엇인가

사람들이 원하는 것은 직경 5mm 드릴이 아니라 직경 5mm의 구멍
이다.

_ 하버드 경영대학원, 시어도어 레빗Theodore Levitt 교수

Q1. 무엇이 진짜 문제인가?
Q2. 무엇이 적절한 해법인가?

'문제해결'을 요구하기 전에 '문제정의'가 제대로 된 것인지 묻자

"세계를 구할 시간이 1시간 주어진다면 무엇을 하겠느냐?" 이 질문에
아인슈타인은 이렇게 대답했다. "문제가 무엇인지를 규정하는 데 55분을
쓰고, 해결책을 찾는 데는 단 5분만 쓰겠소." (이 발언이 사실인지는 의견이 분
분하나, 아인슈타인이 질문이나 문제 발견의 중요성을 꾸준히 강조한 것은 분명하다.)

"중요한 것은 질문하기를 멈추지 않는 것이다.

- 아인슈타인

우리는 올바른 답을 찾기 전에 올바른 문제부터 찾아야 한다. 그렇다
면 우리가 정말 물어야 할 것은 무엇인가?

만약 내가 '리더'라면, 온전히 묻고 답해야 할 질문은 무엇인가

만약 내가 사업가라면 무엇을 물어야 할까? 자신이 설립한 회사에서 쫓겨났던 스티브 잡스는 애플 복귀 직후 직원들에게 다음과 같은 '무엇What'을 물었다.

"만약 돈이 목적이 아니라면
당신과 당신 팀은 무엇을 하겠습니까?"

스티브 잡스처럼 우리가 진짜 도전하고 싶은 일이 무엇인지 물어봐준다면 뭐라고 답하고 싶은가?

세계적인 베스트셀러인 《더 골The Goal》의 저자이자 제약이론의 창시자인 골드렛 박사는 다음과 같은 세 가지 질문을 경영자들에게 던졌다.

- 무엇을 변화시켜야 하는가?
- 어떤 방향으로 변화시켜야 하는가?
- 어떻게 변화를 일으킬 것인가?

골드렛 박사는 이 세 가지 질문에 마땅한 답What을 하지 못하는 경영자가 있다면 그를 경영자라고 할 수 있겠느냐고 반문한다. 알리바바의 창업주 마윈은 "우리 회사의 핵심 역량은 무엇입니까?"라고 질문한 후 "회사의 핵심역량은 기술이 아니라 회사의 문화입니다. 우리가 가장 바라는 것은 직원들의 미소입니다"라고 답했다.

자신이 하는 사업의 본질What이 무엇인지 묻지 않는 창업가가 만드는 회사와 이를 집요하게 묻고 답하는 창업가가 만드는 회사는 본질적으로 다르지 않을까?

"만약 내가 나라를 이끌어가는 정치가라면
무엇을 물어야 할까?"

"임금의 자리에 있으면서 백성이 굶어 죽는다는 말을 듣고도 오히려 조세를 징수하는 것은 진실로 차마 못할 일이다. 하물며 지금 묵은 곡식이 이미 다 떨어졌다고 하니, 창고를 열어 곡식을 나누어준다 해도 오히려 미치지 못할까 염려되거늘, 굶는 백성에게 조세를 부담시켜서야 되겠는가? 더욱이 감찰(어사)을 보내어 백성의 굶주리는 상황을 살펴보게 하고서 조세조차 면제를 해주지 않는다면, 백성을 위하여 혜택을 줄 일이 또 무엇이 있겠는가?"

_《세종실록》01/01/06

세종대왕처럼 "국민(백성)을 위하여 혜택을 줄 일이 또 무엇이 있겠는가?"를 진정성을 담아 묻는 정치가를 만날 수는 없을까? 우리가 살아가고 있는 국가를 이끌어가는 정치가들에게 "국가란 무엇인가?" 그리고 "진정성이란 무엇인가?"라는 질문에 답해보길 바라는 것은 지나치게 큰 욕심일까?

"만약 내가 배움을 촉진하는 교육자라면
무엇을 물어야 할까?"

'좋은 수업이란 무엇인지, 공부란 무엇인지'를 묻지 않는 교육자가 있다면, 우리는 과연 그들에게 무엇을 배울 수 있을까? 학생들이 진짜 배우고 싶은 것이 무엇인지 묻지도 않고 어떻게 배움을 촉진할 수 있을까?

"만약 내가 다른 사람들이 더 좋은 질문을 품고 살도록 촉진하고
싶은 질문술사라면 무엇을 물어야 할까?"

사람들을 만나 어떤 질문이 좋은 질문이라고 가르치려 하기 전에, 어떤 질문을 품고 살아왔는지, 어떤 질문을 품고 살아갈 것인지를 먼저 묻고 경청해야 하지 않을까?

대문호 톨스토이는 《사람은 무엇으로 사는가》에서 추락한 천사에게

하늘나라로 돌아가기 위해 세 가지 질문에 답해야 한다고 안내했다.

- 사람의 마음에 무엇이 있는가?
- 사람에게 허락되지 않는 것은 무엇인가?
- 사람은 무엇으로 사는가?

톨스토이처럼 묻다 보면 사람다운 삶을 살아갈 수 있을 듯하다. 그런데 이 질문에 답할 수 있다고 해서, 자기다운 삶을 살 수 있을까? 나 자신에게 무엇이 가치 있고, 남들과 나는 무엇이 다른가를 먼저 물어야 하지 않을까? 나의 삶을 의미 있게 하는 것이 '무엇'인지 알아야, 보다 의미있는 삶을 지향하며 살아갈 수 있다는 빅터 프랑클의 질문은 어떤가? 중요한 것은 다른 누가 대신 대답해줄 수 없는, 나 자신이 답해야 할 '그 질문What'을 찾는 것이다.

💬 '무엇'을 알아야 '왜'와 '어떻게'를 물을 수 있다

무엇What을 알고, 어떻게How를 알게 되면

피터 드러커는 일을 올바르게 하도록 돕는 일을 관리managment라고 하고, 올바른 일을 하도록 돕는 것은 리더십Leadership이라고 했다. 올바른 일을 올바르게 수행할 때 우리는 성공할 수 있다. 지금 나와 나의 조직은 '올바른 일이 무엇인가?'라는 질문에 대한 답을 찾을 때인가, 아니면 '올바르게 일하는 방법'을 배워야 할 때인가?

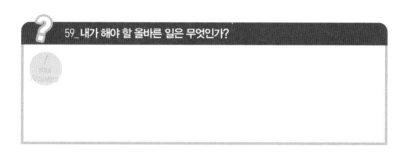

올바른 일은 무엇이고, 그 일을 올바르게 한다는 것은 무엇인가?

What & How Matrix

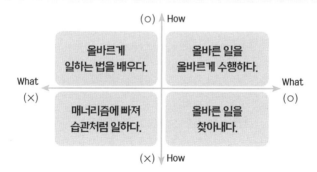

X축(What) : 우리가 해야 할 올바른 일은 무엇인가?
Y축(How) : 어떻게 일하는 것이 올바르게 일하는 것인가?

무엇What을 해야 할지 알고, 왜Why 해야 할지 알아야 한다

'무엇'을 해야 하고, '왜' 해야 할지 알아야 좋은 결과도 얻고 보람도 느낀다. '무엇'을 해야 할지 알아야 우리는 집중할 수 있다. '왜' 해야 하는지 아는 사람이 책임감을 갖는다. 왜 해야 하는지, 무엇을 해야 하는지가 불분명하면, 일에 대한 회의감이 올라오고, 일을 계속해나가기 힘들다. "우리는 무엇을 하는 회사인가?"라는 질문에 답하는 조직이라야 경쟁력을 갖출 수 있다. "그 일이 왜 필요한가?"라는 질문에 답해야 사명감을 가지고, 고객을 위한 회사로 거듭날 수 있다.

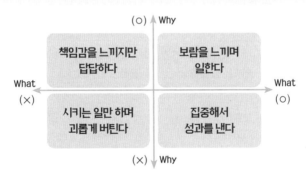

내가 일하는 참된 이유는 무엇인가?

What & Why Matrix

X축(What) : 무엇이 가장 중요한 일인가?
Y축(Why) : 왜 이 일을 해야 하는가?

60_ 내가 일하는 참된 이유는 무엇인가?

your
Answers

내가 하는 일은 무엇이고, 누구를 위해 하는 일인가

누구를 위해서 일하는지, 무엇을 해야 하는지를 모르고 단지 생계 수단으로서만 직장생활을 하게 된다면, 그것이야말로 지옥일지 모른다.

내가 잘하는 것(강점, 역량)이 무엇인지 알고 있지만, 누구를 위해 그 역량을 써야 할지 모른다면 성공할 수는 있겠지만 보람은 찾기 어렵다. 누구를 위해 일해야 하는지는 알지만, 내가 갖고 있는 재능과 강점을 아직 발견하지 못했다면 진정으로 공헌하기 어렵다.

일이 소명이 된 사람들은 누구를 위해 어떤 문제를 해결할지, 그리고 그 문제를 해결하기 위해 자신이 어떤 공헌을 해야 하는지, 자신이 가진 역량 중 어떤 강점을 활용해야 하는지를 깨우친 사람들이다. 나는 누구를 위해 일하는가? 그리고 그들을 돕기 위해 내가 활용할 수 있는 탁월함은 무엇인가?

내가 하는 일이 무엇이고, 누구를 위한 일인가?

What & Who Matrix

(○) ↑ Who

| 봉사활동이 된 직업 | 소명이 된 직업 |

What (×) ←————————————→ What (○)

| 밥벌이가 된 직업 | 성공의 수단이 된 직업 |

(×) ↓ Who

X축(Who) : 누구를 돕기 위한 일인가?
Y축(What) : 그를 위해 내가 공헌할 수 있는 것은 무엇인가?

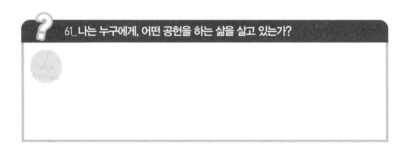

61_ 나는 누구에게, 어떤 공헌을 하는 삶을 살고 있는가?

💬 '어떻게 무엇'을 물어야 할까

순차적으로 '무엇'을 묻기 Question Storming

- What 1 : '주제'는 무엇인가?
- What 2 : '질문'은 무엇인가?ㄴ
- What 3 : '해답'은 무엇인가?

일단 어떤 주제(What 1)로 대화 나눌지를 정해보자. 왜 그 주제가 중요할까? 다음으로 물어볼 것은 그 주제를 가지고 효과적으로 대화를 나누기 위해 어떤 질문(What 2)으로 대화할지를 선택하는 것이다. 예를 들자면 '사랑'을 주제(What 1)로 선택한다면, 나눌 수 있는 질문을 먼저 다양하게 만들어보자(질문 스토밍 : 질문 + 브레인스토밍).

〈예시 : 사랑에 대한 질문 스토밍〉

Q1. 내가 생각하는 사랑은 무엇인가?

Q2. 인간에게 사랑은 왜 필요한 것일까?

Q3. 사랑처럼 보이지만, 사랑이 아닌 것은 무엇인가?

Q4. 누구로부터 사랑받고 있는가?

Q5. 누구에게 사랑을 느끼는가?

Q6. 누구에게 사랑을 선물하고 싶은가?

Q7. 사랑을 표현하는 효과적인 방법은 무엇일까?

Q8. 사랑하기 힘들어질 땐 어떻게 해야 할까?

Q9. 사랑을 파괴하는 행동은 무엇인가?

Q10. 사랑을 되살리기 위해 우리는 무엇을 할 수 있을까?

무작정 토의하지 말고, 토의할 '다양한 질문을 찾는 브레인스토밍(질문스토밍)'을 하자. 그러고 나서 가장 집중해서 논의를 진행할 질문을 함께 선택하고 어떤 순서로 답해나가면 좋을지 우선순위를 부여해보라.

마지막으로 선택된 질문에 대해 대화의 장에 초대된 모든 사람의 의견을 들어보는 것으로 이 활동을 마무리한다. 필요하다면 한 가지 답이 아니라, "개인당 3개씩 의견을 주세요"처럼 다양한 답을 요청하는 것도 좋다.

세 번에 걸쳐 '무엇'에 대한 해답을 찾기(Think×3)

창의적인 활동이란 우선 비우는 행동이다. 이는 새로운 것으로 자신을 채우기 위해 자신을 비우는 용기 있는 행동이다.

_ 팀 허드슨, 《Think Better》

우리는 무엇에 대한 '정답이 하나'라고 습관적으로 가정한다. 보다 좋

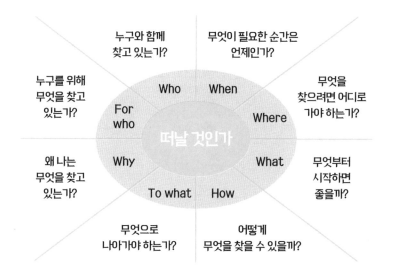

누구와 함께 찾고 있는가?

무엇이 필요한 순간은 언제인가?

누구를 위해 무엇을 찾고 있는가?

무엇을 찾으려면 어디로 가야 하는가?

왜 나는 무엇을 찾고 있는가?

무엇부터 시작하면 좋을까?

무엇으로 나아가야 하는가?

어떻게 무엇을 찾을 수 있을까?

Who When Where For who 떠날 것인가 Why What To what How

은 아이디어를 찾고자 한다면, 수많은 틀린 답을 거부해서는 안 된다. 좋은 브레인스토밍 방법은 한 번으로 끝내는 것이 아니라, 최소한 세 번에 나누어서 진행하면 좋다.

- Think ×1 : 기존에 갖고 있는 생각을 쏟아내는 시간 Mild idea
- Think ×2 : 해본 적 없는 새로운 생각을 해보기 Wild idea
- Think ×3 : 생각들을 융합해서 쓸 만한 생각을 만들어보기 Mixed idea

첫 번째 아이디어는 뭔가 새로운 것을 요구하는 것이 아니라, 단편적으로 떠오르는 답이나 그동안 생각해온 답을 내놓게 한다. 기존의 생각들을

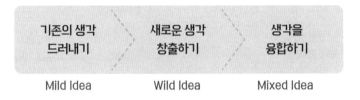

어떻게 좋은 아이디어를 얻을 것인가

기존의 생각 드러내기	새로운 생각 창출하기	생각을 융합하기
Mild Idea	Wild Idea	Mixed Idea

종이 위에 쏟아내어야 비로소 새로운 생각들을 할 여백이 생긴다. 쏟아낼 만큼 많은 아이디어를 내놓고 잠시 휴식 기간을 갖는다.

그리고 두 번째 아이디에이션 시간에는 황당하거나 말도 안 되는 아이디어들도 꺼내보도록 자극한다. 중요한 것은 이전에 해보지 않았던 생각이라야 한다. 첫 번째 답변들과 두 번째 답변들을 모아 다시 분류해보고, 관련된 생각들을 모아보면, 새롭게 쓸 만한 아이디어를 얻을 수 있다.

한 번에 '무엇What'에 대한 해답을 얻겠다는 욕심을 버리고 여러 번에 걸쳐 해법을 탐색하는 과정을 진행할 필요가 있다. 세 번(Think×3)에 나누어 '무엇What'을 찾아보자.

'무엇'을 '어떤 기준'으로 선택하고 평가할지 기준 정하기Decision Grid

여러 답을 충분히 탐색했다면, 좋은 해답을 결정할 기준을 선택하는 것이 좋다. 선택을 위한 여러 가지 기법들이 있지만 의사결정 그리드Decision

Grid는 쉽고 효과적이다. 선택의 기준이 될 수 있는 '두 가지 핵심요소'를 선정해보고, 이 기준에 따라 아이디어를 평가하는 방법이다.

가장 중요한 선택의 기준 두 가지는 무엇인가? 좋은 선택을 위해서는 올바른 선택의 기준을 찾는 것이 먼저다.

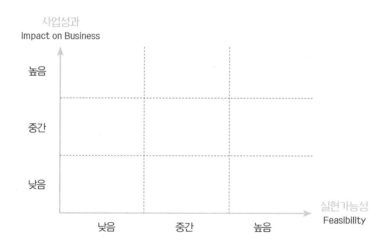

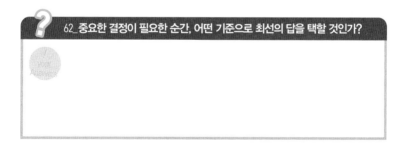

62_ 중요한 결정이 필요한 순간, 어떤 기준으로 최선의 답을 택할 것인가?

💬 만약 내가 '무엇'에 대한 해답을 찾게 된다면

탐구하고 배우려는 사람은 '무엇'이라는 질문과 더욱 친숙해져야 한다. 다르게 질문하는 이유 중 하나는 다른 '무엇'을 발견해내기 위함이 아니든가? 무엇이라는 질문을 보다 잘 활용하기 위해, 무엇을 어떻게 물어야 할까? 아니, 질문을 다시 하겠다. 나의 삶에서 무엇보다 중요한 질문은 무엇인가?

무엇부터 묻기 시작해야 할까

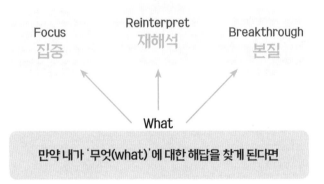

17 질문어質問語탐구 (6) 얼마나(How much/ many~)
: 당신의 물통은 얼마나 채워져 있습니까

위대한 성과는 소소한 일들이 모여 조금씩 이루어진 것이다.

_ 빈센트 반 고흐

💬 왜 우리는 '얼마나'를 묻는 것일까

어른들은 '얼마나'란 질문을 무척이나 좋아한다. '얼마나'란 질문이 아이들에게 '얼마나' 상처를 주는 줄도 모르면서. '얼마나'라는 척도 질문은 설문조사에서 주로 사용된다. 기준에 따라 상황을 구체적으로 이해하고 싶거나, 객관적인 평가를 필요로 할 때, 매우 유용하게 활용할 수 있다.

• '얼마나' 자주 사용하십니까?

- '얼마나' 만족하십니까?

"무엇을, 왜 측정해야 할까?'라는 질문에 대한 답을 찾기 전에 '얼마나' 를 묻는 것은 어리석다. 뭘 측정해야 하는지 모르는 사람들은 측정하기 쉬운 것을 기준으로 측정한다. 사람에 맞추어 침대를 제작하는 것이 아니라 '침대에 맞추어 사람의 다리를 잘랐다'는 프로크루스테스의 일화처럼 끔찍하다.

프로크루스테스는 그리스 신화에 나오는 인물이다. 신화에 따르면 프로크루테스는 아테네 교외의 언덕에 집을 짓고 살면서 강도질을 했다고 전해진다. 그의 집에는 철로 만든 침대가 있는데 프로크루스테스는 지나가는 행인을 붙잡아 자신의 침대에 누인 후 행인의 키가 침대보다 크면 그만큼 잘라내고, 행인의 키가 침대보다 작으면 억지로 침대 길이에 맞추어 늘려서 죽였다고 한다. 그의 침대에는 길이를 조절하는 보이지 않는 장치가 있어 어느 누구도 침대에 키가 딱 들어맞는 사람은 없었다고 한다.

_출처 : 위키백과, 프로크루스테스

학교에서 시험 점수를 측정하는 것은 쉽다. 출제된 문제 중 몇 문항을 맞췄는지를 기준으로 점수를 매기면 된다. 아니면 많은 점수를 획득한 순으로 등수를 매기면 된다. '점수를 얼마나 맞았는가'를 묻기 전에 우리는 무엇을 물어야 할까? 학교에서 우선적으로 측정해야 할 '얼마나'는 과연 시험점수일까? 시험점수 말고 무엇을 측정할 때 학생들의 배움과 성장에 도움이 될까? 학생과 교사 모두에게 도움이 되는 측정은 무엇일까? 학교라는 제도에서 어리석게도 우리는 '학생들을 프로크루스테스의 침대에 눕히는 만행'을 저지르고 있는 것은 아닐까?

직장에서 가장 많이 묻는 질문이 "이번 달 당신의 실적은 얼마인가?"라면 회사생활이 얼마나 삭막할까? 실적을 묻기 전에 먼저 물어야 할 '얼마나'는 무엇일까? "지난 한 달 동안 당신의 일에 대해 얼마나 긍정적인 관심, 지지, 피드백을 받았는가? 당신의 일상적인 과업이 고객들에게 얼마나 도움이 되고 있는지 아는가?" 더 좋은 직장을 만들어가는데 이런 질문들이 더 필요하지 않을까? '무엇'이 중요한지 모르고 묻는 '얼마나'는 파괴적이다.

'얼마나'는 나쁜 질문인가?

'얼마나'라는 질문어는 '측정'하고, '비교'하며, '평가'한다. "얼마나 버나요?"라는 질문으로 자신의 소득과 타인의 소득을 측정하고, 비교하며, 평가한다. "국어 점수는 얼마나 나왔니?"라고 물어보며 풍성하고 뜻깊은 배움을 단순하게 눈에 보이는 점수로 환원하여 측정하고, 남들과 비교하며 냉정하게 평가한다.

다른 사람과 나 자신을 비교하기 위해 '얼마나'를 묻는다. "얼마나 큰 집에서 살아야 하나? 얼마나 벌어야 충분할까? 얼마나 많은 사람의 존경을 받아야 할까?" 문제는 자신만의 만족과 성장, 성취의 기준을 제대로 세우지 못한 경우이다. 그 기준이 외부에 의해 좌우되고 비교되는 삶은 얼마나 비참할까?

'엄마들 사이의 대화에서 가장 기분 나빴던 질문'을 주제로 한 설문 조사에서 가장 많이 나온 답은 다음과 같다(설문출처 http://omygo.tistory.com/122).

1위 : 돈 좀 빌려줄 수 없나요? ······ 72.5%

2위 : 저축은 얼마나 했어요? ······ 53.0%

3위 : 보너스는 얼마나 나왔나요? ······ 52.5%

4위 : 지금 사는 집은 얼마나 하나요? ······ 36.0%

5위 : 지금의 남편과 결혼 전에 어떤 연애를 하셨나요? ····· 20.0%

6위 : 어느 대학을 나오셨어요? ······ 19.5%

7위 : 아이는 앞으로 몇 명이나 더 낳으실 예정이에요? ······ 19.0%

'얼마나'가 포함된 질문들이 '가장 기분을 나쁘게 한 질문' 상위를 차지하고 있다. 내 삶과 타인의 삶을 비교하기 위해 '얼마나'를 묻는다. 비교는 상대방을 기분 나쁘게 하거나, 스스로의 삶에 대한 불만족을 키운다. 남들을 내가 세운 일방적인 기준에 따라 평가하거나, 혹은 남들이 강제한 것도 아닌데 스스로를 타인의 기준에 따라 평가하는, 마치 프로크루스테스의 침대에 자신과 타인을 눕히는 이런 류의 질문들은 '얼마나 나쁜가?'

'얼마나'라는 질문으로, 사람들을 '프로크루스테스의 침대'에
강제로 눕히고 있는 것은 아닐까?

'얼마나'를 물어야 할 순간은 언제인가?

측정하고, 비교하고, 평가하기 위한 '얼마나'란 질문도 잘만 활용하면 긍정적인 효과를 기대할 수 있다. 다만 '얼마나'란 질문이 필요한 순간과 불필요한 순간을 분별할 수 있어야 한다. '얼마나'는 측정하고, 비교하고, 평가하기 위한 질문이다. 목표를 향해 얼마나 나아갔는지를 측정하고, 어제보다 얼마나 달라졌는지를 비교하고, 스스로 얼마나 만족스러운지를 평가하기 위해 쓰일 수 있다. 그러나 새로운 것을 발견하고, 사람들을 지지해주고, 긍정적인 행동을 격려하기 위해서는 다르게 물어야 한다. "오늘 당신의 소중한 가치에 얼마나 충실한 삶을 살았는가?"와 같은 질문은 우리 삶을 성찰로 이끈다. 중요한 것은 어떻게 측정할지, 얼마인지를 측정하기 전에, '무엇을 측정할지'를 현명하게 결정하는 것이다.

상담 방법론 중 하나인 해결중심 단기치료에서는 '얼마나'란 질문을 유

용하게 활용하고 있다. 해결중심 단기치료에서는 '척도 질문'이라는 이름으로, 상대의 '긍정적인 변화의 정도나 성장을 확인하기' 위해 활용된다.

Q: 1점에서 10점의 척도에서 1점은 우리가 처음 만났을 때 당신의 상태를 말하고, 10점은 당신의 문제가 완전히 해결된 상태를 말한다면, 당신은 오늘 어디에 있나요? 얼마나 문제가 해결되었죠? 구체적으로 점수로 말해주실래요?

A: 5점입니다.

Q: 5점이로군요. 구체적으로 어떤 변화가 있었기에 5점을 주셨나요?

A: 막연했던 상황에서 진짜 문제가 무엇인지 구체적으로 이야기 나눌 수 있었던 것만으로 5점을 줄 수 있을 것 같아요.

Q: 그럼 5점에서, 6~7점으로 점수가 올라가려면 무엇이 달라져야 할까요?

척도 질문은 내담자가 정상인지 비정상인지의 상태를 구분하는 표준적인 기준을 정하기 위해 활용하는 것이 아니다. 긍정적인 변화의 진척도를 확인하고, 상대방의 주관적인 만족 기준 등을 탐색하고 이해하기 위해 활용한다.

'얼마나'란 질문은 다시 말하지만 측정하고, 비교하고, 평가하기 위한 질문이다. 측정하고, 비교하고, 평가하기 위해서는 먼저 '기준'을 갖고 있어야 한다. 무엇과 비교해서 '얼마나'를 확인할지, 어떤 척도로 측정할지, 만족할 수 있음과 만족할 수 없음을 나누기 위해서는 기준이 필요하다. 그 평가에 따라 달라져야 하는 결정사항이 있을 때, '얼마나'란 질문은 유용하게 활용될 수 있다.

구체적이고 명확한 기준을 바탕으로, '얼마나'를 묻고 답하는 가운데, 현재 상태와 바라는 수준의 차이에 대한 평가가 이뤄지고, 진행 과정에 대한 만족/불만족을 점검할 수 있으며, 현상태를 좀 더 객관화된 기준으로 바라볼 수 있게 된다.

'얼마나'란 질문을 통해 진정으로 측정해야 할 것은 '무엇'인가

> 우리의 삶은 우리가 던지는 질문, 하지 않았던 질문,
> 할 생각조차 없었던 질문으로 만들어진다.
>
> _ 샘 킨

'얼마나'를 묻기 전에, 무엇을 측정할지를 먼저 정해야 한다. 주의할 점은 스스로 무엇을 평가할지, 어떤 기준으로 평가할지 기준을 세워두지 않으면, 남들의 기준에 휘둘리기 쉽다는 것이다.

① 매달 얼마나
벌고 있는가?

② 매달 얼마를
기여하고 있는가?

③ 매달 얼마나
뿌듯한 경험을
하고 있는가?

'얼마나' 라는 질문을 통해 진정으로
측정해야 할 것은 무엇인가?

만족 기준, 평가 기준을 스스로 정해보는 것도 도움이 된다. "얼마나 보람된 하루였는가?" 이 질문에 답하기 위해 '하루를 잘 보냈다는 것을 어떤 기준으로 평가할 것인지' 그 기준을 정해두어야 한다.

예를 들어 긍정적인 정서를 느끼게 한 경험이 5개 이상이고, 부정적인 정서를 느끼게 한 경험이 1 정도라면 그 하루는 더할 나위 없이 훌륭하다(A)고 평가할 수 있다.

긍정 경험과 부정 경험이 5:1 비율보다 낮아져 1:1 비율이 되면 경계심(C)을 가질 정도로 평가할 수 있고, 부정경험이 더 많은 하루였다면 그날을 고통스럽게(F) 평가할 것이다. 유의할 점은 스스로 기준을 마련하지 않아 '남들의 기준'이 자존감을 파괴하도록 허락하지 않는 것이다.

더 없이 훌륭함	A Great	
그럭저럭 만족함	B Good	만족과 불만족을 가르는 기준은 '얼마'인가?
만족할 수 없음	C Bad	
용납할 수 없음	F Worst	'얼마'면 만족할 수 있겠는가?

💬 당신의 물통은 얼마나 채워져 있습니까

'얼마나'를 활용한 훌륭한 질문이 있다. 강점 연구/진단으로 유명한 갤럽사의 전 회장 도널드 클리프턴과 그의 외손자이자 갤럽 사의 리더인 톰 래스가 만든 "당신의 물통은 얼마나 채워져 있습니까How full is your Bucket" 라는 질문이다. 책으로도 출간되어 많은 사람에게 읽혔으며, 수많은 영리/비영리 조직, 학교에도 보급되어 활발하게 활용되고 있다.

이 '물통 질문'을 조금 변형시켜 우리의 삶을 '얼마나' 더 만족시킬 수 있을지 탐구해보자. 클리프턴의 가르침을 요약하면 다음과 같다.

첫째, 우리는 모두 보이지 않는 '물통'들을 하나씩 가지고 있다. 그 물통이 흘러넘칠 때 가장 행복하며 물통이 비어 있을 때 가장 불행하다.

둘째, 우리는 또한 모두 보이지 않는 '국자'도 하나씩 가지고 있다. 인간관계의 상호작용을 통해, 나는 국자로 타인의 물통에 긍정적인 생각을 가득 채우거나 퍼낼 수 있다.

셋째, 타인의 물통을 채울 때, 나 자신의 물통도 채워진다.

나의 삶을 위해 얼마나 많은 물통을 채우려 하고 있는가?

우리는 각자 채워가고 싶어 하는 자신만의 삶의 중요한 분야들이 있다. 이 삶의 중요한 영역들을 하나의 비유로서 '물통'이라고 해보자. 채워진 물통은 만족스럽고, 비워진 물통들은 불만족한 상태를 나타낸다. 물론 물통은 하나가 아니다.

나는 만족스런 삶을 위해 얼마나 많은 물통을 채우려 하고 있는가? 얼

나의 삶을 위해 얼마나 많은 물통을
채우려 하고 있는가?

| 성취 일 | 가족 행복 | 재정 풍요 | 의미 경험 | 나눔 | ? |

마나 많은 물통을 관리하고 있는가? 나의 삶을 구성하는 주요한 물통들의 리스트를 한 번 정리해보자. 일반적인 버킷리스트처럼 100개나 되는 목표 목록을 만들 필요는 없다. 가장 중요한 물통을 큰 범주로 5개에서 8개 사이로 정리해보자. 개인적인 행복, 일/직장, 가족, 재정, 취미, 건강, 커뮤니티 활동 등으로 나눠도 좋다. 예를 들어 질문술사인 나의 물통들을 다음과 같이 8가지로 정리해보았다.

사람마다 채우고자 하는 물통은 모두 다를 것이다. 이 물통들은 나 자신의 행복과 주변 사람들의 삶에 영향을 미친다. 나 자신의 삶의 물통들을 정리해보았다면, 어떤 물통부터 가득 채워야 할지 평가해보고 선택해보자.

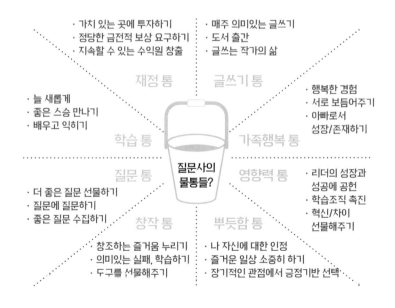

Q1. 각 물통은 현재 얼마나 가득 채워져 있는가?

Q2. 얼마나 깨끗한 물로 채워져 있는가?

Q3. 얼마나 더 채워야 흘러 넘칠까?

Q4. 당신의 물통은 얼마나 많은 타인의 물통에 영향을 주고 있는가?

Q5. 가장 먼저 채워야 할 물통은 무엇인가?

물통을 물방울로 가득 채우기 위한 '나의 국자'는 무엇인가?

물통을 '물방울'로 가득 채워 흘러 넘치게 하는 것이 나의 목표다. 물방울은 우리가 추구하는 경험이나 감정이라고 생각해볼 수 있다. 구체적으로 물통을 '깨끗한 물'로 가득 채울 방법과 도구가 필요하다. 나의 물통을 채우기 위해 활용하는 구체적인 활동과 방법은 무엇인가?

질문술사로서 나는 깨끗한 물을 채우기 위한 도구로 질문(?)을 제안한다. 물음표를 뒤짚어 돌려보면 국자 모양이지 않는가? 국자(혹은 바가지여도 좋다)를 활용해 샘에서 깨끗한 물들을 길어 올리고, 물통을 채우고, 타인의 물통에 신선한 물을 공급해주는 것처럼 질문국자를 통해 우리 내면의 청정수를 길어 올릴 수 있다고 믿고 있다. 물론 비유다. 나의 도구, 물을 길러낼 국자는 무엇인지 생각해보자.

Q6. 물통을 효과적으로 채우기 위한 나만의 도구, 나의 국자는 무엇인가?

물통에서 물이 빠져나가는 것을 어떻게 막을 수 있을까?

저축을 제대로 하기 위해서는 먼저 빚을 청산해야 하는 것처럼, 진정으로 물통 채우기를 시작하려면 먼저 물통을 퍼내는 것부터 막아야 한다.

_도널드 클리프턴 & 톰 래스

물통을 채우는 것만큼 물통에 나쁜 물이 들어오거나, 깨끗한 물이 빠져나가는 것을 경계해야 한다. 나 자신 혹은 타인과의 상호작용을 통해 물통은 채워지거나, 비워진다. 긍정적인 경험은 물통을 채우고, 부정적인 경험은 물통에서 물이 빠져나가게 한다. 물통을 채우는 속도가 물이 빠져

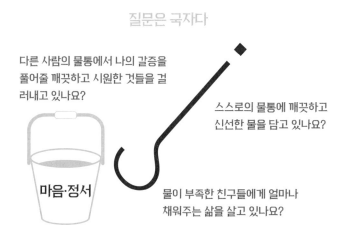

질문은 국자다

다른 사람의 물통에서 나의 갈증을 풀어줄 깨끗하고 시원한 것들을 걸러내고 있나요?

스스로의 물통에 깨끗하고 신선한 물을 담고 있나요?

마음·정서

물이 부족한 친구들에게 얼마나 채워주는 삶을 살고 있나요?

나가는 속도보다 빨라야 함은 물론이다.

그렇다면 얼마나 빨라야 할까?

결혼에 관한 선구적인 연구를 한 존 고트먼John Gottman에 따르면 긍정적인 상호작용 대 부정적인 상호작용의 비율이 5:1에 가까워질수록 결혼 생활이 성공적일 확률이 높아진다고 한다. 말하자면 부정적 상호작용 하나가 긍정적 상호작용 5개만큼이나 큰 영향력을 발휘한다는 것이다. 그 비율이 1:1에 가까워지면 이혼으로 치닫게 된다.

부부의 대화를 15분가량 녹화하고 긍정적 상호작용과 부정적 상호작용의 횟수를 평가하는 것만으로 부부의 이혼 여부를 94퍼센트나 정확하게 예측할 수 있다고 하니 놀랍지 않은가?

직장생활에서는 긍정적인 상호작용의 비율이 3:1 이상이 되는 곳이 이 비율을 넘지 못하는 곳보다 생산성이 훨씬 더 높다고도 한다. 그렇다면 긍정 경험이 최소 3배에서 5배 정도는 많아야 물통이 채워진다는 뜻일 것이다.

Q7. 나의 물통에 물을 채우는 긍정적인 상호작용에는 무엇이 있는가? 물통의 물이 빠져나가게 하는 부정적인 상호작용은 무엇인가?

Q8. 긍정적인 상호작용 대 부정적인 상호작용이 5:1의 비율을 만들기 위해 가장 먼저 해야 할 것은 무엇일까?

각 물통을 긍정적으로 채우는 순간과 부정적인 경험으로 인해 비워지는 순간을 기록해보는 것도 하나의 방법이 될 수 있다. 나만의 긍정적 상호작용(물통 채우기), 부정적 상호작용(물통 비우기) 기록표를 만들어보자.

오늘 하루 나의 물통은 얼마나 채워졌습니까?

물통이 채워진 순간	물통이 비워진 순간

긍정적 상호작용   부정적 상호작용

표 출처 : 당신의 물통은 얼마나 채워져 있습니까?

하루에 얼마나 채워야 할지 '기준'을 정해보자

'얼마나' 채워졌는지에 답하려면, 측정할 기준이 필요하다. 존 고트먼의 주장을 참고해 5:1의 점수판을 만들어두는 것도 좋다. 예를 들자면 5번 이상 '통하는 질문'을 하고, 가슴을 답답하게 하고 소통을 방해하는 '턱하는 질문'을 1번 이하로 했을 때 물통 하나가 채워진다고 기준을 정해 볼수 있다. 만약 하루 15개의 '통하는 질문' 대화를 나누고, '2개의 턱하는 질문'으로 소중한 사람에게 부정적인 상호작용을 했다면, 2개의 물통은 채워졌고, 1개의 물통은 비워진 것으로 기록할 수 있다.

Q9. 하루에 물통을 가득 채웠다고 평가할 '나만의 기준'은 무엇인가?

만약 나의 물통이 가득채워진다면, 누구에게 어떤 영향을 주게 될 것인가

나 자신의 물통을 스스로 책임지고 채워가는 것은 매우 중요하다. 10명 중 9명은 주위에 긍정적인 사람이 있을 때 생산성이 더 높아진다고 말하며, 행복한 사람과 관계를 맺는 사람이 행복해진다는 연구결과도 있다. 자신의 물통을 채우는 것이야말로 주변 사람들의 물통에 긍정적인 영향을 줄 수 있는 효과적인 방법 중 하나다.

Q10. 나의 물통이 가득 차서 흘러넘칠 때, 누구에게 긍정적인 영향을 줄 것인가?

Q11. 구체적으로 어떤 영향을 주게 될까?

나에게 소중한 사람들의 물통을 채우기 위한 방법은 무엇인가

그런데 나의 물통 채우기에 급급한 나머지, 주변 사람들의 물통이 메말라가고 있음을 알아차리지 못한다면, 나의 물통에도 부정적으로 전해지게 될 것이다.

Q12. 나의 물통에 영향을 주는 사람은 누구인가? 그의 물통은 요즘 얼마나 채워져 있는가?

1952년 엘리자베스 허록Elizabeth Hurlock은 초등학생 시험 성적과 피드백에 대한 상관관계 연구를 진행했다. 수학 수업을 듣는 4학년에서 6학년 학생들이 시험 성적에 대해 다양한 피드백을 받았을 때 어떤 일이 일어나는지를 분석했다.

첫 번째 그룹의 학생들은 이름이 불린 후 아이들 앞에서 성적이 좋다고 칭찬을 받았다. 두 번째 그룹은 아이들 앞에서 성적이 좋지 않다고 질책을 받았다. 세 번째 그룹은 다른 학생들이 피드백을 받는 것을 간접적으로 보기는 했는데, 직접 피드백을 받지 못한 무시된 그룹이다. 이들의 대조군은 첫 시험 이후 다른 반으로 옮겨져 어떤 종류의 피드백도 받지 못한 그룹이다.

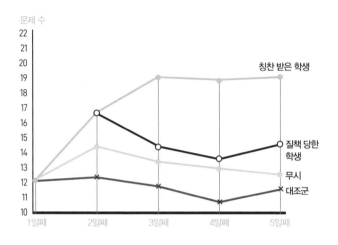

문제 수

| | 칭찬 받은 학생 |
| 질책 당한 학생 |
| 무시 |
| 대조군 |

1일째　2일째　3일째　4일째　5일째

실험 결과 칭찬과 인정 효과가 71퍼센트의 효력을 보이고, 질책은 19퍼센트의 효과, 간접적으로 피드백을 본 경우는 5퍼센트의 효과를 보였다. 이처럼 상호작용이 없을 때 인간은 퇴보하기 마련이다. 그렇기 때문에 서로의 물통은 긍정적인 상호작용으로 채워가야 한다.

Q13. 그의 물통이 채워지는 것을 돕기 위해 어떤 질문을 해보면 좋을까?

타인의 물통을 채우는 것은 단지 듣기 좋은 칭찬을 하라는 것과는 다른 의미다. 도널드 클리프턴과 톰 래스는 '자신이 남에게 바라는 대로 해주라'는 황금율을 따르지 말고, '남이 나에게 바라는 것을 (개별적인 요구에 맞춰) 그들에게 해주는 것'이 올바른 방법이라고 말한다. 그리고 타인의 물통을 채우기 위해, 그 사람에게 다음과 같은 질문을 먼저 해볼 것을 권하고 있다.

Q14. 그 사람의 물통을 채워주기 위해서 내가 제공할 수 있는 구체적인 물방울은 무엇인가?

그 사람의 물통을 채우는 물방울이 무엇인지 힌트를 얻었는가? 이제 그 사람의 물통이 채워지는 것을 돕기 위해, 내가 행할 수 있는 방법을 찾아보자. 그 사람의 물통을 채워줄 물방울 하나를 아낌없이 나눠줄 수 있을 때, 당신의 물통도 함께 채워진다면, 이 얼마나 뿌듯한 삶이 될 것인가?

'만약' 다르게 질문한다면, 우리의 삶이 '얼마나' 달라질 수 있을까

자신에게 소중한 것을 찾은 사람에게 '얼마나'라는 질문은 소중한 것을 환기시키고, 평가하고, 점검할 수 있는 기회를 준다. 나의 삶 속에서 '얼마나'라고 자주 물어야 할 질문은 무엇인가?

Q15. 나는 얼마나 긍정적이고 유익한 경험을 하고 있는가?

Q16. 얼마나 많은 경험을 주도적으로 창조하고 있는가?

Q17. 그 경험들을 의미 있게 재해석하고 재창조하는 성찰의 시간을 얼마나 갖고 있는가?

Q18. 나는 하루 하루 만나는 사람들에게 얼마나 좋은 질문들을 선물하고 있는가?

물통을 채우기 위한 질문

1) 사람들이 나를 어떤 이름으로 불렀으면 좋겠는가?

2) 나의 '열정 버튼', 즉 열정적으로 관심을 기울이는 취미나 주제는 무엇인가?

3) 무엇이 나의 긍정적인 감정을 가장 많이 증가시키는가?
혹은 무엇이 나의 물통을 가장 많이 채워주는가?

4) '누구'에게 가장 많이 인정이나 칭찬을 받고 싶은가?

5) 어떤 종류의 인정이나 칭찬을 가장 좋아하는가?

6) 어떤 형식의 인정이 나의 동기를 가장 많이 유발하는가?
상품권, 대회에서 상을 타 명성을 얻는 것, 의미 있는 메모 혹은 이메일 중 어떤 것이 좋은가? 그 외의 다른 것이 있는가?

7) 이제까지 받은 인정 중에서 가장 좋았던 것은 무엇인가?

18 질문어^{質問語} 탐구(7) 어떻게(How) : 노하우를 획득하는 질문

알아도 마음이 따르지 않고, 몸이 따르지 않는다는 것은, 공부를 머리로만 해서 그렇다. 아직 모른다는 뜻이다.

_ 질문술사

💬 어떻게를 묻는 이유는 무엇인가

노하우를 가진 동네 자전거가게 아저씨의 고수론

얼마 전 둘째 아이의 자전거 상태가 좋지 않아 동네 수리점에 들렀다. 체인에 녹이 쓸고, 브레이크 상태도 좋지 않고, 여기저기 손 볼 곳이 많았다. 친절하게 자전거를 수리하던 아저씨가 입담을 과시했다.

자전거 수리하는 일에도 급이 있다. 적은 돈만 받고도 끝내주게 잘 고치는 사람은 '달인'이다. 그런데 끝내주게 잘 고치면서 손님에게 왜 이렇게 고치는지, 어떻게 사용하면 고장 없이 잘 사용할 수 있는지를 알기 쉽게 설명해야 '장인'이다. 그리고 그보다 높은 경지가 있는데, 그건 하늘과 땅, 사람과 통할 줄 아는 '도인'이라 부른다. 아저씨는 스스로 장인을 넘어 도인으로 가고 계시다고 너스레를 떤다. 다음에 뵈면 어떻게 그런 고수가 되었는지 비결을 물어보고 싶다.

실력을 높이고자 하는, 배우고자 하는 동기가 강한 사람들은 자신보다 뛰어난 능력을 갖춘 고수들을 만나 '어떻게'를 묻는다. 만약 자전거의 고수가 아니라 질문의 고수를 만날 수 있다면, 나 역시도 '어떻게 질문을 잘할 수 있는지'를 물어보고 싶다.

시도하고 싶으나, 실패하고 싶지 않다

기존의 방법들이 통하지 않는다. 새로운 시도가 필요하나 실현시킬 구체적인 방법이 마땅하지 않다. 새로운 시도가 실패로 끝날까 두렵고, 당장 시작하기에는 망설여지는 것이 있다.

그럴 때 우리는 성공적인(실패하지 않을) 새로운 방법을 찾기 위해 묻는다. '어떻게'는 방법을 찾기 위한 질문어이며, 이미 성공한 적이 있는 사람들에게 '노하우KnowHow'를 알려달라는 요청이다.

- 기존의 방법들이 통하지 않는다.
- 자신의 방법이 옳은지 다른 사람의 의견을 통해 검증해보고 싶다.
- 실현시킬 새로운 방법을 아직 찾지 못했다.
- 시도가 실패로 끝날까 두렵고, 당장 하기에 망설여지는 것이 있다.

'왜Why'를 묻는 혁신가, '무엇What'을 묻는 탐구자, '어떻게How'를 묻는 실천가

- **What?** : 탐구자의 질문
- **Why?** : 혁신가의 질문
- **How?** : 실천가의 질문

• 혁신가의 질문 : Why?

기존의 상태에 만족하지 못하고, 변화를 가져오고자 하는 이들은 '왜'를 묻는다. '왜'는 연결을 묻는 것이며, 그 연결의 당위성을 검토하게 한다. 왜 꼭 이래야만 하는가? 원인과 결과의 연결을 묻고, 행동과 영향의 연결을 묻는 질문이 '왜'이다. 기존의 연결됨이 느슨해지거나 의구심을 품게 되면 '왜'를 묻게 된다. '왜'에 답하지 않고서는 기존의 연결을 변화시킬 힘을 얻지 못한다. 그래서 기득권을 가진 사람과 안전지대에 머물고 있는 사람들은 '왜'라는 질문이 거북하다. '왜'는 혁신가의 질문이다.

• 탐구자의 질문 : What?

'무엇What'을 묻고 있는 사람들은 중요한 것을 찾고 있는 사람들이다. 정말 중요한 것은 무엇인가? 수많은 문제와 답에 질식되지 않고 중요한 것에 집중하거나, 현실을 타개할 아이디어를 얻고자 하는 사람은 무엇을 묻는다. 부족한 자원과 시간의 한계 속에서 문제를 풀어가려면 선택과 집중이 필요하다. 서로 엮이고 얽혀 있는 현실 속에서 무엇을 변화시켜야 할지 명확해져야 집중할 수 있다. 그렇기에 '무엇'이라는 답을 찾으면 집중할 수 있다. 때로 '만약What if'이라는 질문을 던지면서, 새로운 가능성을 탐색하기도 한다. '무엇'은 탐구자의 질문이다.

• 실천가의 질문 : How?

'어떻게How'를 묻는 것은 결국 행하기 위해서다. 탐구자들이 찾아낸 '무엇'을 실천하려는 사람들에게는 '무엇'이라는 답만으로는 충분하지 않다. 구체적으로 어떻게 해야 실행에 옮길 수 있을지를 고민한다. 사유로 끝나지 않고 삶으로 행하려고 할 때 '어떻게'를 물어야 한다. '어떻게'는 실천가의 질문이다.

💬 노하우 Know-How 인가, 두하우 Do-How 인가

남들에게 '어떻게 How'를 묻는다고 과연 실천할 수 있을까? 노하우는 어떻게 쌓이는 것일까? 다른 사람의 방법을 그대로 적용하기에는 각자가 처한 상황과 여건이 다르다. 때로는 그 일을 하려고 하는 동기 Why도 다를 수 있다. '무엇을 해야 할지'는 동일하다고 할지라도, '언제, 어디에서, 누구와 함께, 왜' 해야 할지가 다르다면, 다른 사람들의 노하우는 쓸모가 없을 가능성이 높다.

어떻게 How를 물어도 노하우 KnowHow가 쌓이지 않는 이유는 무엇인가?

- 다른 사람의 방법을 그대로 적용하기에는 내가 처한 상황과 여건이 다르며, 추진하고자 하는 동기도 다를 가능성이 크다.
- 노하우는 남에게 배워서 쌓이는 것이 아니라, 직접 실행하고 실패하고 성공하며 쌓이는 것이다.

남들이 말하는 노하우 Know How는 참고만 하라. 자신의 손발로 행해보기 전까지는 자신만의 노하우가 생겨나지 않는다. '어떻게 How'라는 질문에 대한 올바른 답은 '이렇게, 저렇게'다. 따라 해볼 시범을 보여주지 않는 답들은 큰 의미가 없다. 타인의 답을 내가 직접해보고 성공하기 전까지는 '어떻게'에 대한 답을 얻을 수 없다.

노하우^{KnowHow}란 무엇인가?

- 개념이 아니라 실천지식이다.

- 재연이 가능해야 한다.

- 전수될 수 있는 지식이나, 개념만으로는 전수되지 않는다.

노하우는 남들에게 배워서 쌓이는 것이 아니라, 직접 실행하고, 실패하고, 성공하며 쌓이는 것이다. 사유^{Thinking}만으로 생성되는 개념이 아니라 실천을 통해 생성되는 앎이다. 노하우가 쌓이면, 재연^{RePlay}이 가능하다. 같은 상황에서 거의 유사한 결과를 만들어낼 수 있는 것이 노하우다.

노하우는 전수될 수 있는 지식이기는 하나, 개념을 설명하는 방식만으로는 전수되지 않는다. 몸으로 쌓이는 '실천 지식'이기 때문이다.

두하우^{DoHow}란?

수행과 실천을 통해 쌓을 수 있는 것이 진정한 노하우다.

글쓰기 노하우를 책으로 배울 수 있을까? 무수히 많은 글을 써보는 수고를 통해 좋은 글쓰기와 나쁜 글쓰기를 분별하는 노하우가 생기는 것이다. 사랑에 대한 책을 100권 정도 읽고, 최고의 스승에게 사랑학 강의를 1만 시간 수강한다고 해서 사랑을 실천하는 노하우가 쌓일 리는 없다. 실천^{Do}을 해봐야만 실제로 어떻게^{How} 해야 하는지에 대한 지식이 쌓인다.

실제로 무언인가를 시도해보고, 무수히 많은 실패와 성공을 경험해보기 전에는 노하우가 쌓이지 않는다. 농구선수가 3점 슛을 성공시키는 노하우를 책으로 배운다한들, 그것으로 노하우가 생길 리 없다. 남들에게 들은 지식은 참고는 될지언정, 나의 노하우가 되지 않는다. 질문하는 노하우도 마찬가지다. 실제 관계 속에서 질문을 주고 받으며 생성되는 것이다. 실천 없이 노하우를 쌓는 지름길은 없다.

💬 다른 사람의 노하우를 어떻게 전수받을 수 있을까

그렇다면 무작정 실천해보고 반복하라는 이야기인가? 다른 사람으로부터 노하우를 전수받는 것이 전혀 불가능하거나 가치 없다는 극단적인 이야기를 하려는 것은 아니다. 다른 사람들로부터 노하우를 배우면, 시행착오를 줄이고 시간과 노력을 단축시킬 수 있다. 그렇다면 효과적으로 노하우를 전수받으려면 어떻게 해야 할까? 어떤 방법이 효과적일까?

시도해보고 묻기

"어떻게 하면 될까요?"라고 묻기보다는 "이렇게 하면 될까요?"라고 묻자. 다른 사람에게 '어떻게'를 묻기 전에 먼저 스스로 실행해보는 경험이 필요하다. "자전거를 어떻게 타야 하나요?"라는 질문을 하려면, 일단 자전거를 타야 한다. 쓰러져 보든 앞으로 나아가든 타보는 경험이 중요하다.

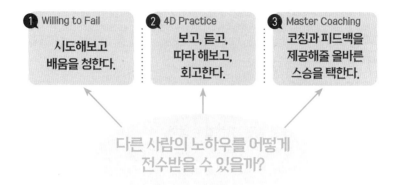

'어떻게'는 '이미 해보고 난 후 더 잘하기 위해' 물을 때 효과적이지, 해야 할지 말아야 할지 망설이는 사람들이 물어서는 큰 효과를 발휘하지 못한다. 시도해보고 실패해봐도 좋다. 실패해본 사람들이 묻는 '어떻게'는 그만큼 간절하다.

체계적인 노하우 전수 방법 : 4D Practice

성인학습의 경우 '인지적 지식Knowing'보다는 '실천적 지식Doing'의 습득에 더 초점을 맞추는 경향이 있다. 그래서 노하우를 형성시키는 방법과 절차가 발달해 있다. 그 방법 중 하나로 '4D 훈련법'이 있다.

• 첫 번째 D : 시연Demo

"한 번 시범을 보여주실 수 있나요?"

백문이불여일견이라는 말처럼, 백 번 듣는 것보다 한 번 보는 게 낫다.

어떻게 해야 하는지를 아는 사람의 시연Demo을 보고 관찰한다. 이렇게 하면 좋다, 이렇게 하면 안 된다는 것을 말로 설명을 듣는 것보다 직접 보는 것이 효과적이다.

• 두 번째 D : 수행절차에 대한 설명을 듣기|Describe

"가장 먼저해야 할 것은 무엇이죠? 그다음은요?"

시범을 보고 난 이후에도 이해되지 않을 수 있다. 수행을 위한 행동들을 단계별로 나누어서 파악해야 한다. 처음해야 할 것, 다음에 해야 할 것, 그다음에 해야 할 것을 하나씩 듣고, 유의할 점들을 파악하는 것이다.

• 세 번째 D : 일단 이해한 범위 안에서 '실습Do'해보기

"이렇게 하면 될까요?"

눈으로 보고, 귀로 자세한 설명을 들었다고 할지라도, 실제로 수행해보는 것과는 큰 차이가 있다. 실천지식은 몸으로 수행해보면서 온몸의 감각으로 익히고 체화해야 한다. 인지적 이해와 실천적 이해의 간극을 파악하면서 그 둘의 차이를 줄여나가야 한다.

"다르게 해야 할 것이 있다면 무엇인가? 유의할 점은 무엇인가?"

의도했던 결과와 자신의 수행에 의한 결과의 차이를 비교하고, 배웠던 다른 사람의 노하우와 나의 실천 사이의 간극을 돌아보는 시간이다. 직접 수행해본 이후의 질문은 구체적이 된다.

다른 사람의 노하우 따위는 잊어버려도 된다. 참고만 할 뿐이다. 자신의 몸으로 수행해보고, 회고해보면서 몸이 기억하게 해야 한다. 노하우를 쌓는 가장 효과적인 방법은 두하우다.

시범을 보여주고, 피드백을 해줄 코치MasterCoach 찾기

원칙적으로 노하우는 나의 경험에서 축적된다. 그러나 해당 분야에서 나보다 훌륭한 성취를 보여준 대가가 있다면, 배우고 익히는 과정에서 그들에게 도움을 청할 수 있다. 시범을 보여주고, 실행 과정을 이해할 수 있도록 설명해주고, 시도해볼 수 있는 안전한 환경을 제공해주고, 피드백을 해줄 수 있는 사람은 누구일까? 어떤 사람을 코치로 삼아야 하는가?

가능하다면 해당 분야에서 잘 알려진 '유명한 사람'을 무조건 선택하기보다는 성공과 실패를 두루 경험해본 사람이 더 좋다. "이대로 하면 돼"라고 말로만 자신만의 방법을 강요하는 사람보다는 기꺼이 시범을 보여주고, 자신의 수행에 대한 피드백을 해줄 수 있는 코치를 찾아보라. 잘하는 사람Best Player도 좋지만, 잘할 수 있게 촉진해주는 사람Best Facilitator이 누구인지 찾아보라.

누구를 코치로 고용해야 하는가? (누구에게 '어떻게'를 물어야 하는가?)	
Not A	But B
• 유명한 사람 • '이렇게 하라'고 말만 하는 멘토 • 잘하는 사람Best Player	• 성공과 실패 모두 풍부하게 경험한 사람 • '시범을 보여주고, 피드백을 주는' 코치 • 잘할 수 있게 촉진해주는 사람Best Facilitator

묻고, 시도해보고, 다시 묻고, 다시 시도하기

"노하우를 얻기 위해서는 어떻게 물어야 할까?"

배우는 과정에서 질문은 다른 사람의 노하우에 접근하는 열쇠가 된다.

- **시도해보고 묻기** : 이렇게 하면 될까요?

- **시범을 보여달라고 요청하기** : 한 번 시범을 보여줄 수 있나요?

- **상황을 설명하고 묻기** : ~한 상황에서는 어떻게 해야 할까요?

- **구체적으로 쪼개어 묻기** : 이것은 어떻게 하나요?

- **핵심을 묻기** : 가장 유의할 것, 핵심적인 것은 뭔가요?

- **집요하게 묻기** : 또 다른 방법은 무엇이 있나요?

- **더 좋은 방법을 묻기** : 만약 코치 님이라면 어떻게 할 건가요?

그러나 더 중요한 것은 다른 사람의 노하우가 아니라, 자신의 실천을 통해 얻는 두노하우라는 점을 잊지 말자. 노하우를 쌓고 싶은가? 그렇다면 다음 질문부터 답해보자.

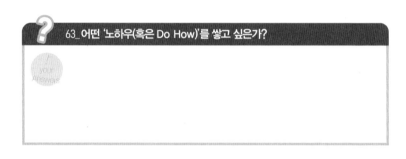

"어떻게 시작할까요?

무엇부터 시도해볼까요?

언제 시작하겠습니까?"

행동하고, (그 행동에서) 배우며, (그 배움을 토대로) 구축해서 다시 행동한다.

_ 레너드 슐레진저 외,《한 걸음의 법칙》

혁신가는 '왜Why'를 묻고

탐구자는 '무엇What'을 묻고

실천가는 '어떻게How'라고 묻는다.

How

질문의 연금술

·

어떻게 다르게 질문하는
능력을 키울 것인가

19 핵심단어(씨앗단어) 찾기
: 단 하나의 단어는 무엇인가

💬 질문의 출발점
_좋은 질문을 하려면 가장 먼저 무엇을 해야 할까

무엇을 써야 할지 모르는 상태에서, 어떻게 써야 할지는 문제가 되지 않는다. 글쓰기의 시작은 '무엇'을 주제로 글을 써야 할지 그 주제 단어를 찾는 것에서 시작한다. 질문하기도 마찬가지다. 무엇을 물어야 할지도 모르면서, 어떻게 질문해야 하는지를 묻는 것은 어리석다. 방법은 차후의 문제다. 먼저 집중할 무엇을 찾아야 한다.

그렇다면 물어야 할 '무엇'을 찾으려면 어떻게 해야 할까? 그 '무엇'을 어디에서 찾아야 할까? 다행히도 세상은 '무엇'들로 가득 차 있다. 종이 한장에서부터 컴퓨터까지, 실제 존재하는 것들에서부터 개념으로 존재하는 가치들까지 언어로 표현할 수 있는 모든 것은 무엇이 될 수 있다. 관심을 가지고 선택하고 집중하기만 하면 된다. '무엇'을 물어야 할지 선택하는 것이 어려운 이유는 관심을 가질 만한 '무엇'이 너무 적어서가 아니라, 너무 많아서다.

선택할 것들이 너무 많으면 선택이 어려워지는 법이다. 수많은 선택지 중에서 '단 하나' 집중할 것을 찾는 게 어렵다. 버리고, 버리고, 또 버려서 단 하나를 남겨두어야 한다. 버리면 큰일 날 것 같아 차마 버리지 못하고, 집중하지 못하고, 걱정에 빠져 있는 것이다.

지금 이 자리에서 집중할 단 하나는 무엇인가? 단 하나의 단어로 표현한다면 그것은 무엇인가? 이 질문에 답할 수 있어야 질문을 하든, 글을 쓰든 시작할 수 있다. 일단 하나에서 출발해야 한다. 어디에서 출발할 것인가? 질문을 만들어갈 핵심단어(키워드)를 찾아야 한다.

단 하나의 핵심단어 : 질문을 위한 씨앗단어 찾기
_왜 '단 하나의 핵심단어'를 찾아야 하는가

하나를 선택하는 것이 어렵다면, 일단 마음이 흐르는 대로, 관심 가는 것 모두를 열거하는 것부터 시작할 수 있다. 목록을 만들어보아도 좋고, 포스트잇에 한 장씩 집중할 가치가 있는 것들을 메모해두어도 좋다.

목록을 만들어놓고, 그 중 조금 더 마음이 머무는 것, 더 가치 있다고 느껴지는 것, 질문의 시작점으로 삼으면 좋을 만한 단어에 표시해보라.

후보 단어들이 어느 정도 좁혀지면, 일단 하나를 선택해서 시작해볼 수 있다.

나누어 처리할 일을 한꺼번에 다루려고 하기 때문에 어려운 것이다. 질문을 찾는 과정과 답을 찾는 과정을 분리해야 쉬워진다. 또한 집중할 단어를 찾는 것과 올바른 질문을 만드는 과정을 분리해야 쉬워진다. 좋은 질문을 하려면 집중할 주제 하나를 선택해, 핵심단어를 선정하는 과정을 진행해야 한다. 탐구할 주제와 방향이 정해지면 질문은 자연스럽게 떠오른다.

발산과 수렴 : 모아서 펼쳐놓기, 골라서 선택하기
_어떻게 핵심단어를 찾아낼 수 있는가

좋은 질문을 하려면, 집중할 핵심단어를 선택하는 과정과 그 핵심단어를 바탕으로 좋은 질문들을 떠올려 선택하는 과정을 분리해서 진행해야 한다. 전문가들은 이처럼 나누어 생각하는 방식을 '발산적 사고와 수렴적 사고'라고 이름 붙였다.

떠오르는 생각, 다양한 의견들을 모아서 펼쳐놓는 작업을 '발산적 사고'라고 한다. 쉽게 말해서 목록을 만들어보는 것이다. 펼쳐놓은 것들 속에서 골라 선택하는 작업을 '수렴적 사고'라고 부른다. 목록에 모아둔 다양한 답변들 속에서 더 가치 있는 것, 중요하다고 느껴지는 것, 올바른 것, 시작점으로 삼으면 좋은 것들을 골라내는 작업이다.

'집중^{集中}'이라는 단어를 한자로 풀어보면 '모을 집^集'과 '가운데 중^中'자로 이루어져 있다. 집중이라는 말 자체가 '발산적 사고와 수렴적 사고의 결합'이다. 집중하고 싶다면, 일단 모아서 펼쳐놓는 과정과 골라서 선택하는 과정을 분리해서 진행하는 것이 좋다. 집중은 발산과 수렴 작업을 순서에 따라 진행한 부산물이다. 다양한 생각이 떠오르는 것을 부담스럽게 생각할 필요가 없다. 떠오르면 떠오르는 대로 수집하고 기록해서 목록을 먼저 만든다. 그 후 목록에서 골라서 선택하면 된다. 둘을 한꺼번에 하려고 하기 때문에 어려운 것이다.

Step 1. 목록만들기

목록 만들기는 하나의 질문에 다양한 답변을 간결하게 수집하여 기록하는 방법이다. '오늘의 할 일^{To do List}', '구입할 목록'처럼 목록을 만들어본

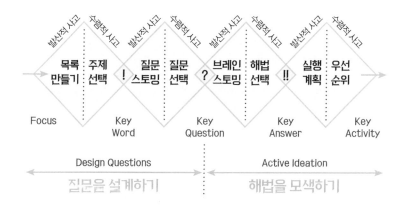

더 좋은 질문이 필요한 삶의 영역 list

1. 일 work

2. 관계 realationship

3. 풍요로움 money

4. 즐거움 fun

5. 건강 wellbeing

6. 학습 learn

7. 미래 vision

8. 질문 question ⟵—— Focus

경험이 있을 것이다. 종이 한 장을 꺼내 제목을 적고 떠오르는 단어들을 기록해보는 것에서 시작한다.

먼저 목록을 만들고 그 중 하나의 주제를 선택한다. 주제가 곧 핵심단 어는 아니다. 한 번 더 초점을 좁혀야 한다.

Step 2. 핵심단어 선택하기

목록을 만들고 나서 더 깊이 탐구하거나 고민이 필요한 단어를 선택하라. 목록의 각 항목 중에 특별히 중요하다고 생각하는 것에 별표로 표시하거나 밑줄을 그어 강조해도 좋다. 하나를 선택했다면 거기에서 멈추지 말고, 한 번 더 질문해보라. 구체적으로 탐구하고자 하는 것이 무엇인가?

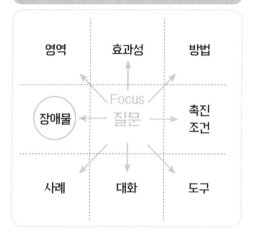

지금 집중할 가장 중요한 핵심단어는 무엇인가? 구체적이고 명확한 주제를 선택할수록 좋은 질문을 만들 가능성이 높아진다. 너무 넓은 개념은 집중을 이끌어내지 못한다. 예를 들어 '질문'을 핵심단어로 선정하는 것보다는 '질문의 장애물'을 핵심단어로 선택하는 것이 더 흥미로운 질문들을 만들어내는 재료가 된다.

오늘 탐구할 '단 하나의 단어'를 찾는 것부터 시작해보자. 먼저 종이 두 장을 준비하고, 첫 번째 종이에는 생각나는 대로 목록을 만들어본다. 그리고 그 중 하나를 선택해서 핵심단어를 선택해보자. 이 과정을 마치면 본격적으로 더 좋은 질문을 디자인할 준비가 된 것이다.

💬 내가 집중하고자 하는 '한 단어'는 무엇인가

선을 그으려면 일단 점 하나를 찍어야 한다. 흰 종이와 펜이 만나는 첫 지점에는 반드시 점 하나가 있다. 점 하나에서 시작하면 된다. 질문도 마찬가지다. 질문을 만들기 위한 점 하나, 유익한 대화와 좋은 아이디어를 꽃피우는 질문을 만들기 위해서는 일단 단어 하나에서 출발해야 한다. 단어 하나를 찾고 물음표만 붙여도 질문이 된다.

사랑, 노래, 인생, 즐거움, 학교, 취업, 창업, 성공, 가족, 일, 의미, 가치, 만족, 미래, 비전, 행복, 돈, 그리움, 매출, 순익, 배고픔, 절망, 죽음, 희망,

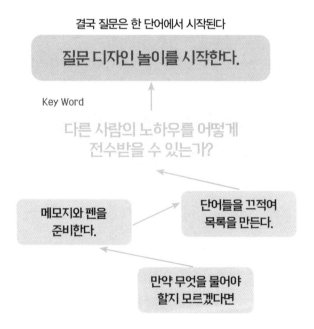

결국 질문은 한 단어에서 시작된다

질문 디자인 놀이를 시작한다.

Key Word

다른 사람의 노하우를 어떻게
전수받을 수 있는가?

메모지와 펜을
준비한다.

단어들을 끄적여
목록을 만든다.

만약 무엇을 물어야
할지 모르겠다면

가치, 단어, 문장, 책, 관계, 질문?

단어 하나가 좋은 질문의 디딤돌이 되고, 질문의 씨앗이 된다. 씨앗단어 하나에 물음표를 붙이면 질문이 싹튼다. 일단 단어 하나를 찾는 것부터 시작해보자. 그리고 그 단어에서 파생되어 생각나는 단어들로 목록을 만들어보라. **물음표를 붙여볼 만한 핵심단어를 찾았는가?**

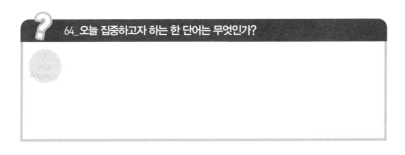

64_오늘 집중하고자 하는 한 단어는 무엇인가?

20 관점 디자인 (1)
: 관점이 달라져야 질문이 달라진다

천체를 관찰하던 코페르니쿠스는 지구를 멈춰놓고 태양을 아무리 돌려 봐도 답이 나오질 않자 태양을 멈추고 지구를 돌려 보았다. 그리고 원하는 답을 얻었다. 이것이 바로 그 유명한 코페르니쿠스 지동설의 시작이자 혁명이었다.

_서정욱, 《걱정 많은 철학자와 지구에서 살아남는 법》

💬 관점이 질문을 제약한다

질문디자인연구소를 운영하고 있다 보니, 각 시도교육청의 요청으로 중고등학교 교사들을 대상으로 한 질문수업을 자주 진행하게 된다. '질문이 살아있는 수업'이 되기 위해 교사들이 함께 탐구하기 위한 질문들을 적고 발표해달라고 요청했다. 교사들의 다양한 질문들이 쏟아졌다.

- 어떻게 하면 잘 가르칠 수 있을까?
- 어떻게 하면 학생들이 수업에 집중하도록 할 수 있을까?
- 질문을 통한 수업이라면 과연 학습효과를 향상시킬 수 있을까?
- 질문에 대한 답변이 없거나 무의미할 때 대처법은?
- 학생들의 엉뚱한 질문에 현명하게 대처하는 또 다른 질문은?
- 학생들이 모르는 내용을 파악할 수 있게 하는 질문은?
- 대답을 쉽게 유도할 수 있는 질문 방법은 무엇인가?
- 어떻게 질문하면 학생들이 씩씩하게 대답할까?
- 학생들이 생각을 하도록 만드는 질문은 무엇일까?

질문들을 살펴보면서 아쉬움이 일어났다. '주로 교사 입장'에서 어떻게 하면 질문을 잘할 수 있을까를 묻는 질문들이었다. 또 다른 연수에서는 조금 다르게 물었다. 학생들의 입장에서 '질문이 살아있는 교실'이 되기 위해 교사가 함께 탐구할 질문을 정리해달라고 요청했다.

- 학생들이 수업에서 질문하기 어려워하는 이유는 뭘까?
- 질문을 자유롭게 할 수 있다면, 학생들은 정말 무엇을 물어보고 싶을까?

- 질문을 어려워하는 학생에게 교사는 어떻게 반응하면 좋을까?
- (수업 내용과 상관없더라도) 용기를 내서 질문한 학생에게 어떻게 반응해야 할까?
- 학생들이 참여하고, 대답하기 좋은 질문은 무엇일까?
- 학생들이 좀 더 편하게 질문하려면, 무엇이 달라져야 할까?

첫 번째 질문 목록과 두 번째 질문 목록이 다르게 느껴지는 이유는 다른 관점에서 질문했기 때문이다. 교사의 입장에서 '질문이 살아있는 수업'을 고민하는 것과 학생의 입장에서 '질문이 살아있는 수업'을 생각하는 것은 다르다. 누구나 자기 자신의 역할과 입장에서 궁금한 것을 묻는 것은 당연하다. 각자의 역할과 입장에 따라 관점이 고착화되고, 고착화된 관점에서는 고착화된 질문을 낳기 마련이다. 만약 다르게 질문하고자 한다면, 먼저 관점을 변화시켜야 한다.

고착화된 관점은 질문에 어떤 영향을 주는가

학교가 아니라 기업의 맥락에서 각 부서의 관점이 질문에 어떻게 영향을 주는지 살펴보자. '순이익 향상'이라는 핵심단어(씨앗단어)를 가지고 일반 회사에서 질문을 만들면 소속된 팀에 따라 질문이 달라진다.

비용의 집행과 절감을 책임으로 하는 회계팀에서는 "어떻게 하면 낭비되는 비용을 줄일 수 있을까?"를 묻는다. 익숙한 질문이기도 하며, 자신의 팀에서는 매출을 늘릴 수 있는 별다른 방법이 없다고 생각하기 때문이다. 자신의 역할과 관점이 생각까지도 제약하는 것이다. 판매/마케팀은 "어떻게 많은 고객에게 더 많이 판매할 수 있을까?"를 묻고, 전략기획 부서나 연구부서에서는 "미래 비즈니스는 무엇이어야 하는가?"를 묻는다.

먼저 누구의 관점에서 질문해야 할지를 선택해야 한다. 물론 꼭 하나의 관점만 고수할 필요는 없다. 현재 어떤 관점에서 주로 묻고 있는지를 살피고, 현재 사안을 다루는 더 효과적인 관점은 없는지 살펴야 한다.

사람은 볼 준비가 되어 있는 것만을 본다. 고착화된 관점에서는 질문 역시 고착화된다. 고착화된 관점을 피하기 위해서 회사에서는 서로 다른 팀이 모여서 미팅을 하거나 외부 전문가를 참여시키기도 한다.

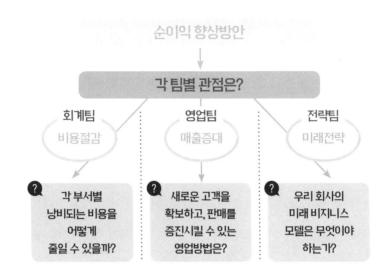

나의 소속, 고정된 역할, 과거의 성공이나 실패 경험 등 나의 관점을 제약하는 것은 무엇인가?

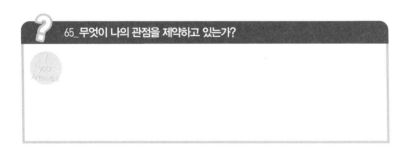

💬 관점이 다르면 질문이 달라진다

질문으로 하는 주제에서 핵심단어(씨앗단어)를 찾았다면, 질문을 만들기 전에 관점을 먼저 선택해야 한다. 관점이 달라지면 질문이 달라진다. 같은 주제라도 질문하는 사람이 어떤 입장에 서서 묻는지에 따라 질문도 달라지고, 얻게 되는 답도 달라진다.

"곡식이 없으면 어째서 고기죽을 먹지 않는 것이냐?"

중국 서진의 2대 황제였던 진혜제 사마충(晉惠帝 司馬衷)은 흉년이 들어 백성이 굶주린다는 말을 듣자 "곡식이 없으면 어째서 고기죽을 먹지 않는 것이냐?"라고 질문했다는 일화가 《진서》〈혜제기〉와 《자치통감》에 전해온다. 사마충은 백치였다고 알려져 있으며, 황제로서의 경험밖에 없었으니, 백성의 굶주림에 대해 이런 질문밖에 할 수 없었을 것이다. 다르게 질문하는 군주도 있다.

앞에서 보았듯 세종대왕이 "백성을 위하여 혜택을 줄 일이 또 무엇이 있겠는가?"라고 질문할 수 있었던 것은 백성의 관점에서 바라보고 질문했기 때문이다. 황제의 관점과 백성의 관점은 다른 질문을 낳는다.

"더 좋은 삶을 위해서 어떤 관점에서 고민할 것인가?"

관점에 따라 질문이 어떻게 달라지는지 또다른 예를 살펴보자. 더 좋은 삶을 모색하는 질문을 만들기 위해 '삶의 행복'을 핵심단어(씨앗단어)로 선정했다. '삶의 행복에 대한 질문'을 적어보자.

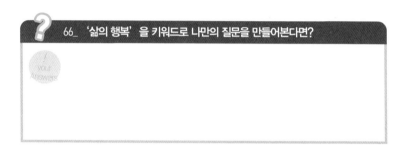

66_ '삶의 행복'을 키워드로 나만의 질문을 만들어본다면?

/ your Answers

자신의 질문을 들여다보면서 현재의 삶에 대한 입장, 미래의 삶에 대한 입장 중 어떤 관점을 취하고 있는지 살펴보자. 현재와 미래를 바라보는 관점에 따라 나의 질문은 특정한 패턴에 속한다는 것을 발견하게 될 것이다.

Q1. 나는 현재와 미래 중 어디에 초점을 맞추고 있는가?
Q2. 나는 이익과 손실 중 어디에 초점을 맞추고 있는가?

현재 일어날 손실과 미래 삶에서 일어날 손실에 대해 걱정하는 사람을 '염세주의자'라고 해보자. 현재의 삶에 대해서 부정적인 입장이고, 미래의 삶에 대해서도 부정적인 관점으로 바라보고 있다. 염세주의자의 관점에

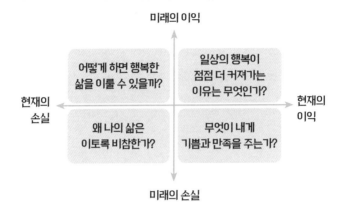

행복에 대한 질문

미래의 이익

어떻게 하면 행복한 삶을 이룰 수 있을까?

일상의 행복이 점점 더 커져가는 이유는 무엇인가?

현재의 손실

현재의 이익

왜 나의 삶은 이토록 비참한가?

무엇이 내게 기쁨과 만족을 주는가?

미래의 손실

서 '행복한 삶'에 대해 질문을 만들어보라고 한다면, 어떤 질문을 만들 수 있을까?

현재의 삶에 대해서는 부정적이지만, 미래의 이익에 초점을 두고 있는 '성취주의자'는 행복한 삶이란 핵심단어를 놓고 무엇을 질문할까? 미래의 장기적인 이익은 생각하지 않고, 당장의 만족을 추구하는 쾌락주의자에게 '행복한 삶'을 묻는다면 어떤 질문을 할까? 현재와 미래의 행복 모두를 중요시하는 '행복주의자'는 어떤 질문을 할까?

같은 주제, 같은 핵심단어라도 질문은 내가 취한 관점에 따라 달라진다. 염세주의자는 행복을 물어도, 불행으로 자연스럽게 질문의 방향이 흐른다. '왜 내 삶은 이토록 비참할까? 왜 나에겐 행복이 허락되지 않을까?'

증거도 가능성도 보이지 않기에 허무함에 빠져 가장 쉽게 묻기를 멈추게 된다.

현재의 고통을 감수하더라도 미래의 행복을 위해 노력하는 성취주의 자는 주로 행복을 달성할 방법에 초점을 맞추고 질문할 것이다. '행복한 삶을 위한 방법은 무엇인가? 미래의 행복을 위해 포기하거나 투자해야 할 것은 무엇인가? 현재의 삶을 부정하고, 미래의 삶으로 나아가기 위해 방법을 묻는다.

그렇다면 당장의 이익만을 생각하는 쾌락주의자는 어떤 질문을 할까? 당장 무엇이 자신에게 기쁨과 만족을 주는지, 당장의 만족을 위해 해볼 수 있는 것이 무엇인지를 물을 것이다. 그렇다면 현재의 이익과 미래의 이익 모두를 중요시하는 행복주의자는 어떤 질문을 할까? 질문 자체에 현재 이미 행복하다는 전제와 가정을 깔고, 지속적으로 행복하기 위해 필요한 조건을 묻는다.

행복에 대해 묻기 전에 성취주의자, 염세주의자, 쾌락주의자, 행복주의자 중 어떤 관점에서 물을지를 먼저 선택해야 한다. 같은 주제, 같은 핵심 단어라도 내가 어떤 입장에서 묻는지에 따라 답은 달라진다. 각각의 관점은 서로 다른 개념들을 강조하거나 무시한다.

상대의 관점에서 물어야, 상대의 답을 들을 수 있다

상대의 관점을 이해하지 못하면, 질문을 해도 답을 얻지 못한다. 칼릴 지브란의 시 〈The Eye〉를 잠깐 함께 읽어보자.

어느 날 눈이 말했다.

"저 멀리 계곡 너머로 푸르스름한 안개에 싸인 산이 보이는구나. 아름답지 않아?"

귀가 한참 동안 주의를 기울여 듣더니 말했다.

"그런데, 어디에 산이 있지? 나는 안 들리는데."

그러자 손이 말했다.

"나는 그 산을 만져보고 느껴보려고 하지만 안 되는데, 그 산이 어디 있는지 나는 찾을 수 없어."

코가 말했다.

"산이 어디 있다고 그래. 냄새도 안나는데."

그러자 눈은 다른 곳으로 눈길을 돌려버렸다.

그리고 모두 다 눈이 보는 이상한 환각증세에 대해 서로 수군거리기 시작했다.

"분명히 눈에게 뭔가 잘못된 일이 생긴 게 틀림없어."

_ 칼릴 지브란, 《광인》 중 〈The EYE〉

'귀와 손과 코'는 '눈'의 질문에 공감할 수 없다. 만약 당신이 '눈'이라면 어떻게 질문을 다르게 할 수 있을까? '귀와 손, 코와 공감하고 소통하기 위해서라면, 답답해 하기보다는 다르게 질문해야 하지 않을까?

- 산에 있는 수많은 새와 바람, 나뭇잎이 스치며 내는 소리는 어떻게 들리니?
- 바위와 나무로 가득찬 숲, 이슬을 머금은 풀들의 감촉은 어떻게 느껴지니?
- 산에서 나는 온갖 다양한 냄새는 어떤 향기를 품고 있니?
- 너희에게는 보이지 않을 수 있지만, 저 멀리, 아주 멀리 산이 보인다. 함께 가볼래?

상대의 입장에서 결코 답할 수 없는 질문은 상대에게 침묵만을 강요하게 된다. 사장이 직원의 관점에서만 묻지 못할 때, 회사가 고객의 관점에서 묻지 못할 때, 교사가 학생의 관점에서 묻지 못할 때, 부부가 각자 자신의 관점으로만 물을 때, 부모가 자식의 관점에서 묻지 못할 때, 우리는 상대의 질문에 답하지 못하는 곤혹스런 상황에 빠진다.

만약 상대방의 이야기를 듣고자 하며, 상대방이 대화에 참여하길 바란다면, 상대방의 입장에서 물을 수 있어야 한다. 상대방의 관점을 이해하고 수용하지 못하는 사람은 상대방의 관점을 변화시킬 수 없다. 각자의 관점에서는 각자의 생각이 당연하다. 당연한 것들에 질문하기는 어렵다.

당연하게 생각했던 것들에 의문을 제기하고, 남다른 질문을 하기 위해서는 관점이 달라져야 한다.

미국의 기업인이자 작가인 짐 론은 문제를 해결하기 위해서는 스스로 다음 세 가지 질문을 하라고 권했다.

첫째, 나는 무엇을 할 수 있는가?

가능성의 관점에서 묻는 질문이다. 가능성의 관점에서 물을 때, 해결의 실마리가 보인다. 주체의 관점에서 물어야 구경꾼에서 벗어날 수 있다.

둘째, 무엇을 읽을 수 있는가?

책을 읽는 것은 새로운 관점을 익히는 훌륭한 수단이다. 책 한 권을 읽

은 후 변화된 관점 하나 얻지 못했다면, 자신에게 좋은 책이 아니다. 기존의 관점에서 문제를 해결할 수 없을 때는 실천의 문제가 아니라 관점의 문제일 가능성이 크다. 어떤 책이 나의 관점을 변화시켰는가?

셋째, 누구에게 물을 수 있을까?

만남은 우리의 관점을 변화시키는 계기다. 고착화된 관점에서 벗어나고 싶다면 다른 만남을 가지고, 그가 바라보는 관점으로 나의 문제를 다시 들여다볼 필요가 있다.

문제를 해결하려면 올바른 질문을 찾아야 하며, 올바른 질문은 새로운 관점에서 탄생한다. 관점이 달라져야 질문이 달라진다. 코페르니쿠스는 '종교의 관점-지구 중심의 관점'을 버리고, '진리의 관점-태양 중심의 관점'에서 묻기 시작했다. 우리는 어떤 관점에서 물어야 할까?

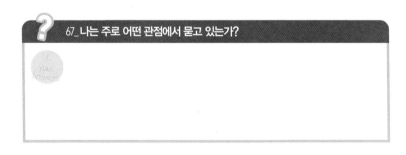

67_ 나는 주로 어떤 관점에서 묻고 있는가?

21 관점 디자인 (2)
: 고착화된 관점에서 벗어나기

나의 학습을 방해하는 유일한 훼방꾼은 나의 교육이다.

_아인슈타인

💬 기존의 관점에 머무를 것인가 vs 새로운 관점을 선택할 것인가

다르게 질문하는 것이 어려운 것은 관점이 고착되어 있기 때문이다. 랄프 왈도 에머슨의 말처럼 '사람들은 볼 준비가 되어 있는 것만을 본다.' 질문을 디자인하기 위한 새로운 관점을 모색하기 전에 우리가 쉽게 빠지는 고착화된 관점들을 살펴보자.

심판자의 관점 vs 학습자의 관점

> 나는 세상을 강자와 약자, 성공과 실패로 나누지 않는다.
> 나는 세상을 배우는 자와 배우지 않는 자로 나눈다.
>
> _벤저민 바버

우리는 종종 '이미 답을 알고 있다'는 입장에서 질문한다. 내가 답을 알고 있고, 상대가 올바른 답을 알고 있는지 확인하기 위해 질문한다. 심판자의 역할에 서서 질문을 하는 것이다. 심판자의 관점에서 질문을 하는 사람은 상대방으로부터 배울 수 있는 기회를 갖지 못한다. 자신이 아직 모르고, 상대방의 의견이 궁금하며, 상대방의 의견을 존중하고 구하는 마음, 즉 학습자의 역할에서 묻지 못한다면 새로운 발견의 기회를 상실하게 된다.

심판자의 질문	학습자의 질문
• 뭐가 잘못됐지? • 누구 탓이지? • 내가 옳다는 것을 어떻게 입증할 수 있을까? • 내가 질 수도 있겠지? • 그들은 왜 그렇게 어리석고 실망스러울까? • 왜 날 괴롭히지?	• 사실은 뭘까? • 내가 책임질 일은 뭘까? • 큰 그림은 뭘까? • 어떤 선택이 가능하지? • 내가 배울 점은 무엇일까? • 그들이 생각하고, 느끼고, 필요로하고,원하는 것은 뭐지? • 어떤 도움을 청하고 있는 것일까?

학습자는 자신의 한계를 인정한다. 우리의 관점은 모두 한계를 가지고 있다. 새로운 관점에서 질문하고자 한다면, 기존에 가진 관점의 한계를 받아들일 수 있어야 한다.

《삶을 변화시키는 질문의 기술》의 저자인 마릴리 애덤스는 상처를 주고 비판적이고 승패를 다루는 심판자의 질문과 원-윈 관계를 원하며 모름을 높이 평가하며 창조의 길을 모색하는 학습자의 질문 중에서 어떤 관점을 취할지 우리가 선택할 수 있다고 주장한다.

심판하는 사람은 이미 자신이 답을 알고 있다고 가정한다. 자신은 옳고 상대는 틀렸다. 자신은 알고 상대방은 알지 못한다. 질문을 하더라도 상대가 올바른 답을 알고 있는지 확인하기 위해서거나, 상대방의 책임을 밝히기 위해서 질문한다. 이미 알고 있다고 가정하는 순간, 질문은 탐구의 도구가 아니라 심문의 도구로 변질된다. 자신의 한계를 인정할 수 있고, 그 한계 밖에 존재하는 것을 탐구하는 학습자의 관점이 더 좋은 질문을 낳는다.

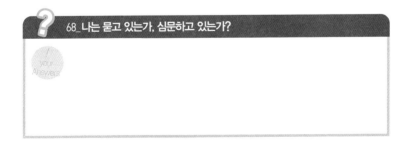

68_ 나는 묻고 있는가, 심문하고 있는가?

희생자Victim의 관점 vs 변화창조자ChangeMaker의 관점

대부분의 관점은 한 번의 결심으로 쉽게 바뀌지 않는다. 반복적인 경험에 의해 우리는 특정한 관점을 습득하고, 그 관점에 따라 세상을 바라보고 대응한다. 규칙적인 운동을 통해 근육을 늘리듯이, 관점의 변화는 의도적이고 반복적인 훈련이 필요하다. 어린 시절부터 힘없고, 약자로 살아왔다면 어른이 되어서도 자신의 힘을 자각하지 못한다. 힘든 일, 의도하지 않은 일에 당면하게 되면 스스로를 약자와 희생자의 입장에 두고 사고한다. 변화를 만들어내는 것은 힘 있는 다른 사람의 몫이라 여기고, 변화를 만들어낼 책임을 남들에게 미루기 쉽다.

물론 구멍에 빠진 것은 나의 책임이 아니다. 설사 나에게 책임이 있다고 하더라도 희생자의 관점으로는 상황을 변화시킬 수 없다. 문제가 발생한 원인을 규명하든, 새로운 대안을 만들든, 더 이상 같은 구멍에 빠지지 않게 해야 한다. 우리는 변화를 만들어가는 역할을 선택할 수 있다. 왜 도망치는가? 계속 도망만 다닐 것인가?

희생자의 관점에서는 자신의 입장을 변호하기 위한 답을 고민하기에 바빠 새로운 질문을 만들어낼 여유를 갖지 못한다. 의도하지 않았던 상황을 겪고, 심정적으로 크게 위축된 이후에 감정을 잘 추스리는 작업은 매우 중요하다. 그러나 그 구멍 속에 자신을 계속 묶어두지 않고, 변화를 만들어내기 위한 질문을 시작해야 한다. 내가 아니라면 누구이고, 지금이 아니면 언제이며, 여기서 시작하지 않으면 어디서 시작할 것인가?

희생자의 질문	변화 창조자의 질문
<ul><li>왜 하필 내게만 이 일이 생겼을까?</li><li>내가 할 수 있는게 뭐가 있겠어?</li><li>뭘 하든 변화될 리 없잖아?</li><li>왜 아무도 내 입장은 몰라주지?</li></ul>	<ul><li>이 문제가 내게만 문제일까? 또 누가 이 문제로 고통받고 있을까?</li><li>시도해볼 수 있는 건 뭐가 있을까?</li><li>어떻게 해야 변화가 가능하지?</li><li>혼자 할 수 없다면 누구와 함께 해야 할까?</li></ul>

희생자들은 '과거-현재의 시점'에서 묻는 경향이 있고, 변화창조자들은 '미래-현재'의 시점에서 묻는 경향이 있다. 과거에 발생한 예측하지 못한 고통스런 일들과 현재의 무기력함에 질문이 머무르고 막힌다. 변화 창조자들은 바람직한 미래를 꿈꾸고, 지금-이곳이라는 현실에서 무엇을 할 수 있을지 그 가능성을 묻는다. 변화 창조자들은 부족한 것에 초점을 두고, 이미 가지고 있는 내부와 외부의 자원들을 살핀다.

자신도 모르게 희생자의 질문을 하고 있다면, 변화를 만들어가는 질문들을 마주해보자. 희생자의 관점에 머무를 것인가, 변화 창조자의 관점으로 나아갈 것인가? 혼자의 힘으로 변화를 만들어낼 수 없다면 누구를 만나야 할지, 누구와 함께할지를 모색하는 질문부터 시작해보자.

 69_ 희생자의 관점에 머무를 것인가, 창조자의 관점으로 나아갈 것인가?

삶이란 단지 경험하고 행동하기 위해 있는 것이다. 생각은 다르게 경험하고, 다르게 행동할 수 있게 하는 촉진제일 뿐이다.

_ 키에르케고르

틀 안 InSide 의 관점 vs 틀 밖 OutSide 의 관점

어떤 프레임이 활성화되면 그 프레임은 특정한 방향으로 세상을 보도록 우리의 마음을 준비시킨다.

_ 최인철,《프레임》

우리는 우리도 모르게 고착화된 틀 안에서 갇히기 쉽다. 해당 분야의 경험이 많을수록, 더 많은 시간을 특정 역할을 수행하며 보냈을 경우, 특히 전문가일수록 특정한 틀, 프레임 안에 갇히기 쉽다. 경험의 부족도 틀 안에 머무르게 한다. 한국을 한 번도 벗어나 본 적이 없다면, 한국적 특수성이라는 틀에 갇혀 세계적인 관점에서 문제를 바라보기 힘들다.

30년 이상 회사에서 특정 부서에서 내근 생활만 했다면 부서의 입장이나 회사의 입장을 떠나 사고하기 힘들다. 특정한 서비스나 상품을 구매하고 소비하는 입장에서는 해당 제품을 만드는 과정에 들어간 노력이나 비용 등은 중요하지 않다.

제품을 사용하는 고객의 입장에서는 자신의 문제를 해결하고, 심리적인 만족감을 제공하는지에 따라 가치를 느낀다. 그러나 회사의 입장에서는 고객이 느끼는 가치보다는, 원가나 순익 관점으로 제품의 가격을 매기기 쉽다. 같은 제품을 놓고도 '싸다·비싸다'는 판단은 자신이 어디에 속해 있는지에 따라 쉽게 달라진다.

교사는 가르치는 일을 평생 업으로 수행한다. 이미 정해진 교과 내용을 짧은 수업시간 동안 계획에 따라 진도를 나가야 한다. 수년간 이 일이 반복된다. 이 역할에 갇히다 보면 학생들의 입장에서 수업을 바라보기 힘들어진다. 가르침과 평가라는 관점에서 수업을 진행하고, 어느덧 학교 중심, 교과 중심, 가르침 중심의 틀에 갇혀 수업을 진행하게 된다.

소속이라는 틀이나 특정 역할이라는 틀에 오래 갇혀 있게 되면, 틀 안에 갇혀 사고하고 있다는 사실조차 인식하기 어렵다. 이러한 익숙한 관점, 기존의 틀에서 벗어나려면 일단 다른 관점도 있을 수 있다는 가능성을 깨달아야 한다.

종이 한가운데 고민하고자 하는 핵심단어(씨앗단어)를 기록해보자. 그리고 종이를 크게 두 부분으로 나누는 선을 그어보자. 왼쪽에는 자신에게 익숙한 관점을 오른쪽에는 낯설지만 중요하다고 생각하는 또 다른 관점들을 기록해보자.

예를 들어 당신이 교사이고, 수업 혁신을 중심으로 질문을 만들어보고 싶다면, 다음과 같이 왼쪽에 익숙한 관점을, 오른쪽에는 또 다른 관점들을 기록해볼 수 있다. 익숙한 관점들의 목록을 적어보는 것, 또 다른 관점의 가능성을 모색해보는 것만으로도 기존에 익숙한 틀에서 벗어나 새롭게 사고하는 데 큰 힘이 된다.

익숙한 관점에서 벗어나는 방법은 고민하고자 하는 바와 관련된 또 다른 입장의 사람들을 생각해보는 것이다. 이해관계자들을 살펴보면 새로운 관점을 얻을 수 있다.

익숙한 관점 vs 또 다른 관점

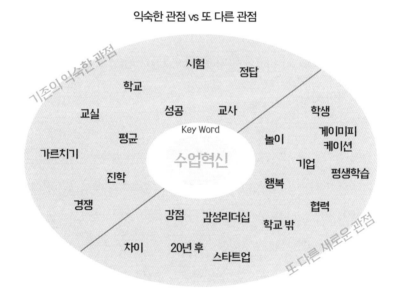

만약 내가 교사라면 학생, 학부모, 교육부, 행정직원, 교장, 다른 교사들을 적어볼 수도 있다. 입장이 다르고 역할이 다르면 다른 관점에서 생각하기 마련이다. 누구의 관점에서 주제를 고민하는 것이 좋은가? 나의 관점에서만 문제를 바라보면 해결될 수 있겠는가? 아니면 다른 관점을 가진 사람들과 함께 고민해야 할까? 익숙하지 않더라도 필요한 새로운 관점은 무엇인가?

우리가 빠져나와야 할 가장 중요한 관점은 '자기 중심'이다. 자신의 의견이나 선호, 신념, 행동이 실제보다 더 보편적이라는 착각, 자기 중심성을 넘어서지 못하면 관점의 변화는 생겨나지 않는다.

작가는 독자의 관점에서 고민할 수 있을 때 좋은 글을 쓸 수 있으며, 회사는 고객의 관점에서 제품과 서비스를 개발할 수 있어야 시장에서 성공할 수 있다. 디자이너의 관점, 마케터의 관점, 세일즈맨의 관점, 엔지니어의 관점이 결합될 때 제품은 혁신된다. 교사는 학생의 관점에서 수업을 준비할 때 학생의 변화와 성장을 이끌어낼 수 있다. 부모들이 자녀의 관점에서 양육할 수 있어야 친밀함과 훈육 두 가지 과제 모두를 성공적으로 수행할 수 있다.

나에게 익숙한 상자에서 빠져나와 새롭게 받아들여야 하는 관점은 무엇인가? 누구의 눈으로 다시 바라봐야 할까? 익숙한 상자 밖에서 사고하기 위해 필요한 것은 무엇일까?

관련된 이해관계자 목록 만들기

이 주제와 관련된
사람과 집단을
누구인가?

Me+We

일단 가까운 곳에서 시작해보자. 나를 나답게 만들어 주는 짝이 있다. 교사에게는 학생이, 사장에게는 직원이, 회사에게는 고객이, 판매자에게는 구매자/사용자가, 부모에게는 자식이, 어른에게는 아이가 있다. 자신에게 소중한 사람들의 관점은 무엇일까?

기존의 관점에서 벗어나지 못하면 새로운 관점을 취할 수 없다. 특정한 관점에 사로잡힌 것은 나의 탓이 아니다. 그러나 새로운 관점을 선택할 것인지는 오로지 나 자신의 선택에 기반한다.

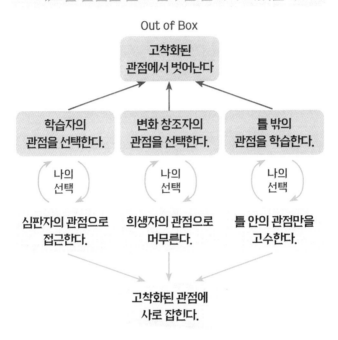

새로운 관점을 묻고 탐구할 준비가 되었는가

Out of Box

고착화된
관점에서 벗어난다

학습자의
관점을 선택한다.

변화 창조자의
관점을 선택한다.

틀 밖의
관점을 학습한다.

나의
선택

나의
선택

나의
선택

심판자의 관점으로
접근한다.

희생자의 관점으로
머무른다.

틀 안의 관점만을
고수한다.

고착화된 관점에
사로 잡힌다.

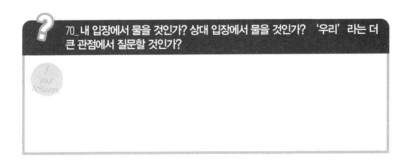

70_ 내 입장에서 물을 것인가? 상대 입장에서 물을 것인가? '우리' 라는 더
큰 관점에서 질문할 것인가?

Your
Answers

22 관점디자인 (3)
: 만약 관점을 변화시킬 도구와 방법이 있다면

그들은 해답을 보지 못하는 게 아니라 문제를 보지 못한다.

_ 길버트 키스 체스터턴

💬 고양이 목에 방울을 누가 달아야 할까

한 마리의 고양이에게 수많은 생쥐가 잡아먹히는 가운데 생쥐마을 원로들이 모여 대책회의를 했다. 집 주인이 새롭게 들여온 애완동물인 이 고양이가 동료들을 끊임없이 잡아먹는 것이 문제였다. 이대로 가다가는 새로운 생쥐들이 태어나기도 전에 모든 생쥐가 고양이에게 잡아 먹히고 말 것이다.

첫 번째 생쥐마을 회의에서 고양이 목에 방울을 달자는 아이디어가 나왔고 모두 찬성하였다. 하지만 결국 실패로 끝났다. '고양이 목에 방울은 누가 다느냐?'는 질문에 어떤 생쥐도 답하지 못했기 때문이다.

첫 회의가 실패로 끝났지만 '고양이로부터 살아남기' 프로젝트는 그만 둘 수 없었다. 고양이 문제를 해결하지 않고서는 생쥐마을의 지속 가능한 생존이 보장될 수 없기 때문이다.

다른 집으로 떠나기에는 현재 머무는 집의 창고에 쌓여 있는 곡식들이 너무도 매력적이다. 절체절명의 중차대한 과제를 해결하기 위해 생쥐들은 다시 한 번 모여 회의를 하기로 했다. 이번 회의에서는 실제 적용할 수 있는 실용적인 해법을 도출해, 문제를 완전하게 해결해야 한다.

말하는 수백 명보다 생각하는 한 사람이 낫다. 그러나 생각하는 수
천 명보다 볼 수 있는 한 명이 낫다.

_존 러스킨

💬 만약 내가 생쥐마을 대책회의에 초대되었다면

만약 내가 이 생쥐들의 회의에 회의진행자Facilitator로 초대되었다면 아이디어를 도출하는 회의를 본격적으로 시작하기 전에, 생쥐들에게 새로운 관점에서 접근하도록 안내해야 한다.

나의 역할은 해법을 제공하는 것이 아니라 생쥐들이 스스로 문제를 해결할 수 있도록 촉진하는 것이다.

회의가 시작되면 어디서부터 다시 논의해야 할까?

일단 고착화된 관점에서부터 벗어나자. 심판자의 관점, 희생자의 관점, 틀 안의 관점으로는 새로운 해법을 발견할 수 없다.

심판자의 관점이 아니라 학습자의 관점에서 성찰하기

심판자의 관점으로 기존 아이디어 '고양이 목에 방울달기'의 어리석음에 대해 평가하거나, 아이디어를 낸 생쥐에게 면박을 주는 것은 바람직하지 않다. 고양이에게 방울을 달 '용자'가 없음을 안타까워하고 서로를 비난한다고 문제가 해결되지 않는다. 모든 생쥐의 생명은 소중하니, 누구에게 희생을 강요할 수도 없다. 앞서 언급한 심판자의 관점이 아니라 학습자의 관점에서 회의가 진행되어야 한다.

기존 아이디어가 효과적이지 못했던 이유는 뭘까? 먼저 생쥐들의 관점을 살펴보자. 생쥐들이 이 사태를 바라보는 관점, 사태를 해결하기 위한 관점은 무엇인가? 생쥐들은 자신의 관점에서 살아남을 수 있는 확률을 높이기 위한 방법을 모색했다. 고양이를 두려워해 스스로를 고양이에 비해 약자의 위치에 두었다. 도망자의 관점에서 다가오는 고양이의 위험을 재빠르게 알아차리고, 기민하게 대응할 수 있는 적절한 해법을 모색하는 데에만 초점을 맞추었다.

"만약 살금살금 다가오는 고양이의 소리를 조금이라도 빨리, 그리고 크게 들을 수 있다면 생존할 수 있는 확률을 높일 수 있지 않을까"라는 'What-if(만약~ 무엇을)' 질문으로 해법을 모색해보았다. 생쥐들 중 한 마리는 고양이가 다가오는 소리를 증폭하는 장치로 방울을 생각해냈다. 다만 실행의 관점을 충분히 고려하지 못했다. 새로운 아이디어가 또 다른 문제를 품고 있음을 뒤늦게 알아차린 것뿐이다.

희생자의 관점이 아니라 변화창조자의 관점에서 다시 도전하기

'불가능하니까 꿈도 꾸지 말라'는 법칙(관점)은 언제 어디서나 깨기에 딱 좋은 법칙이다. 불가능한 문제들이 실제로 해결되는 경우가 많기 때문이다.

_스코트 소프, 《아인슈타인처럼 생각하기》

언제까지 같은 구멍에 빠질 수는 없다. 희생자의 관점에서 벗어나 적극적으로 변화 창조자의 관점에서 다시 도전해야 한다. "나는 실망하지 않는다. 잘못된 시도로 실패한 것은 성공으로 한 걸음 더 나아가는 밑거름이 된다." 전구를 발명한 에디슨의 말처럼, 변화 창조자는 다시 한 걸음 나아가야 한다. "상황을 극적으로 개선시키려면 다르게 시도해볼 수 있는 방법에는 뭐가 있을까?" 그만두지 않는 이상 실패한 것은 아니다. 다만 유용하지 않는 방법 하나를 학습한 것뿐이다. 학습자의 관점에서 다시 시작하여 변화를 창조하는 관점으로 새롭게 문제를 풀어야 한다.

틀 안의 관점에서 벗어나 틀 밖의 관점을 모색해보기

먼저 해야 할 것은 아인슈타인의 조언을 받아들이는 것이다. "오늘의 문제에 대한 해답은 그 문제들이 야기한 사고방식으로는 찾을 수 없다."

기존의 틀로는 문제를 풀어갈 수 없다. 생존이라는 관점, 도망자의 관점, 생쥐의 관점에서만 질문해서는 새로운 해법이 도출될 수 없다. 그렇다면 어떤 관점에서 이 문제를 다시 바라봐야 할까? 다른 관점에서 문제를 바라볼 수 있는 학습의 기회를 먼저 가져야 한다. 다른 관점으로 문제를 바라보아야, 올바른 해법이 탄생하는 것이다.

💬 만약 관점을 변화시킬 도구와 방법이 있다면

수많은 원인이 있을 수 있는데, 단순히 지금 현상에 반대로 대답하는 것은 현상 뒤에 숨어 있는 본질에 뚜껑을 덮는 일에 지나지 않는다. 그런 생각 습관에 길들여진 사람이 올바른 대답을 찾아내는 건 불가능하다.

_ 히라이 다카시,《1등의 통찰》

관점은 '사물이나 사건을 관찰하거나 고찰할 때, 그것을 보거나 생각하는 중심 지점'이다. 관점이 달라져야 질문이 달라질 수 있다. 기존의 관점에서는 "누가 고양이 목에 방울을 달지?"라는 질문에서 멈춰설 수밖에 없다. 다르게 질문하기 위해서는 먼저 관점을 변화시켜야 한다.

- 관점이 달라지면 '다름'이 보인다.
- 관점이 달라지면 '관계'가 보인다.
- 관점이 달라지면 '가능성'이 보인다.
- 관점이 달라지면 '공략 지점'이 보인다.

다름을 보고, 관계를 보고, 가능성을 보고, 공략할 곳을 찾을 수 있는 도구와 방법이 필요하다. '다름-관계-가능성-공략 지점'이 보이지 않는 것은 아직 효과적인 관점을 찾지 못했다는 뜻이다. 효과적인 관점을 디자인하기 위한 네 가지 도구와 방법이 있다. 그것은 '선, 끈, 틈, 줄'이라는 간단한 단어다.

- '선'을 그으면 '다름'이 보인다.
- '끈'을 이으면 '관계'가 보인다.
- '틈'을 찾으면 '가능성'이 보인다.
- '줄'을 세우면 '공략 지점'이 보인다.

앞으로 이 네 가지의 관점 디자인 도구와 방법론을 하나씩 살펴보기로 하자.

그냥 내버려두면 인식은 우리의 주의를
끄는 것, 혹은 우리의 감정에
맞는 것에만 고정되고 만다.

- 에드워드 보노,《생각의 공식》

23 관점 디자인 (4)
: 선을 그어야 다른 관점이 보인다

"잘못 나누면 죽는다?"

인터넷에 떠도는 '못 말리는 초등학생의 답안'에 나누기와 관련된 질문이 나온다. '곤충을 세 부분으로 나누면 (혹은 개미를 셋으로 나누라는 경우도 있다)?' 시험지에는 답안을 기록하는 세 개의 괄호가 제시되어 있다.

(   ), (   ), (   )

어떻게 나눠볼 수 있을까? 선생님이 기대했던 '머리, 가슴, 배'라는 정답이 아니라, '죽,는,다'라고 적은 학생들이 있었다고 한다. 창의적이면서 엉뚱하다. 사실 개미를 셋으로 나누는 정답이 따로 있겠는가? 잘못 나누면 죽을 수도 있고, 잘 나누면 새로운 관점이 드러날 수도 있다.

4부 How_ 어떻게 다르게 질문하는 능력을 키울 것인가   283

💬 선을 그어 하나를 나누면 무엇이 되는가

창의성은 발명이 아니라 발견이다.

_박웅현, 《여덟 단어》

어떤 상황을 다르게 보려면, 선을 먼저 그어 보아야 한다. 선은 경계를 나누는 도구다. 하나의 면 위에 선을 그으면 두 개의 면이 생겨난다. 선 하나가 그어지면 하나가 둘로 나뉜다. 나누다 보면 생각할 재료가 풍성해진다.

고양이 목에 방울을 달려고 했던 생쥐들의 회의를 다시 떠올려보자. 생쥐마을에서 진행되고 있는 '고양이로부터 살아남기'라는 프로젝트 주제에 선 하나를 긋는다면, 어떻게 나눠볼 수 있을까? '고양이-쥐'로 나눌 수도 있고, '생존-죽음'으로 나눌 수도 있으며, '위기-대처'로도 나눠볼 수도 있다. 중요한 것은 선을 긋고 나눈 후 하나씩 따로따로 생각해보는 것이다.

선은 다름을 드러낸다
: 나의 입장과 상대방의 입장 사이에 선 하나 긋기

일단 선을 긋고 나라고 인식하는 '쥐'의 입장과 '고양이'의 입장을 나눠보자. 쥐들은 무엇을 보고 느끼고 있을까? 쥐의 입장에서 보이는 것들을 생각나는 대로 끄적여보자. 어느 정도 정리되면 선을 넘어 고양이의 입장에서 생각해보자. 고양이가 생쥐를 바라보며 본 것, 느낀 것, 생각한 것, 행동한 것들을 기록해보자.

고양이의 관점	생쥐들의 관점
• 배가 고플 때 쥐가 지나간다. • 생쥐는 맛있다. • 생쥐를 잡으면 주인이 좋아한다. • 생쥐는 창고에서 자주 볼 수 있다. • 생쥐를 사냥할 때 잠든 야성이 깨어난다. • 생쥐가 재빠르지만 기척을 숨기고 기다리면 사로잡을 기회가 온다.	• 창고에는 식량이 가득하다. • 먹이를 찾다 보면 고양이에게 들키곤 한다. • 그동안 잡아먹힌 동료가 너무 많다. • 고양이가 무섭다. • 살아남고 싶다. • 그러나 이 집에서 떠나고 싶지 않다. • 고양이를 마주치고 싶지 않다.
Q. 생쥐는 어디에 숨어 있을까?	Q. 어떻게 고양이를 피해 살아남을 수 있을까?

입장이 달라지면, 다른 질문을 하게 된다. 고양이의 입장에서는 생쥐를 찾는 질문을 하고, 생쥐들의 입장에서는 고양이를 피하기 위한 질문을 하기 마련이다. 만약 선을 다르게 긋고, 다른 관점에서 물을 수 있다면 질문 또한 달라질 수 있다.

💬 자기 중심 프레임에서 벗어나기

자기 중심 프레임이야말로 가장 깨기 어렵다. 상대방의 관점에서 생각해보는 것은 자연스럽지 않고 쉽지도 않다. 선 하나를 그어 나와 다른 상대의 관점이 있을 수 있음을 인정하는 것, 선을 그어 상대에게 면을 제공하는 것은 다른 관점을 존중하는 방법이 될 수 있다. 다름을 존중해야 새로운 관점을 취할 수 있는 여지가 생긴다. 나와 너를 나누어보아야 다름이 드러나 서로 존중할 수 있다. 그리고 나와 너를 연결해보아야 우리가 될 가능성이 생긴다.

발달심리학에 따르면 5~7세 무렵이 되어야 자기 중심이 아닌 다른 사람의 역할을 받아들일 수 있다고 한다. 이를 보여주는 유명한 실험

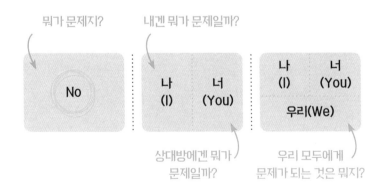

Elavell(1981)이 있다. 한쪽은 녹색, 다른 쪽은 붉은색으로 칠해진 공을 아이에게 가져다 양쪽 면을 다 보여준 후 녹색 부분을 아이 쪽으로 향하게 하고 "무슨 색깔을 보고 있니?"라고 묻는다. 그러면 아이들은 "녹색"이라고 대답한다. 또 "내가 무슨 색깔을 보고 있을까?"라고 물었을 때 5세 미만의 아이들 대부분이 "녹색"이라고 대답했다. 아이들은 질문하는 사람의 입장이 되지 못하고, 자신의 역할에서 벗어나 생각하는 것이 힘들기 때문이다. 물론 성인이라고 모든 상황에서 자기 중심성을 쉽게 벗어날 수 있는 것은 아니다.

하워드 가드너의 말을 인용하자면 "인간 발달의 전체 과정은 자아 중심주의의 지속적인 쇠퇴로 간주될 수 있다." 자아 중심주의를 벗어나려면, 일단 자신과 타인의 경계에 선을 긋는 것에서 출발해볼 수 있다. 그리고 선을 넘어가 상대의 관점에서 느끼고, 생각해보자. 공감, 즉 타인의 관점을 취하는 능력Perspective-taking skills은 다르게 질문할 수 있게 하는 핵심적인 조건이다.

공감지도Empathy Map : 상대방의 관점에서 바라보기

모든 사람은 자신의 시야의 한계를 세상의 한계라고 잘못 생각한다.

_쇼펜하우어

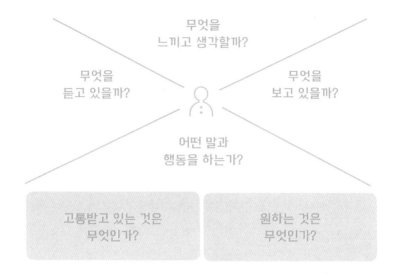

상대방의 입장에서 바라볼 수 있는 것은 새로운 기회를 발견하게 해준다. 상대방의 입장에 서서 보고, 상대방이 듣는 것에 귀 기울여보고, 상대방이 하는 말과 행동에 주의를 기울이고, 상대방의 생각과 느낌은 무엇일지 고민해보면, 상대방이 진정으로 원하는 것이나 피하고 싶어 하는 고충과 장애물까지도 인식할 수 있다. 상대방의 입장이 무엇인지 알 수 있을 때, 내가 대응할 수 있는 방법도 달라지게 된다.

한 번 더 선 긋기

: 선을 그을 때마다 다른 관점들이 드러난다

뭉뚱그려 보았던 것을 선을 그어 나누어보면 다른 관점이 드러난다.

선은 상황을 나누어보게 하고, 각 입장의 다름을 드러내게 하는 효과적인 도구다. 문제의 본질이나 해법이 잘 보이지 않을 때 선 하나 긋는 것에서 시작해보자. 하나를 그어 잘 보이지 않는다면, 다시 한 번 선을 그어 또 다른 관점을 드러낼 수 있다. 선을 그을 때마다, 새로운 관점이 드러난다.

PMIPlus, Minus, Interesting로 생각해보라

너무 뭉뚱그려 생각하면, 추상적인 생각에 머물게 된다. 구체적인 근거도 없이 생각하기 쉽다. 문제의 본질이 잘 보이지 않을 때는 나누어야 한다. 수평적 사고라는 개념을 창시했던 창의적 사고법 분야의 세계적인 권위자인 에드워드 드 보노는 둘보다는 셋으로 나누는 것을 좋아한다.

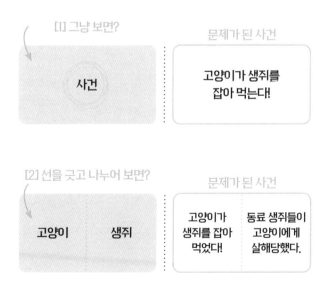

[1] 그냥 보면?

사건

문제가 된 사건

고양이가 생쥐를 잡아 먹는다!

[2] 선을 긋고 나누어 보면?

고양이　　생쥐

문제가 된 사건

고양이가 생쥐를 잡아 먹었다!

동료 생쥐들이 고양이에게 살해당했다.

문제가 된 사건

고양이	생쥐
집주인	곡식창고

고양이가 생쥐를 잡아 먹었다!	동료 생쥐들이 고양이에게 살해당했다.
창고에 숨어 있던 생쥐들을 우리집 고양이가 잡아없앴었다.	고양이가 생쥐를 잡아주어 곡식이 약탈되는 일이 줄었다.

그는 나누어 생각하는 것이 균형잡힌 시각을 갖도록 하는 데 도움을 준다고 말한다. 선을 긋고 다른 관점을 인식하기 전까지는 이미 형성되어 있는 의견을 지지하거나, 기존의 견해를 강화하는 데 생각을 집중하기 쉽다(에드워드 보노, 《생각의 공식 : 창의성을 학습하는 11가지 생각의 도구》).

보노는 어떤 의견이 생기면 그 의견을 셋으로 나누어 생각하는 PMI 기법을 제안하였다. 대상의 장점Plus, 단점Minus, 홍미로운 점Interesting을 따로 정리해 생각해보는 훈련이다. 찬성-반대 목록만 적는 것에 비해 홍미로운 점을 하나 더 생각하는 것으로 생각이 확장될 수 있다는 것이 그의 주장이다.

'고양이 목에 방울을 달기'에 대해 선을 세 개로 그은 후 PMI 사고법을 적용해서 고양이 목에 방울달기를 찬성하는 입장과 반대하는 입장으로 나눠보자. 그리고 더불어 고양이 목에 방울 달기라는 아이디어가 홍미로운 이유까지 한 번 더 생각해보자.

Plus(장점)

- 방울 소리를 들으면 고양이가 다가 오기 전에 도망칠 가능성이 커진다.
- 고양이는 자기 방울 소리를 듣느라 우리(생쥐)들의 기척을 놓칠 가능성 이 커진다.

Minus(단점)

- 고양이 목에 방울을 다는 과정에서 잡아먹힐 위험성이 너무 크다.
- 고양이가 소리가 아닌 시각과 후각 으로 우리들을 발견하는 것이라면?
- 방울도 없고, 구하기 힘들다.

Interesting(흥미로운 점)

- 고양이가 다가오기 전에 알아차릴 수 있다면 생존확률을 높일 수 있다.
- 우리의 움직임을 고양이가 인지할 수 없게 방해한다면 생존율을 높일 수 있다.

고양이 목에 방울을 달면, 고양이가 다가오기 전에 소리를 들을 수 있 다. 또 고양이가 자기 방울 소리를 듣느라, 쥐들의 소리를 놓칠 가능성도 높아진다. 먼저 상대를 인식할 수 있다면 좀 더 빠르게 대처해 생존율을 높일 수 있다.

반대로 부정적인 면을 생각해보면, 역시 고양이 목에 방울달기가 쉬울 리 없다. 방울을 달려고 시도하기 전에 잡아먹힐 수도 있다. 방울 소리 때 문에 쥐들의 기척을 놓친다는 것도 검증되지 않은 가설이다. 고양이가 소 리가 아닌 시각과 후각을 통해 생쥐들을 발견하는 것이라면 방울의 효과 는 반감될 수 있다. 무엇보다 방울은 어디 있는가? 생쥐들이 방울을 가지 고 있을 리 없지 않은가.

하지만 흥미라는 관점에서 한 번 더 생각해보자. 이런 논의를 통해 알게 된 흥미로운 사실은 고양이가 다가오기 전에 생쥐들이 이 사실을 알아차릴 수 있다면 생존확률을 높일 수 있다는 것이다. 빠른 대응이 생존율을 높인다는 것이다. 또한 생쥐들의 움직임을 고양이에게 노출시키지 않을 수 있다면 생존율을 높일 수 있다는 것을 알아냈다. 고양이가 생쥐들을 쉽게 발견하지 못하도록 방해물을 만드는 것도 차후에 중요한 전략 포인트가 될 수 있다. 세 번째 관점에서 생각하는 사람은 새로운 질문을 해볼 수 있다.

- 어떻게 하면 고양이가 다가오기 전에 우리(생쥐)가 알 수 있을까?
- 어떻게 하면 고양이가 우리를 발견하기 어렵게 방해할 수 있을까?
- 고양이의 위치와 움직임을 사전에 감지하고 공유하기 위해, 우리가 할 수 있는 것은 무엇이 있을까?

다시 한번 강조하지만, 관점이 달라져야 다른 질문을 할 수 있다. 찬성/반대라는 이분법의 관점에서 벗어나 제 3의 관점을 찾아보자.

세 번째 관점을 발견하려면, 기존의 관점들에 선 하나를 더 그어볼 필요가 있다. 선을 잘 그으면, 생각할 재료가 풍성해진다.

생쥐도 나눌 수 있을까? 사건이나 사물만 나눌 수 있는 것이 아니라, 모든 존재도 나눌 수 있다. 과거의 생쥐, 현재의 생쥐, 미래의 생쥐처럼 시간이라는 관점으로 나눠보자. 과거의 생쥐는 두려워하고, 현재의 생쥐는 고뇌하며, 미래의 생쥐는 죽는다.

이제 고양이를 나눠본다면? 집주인에게 사랑받는 고양이와 생쥐들에게 공포를 선물하는 고양이, 그리고 야생의 삶을 그리워하는 고양이로 나누어본다면 어떨까? 집주인의 사랑을 빼앗아버리고, 생쥐에게 공포를 느끼는 고양이가 되게 하고, 집을 떠나 다시 야생으로 돌아가게 하려면 무엇을 해야 할까? 나누어보는 것이 관점 훈련의 첫 번째 과제다. 선을 그어보는 사람과 선을 긋지 않는 사람은 각각 어떤 질문을 품게 될까?

[4] 또 다른 선을 그어 나누어본다면?

고양이 집주인 생쥐
사냥 창고
심심함 배고픔
? 식량

다르게 선 긋기

: 기존의 선과 다르게 나눠야 새로운 관점이 드러난다

사고의 전문가들은 다르게 보기 위해 선을 그으며, 새로운 관점을 발견할 수 있는 수많은 '프레임워크'를 만들어냈다. 프레임워크의 힘은 빈 칸에 있는 것이 아니라, 경계를 나누는 선에 있다. 다른 사람이 제시하는 선을 따라 나누어보는 것이 도움이 될 때도 있지만, 기존과 다르게 선을 그어야 할 때가 있다.

> 프레임워크에 지나치게 의존하면 그런 작업 자체에 성취감을 느끼고, 정보를 정리한 것만으로 깊이 생각했다는 착각에 빠질 수 있다.
>
> _ 히라이 다카시, 《1등의 통찰》

사람에 맞추어 침대를 제작하는 것이 아니라, '침대에 맞추어 사람의 다리를 잘랐다'는 프로크루스테스의 일화를 다시 떠올려보자. 사람을 기준으로 선을 그어야지 침대를 기준으로 선을 그으면 사람이 죽는다. 잘못 그어진 선을 따라 하나의 입장을 취하면 오히려 독이 된다. 주어진 선에 만족하지 말고 새롭게 선을 긋는 연습을 해보자.

- 내가 기업가라면 고객을 어떻게 나눌 수 있을까?
- 문제해결이 필요하다. 문제와 해법을 다르게 나눠본다면?
- 내가 교사라면 수업을 어떻게 나눌 수 있을까?
- 내가 부모라면 자녀의 행복을 어떻게 나눌 수 있을까?
- 나 자신의 삶을 어떻게 나누어볼 수 있을까?

(나누는 기준에 따라 다른 비즈니스 통찰을 얻을 수 있다.)

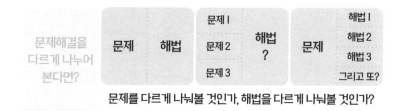

문제를 다르게 나눠볼 것인가, 해법을 다르게 나눠볼 것인가?

먼저 종이 한 장을 준비하고 과감하게 선을 그어보자. 나누어보고 각각의 관점에서 다름을 드러내보자. 경계를 나누어야 경계를 넘어설 수 있다.

How to Ask : 선을 긋기 전에 할 질문 vs 선을 긋고 나서 할 질문

1. 선을 그어 나누기 전에 묻기 – 나누기 위해 질문하기

   • 선을 긋고 묻기 : A를 둘로 나눈다면?

   • 한번 더 묻기 : 그리고 또 뭐가 있지?

   • 기준을 바꿔보기 : 다르게 나눠본다면?

2. 선을 긋고 나눈 후에 다시 묻기 – 나누어 질문하기

   • 다름을 드러내기 : A와 B는 무엇이 다른가?

   • 입장에 따라 묻기 : A 입장에서 핵심 질문은 무엇인가, B 입장에서 핵심질문은 무엇인가?

   • 소거해보고 묻기 : A가 아니라면(없다면), B는 어떻게 될까?

24 관점 디자인 (5)
: 끈을 이어야 관계가 보인다

문제 해결에는 두 가지 방법이 있다. 하나는 근본적인 해결이고, 다른 하나는 임시적인 방편이다.

_ 히라이 다카시, 《1등의 통찰》

💬 끈이 끊어지지 않으면 상황은 반복된다

어떤 용감한 생쥐가 드디어 고양이 목에 방울을 달고 그 대가로 자신의 생명을 바쳤다. 고양이가 집주인과 산책을 나가 평소보다 많이 돌아다닌 후 피곤해 곯아떨어졌을 때를 노려 접근했다. 아쉽게도 고양이 목에 방울을 단 이후에 고양이가 깨어났고, 용감한 생쥐는 죽음을 맞이했다.

그의 희생으로 남은 생쥐들은 이제 고양이가 다가오면 소리를 듣고 도망갈 수 있을 것으로 기대했다. 하지만 그런 기대는 하루가 가지 않아 깨졌다. 집주인이 고양이 목에 달린 방울을 보고, 시끄러워 집중이 안 된다고 바로 떼어버렸던 것이다.

뛰어난 해법도 예상치 못한 난관에서 좌절되기 마련이다. 다시 고양이 목에 방울을 단다고 하더라도 얼마 안 가 집주인이 다시 방울을 제거해버릴 것이 명확해졌다. 임시적인 방편이 아니라 근본적인 해결책이 필요한 시점이다. 고양이를 독살해 죽인다 하더라도, 고양이를 좋아하는 주인은 또 다른 고양이를 구해올 것이 분명하다. 근본적인 해결책을 모색하기 위해서는 다시 무엇을 해야 할까?

치료법이 병보다 더 문제인 경우도 있다

끈을 보지 못하면 상황은 다시 반복된다. 끈에 매달린 추에 힘을 가하면, 얼마 안 가 다시 되돌아온다. 더 큰 힘으로 추에 충격을 가하면 가할수록 추는 더 빨리 돌아올 수밖에 없다. 일시적으로 땀을 흘려 운동을 하거나, 헬스장에 회원등록을 하더라도, 몸이 필요로 하는 것 이상으로 먹는 과식하는 습관을 끊지 못하면 체중은 줄어들지 않는다.

만약 추를 타격하는 것이 아니라, 그 추가 매달린 끈을 잘라낼 수 있다면 어떻게 될까? 만약 고양이와 생쥐 사이의 관계를 변화시킨다면 어떻게 될까? 고양이와 집주인 사이의 관계를 공략한다면 어떻게 될까? 만약 생쥐들과 집주인 사이의 관계를 변화시킨다면 어떻게 될까?

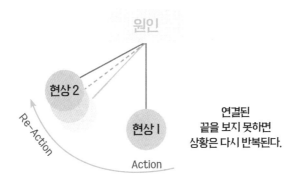

내가 해결하고자 하는 그 일은 무엇과 연결되어 있는가?

대상을 변화시키는 것보다 관계를 변화시키는 것이 더 쉽고 효과적일 때가 있다.

💬 '끈'이란 무엇인가

작동하는 모든 것은 끈으로 이어져 있다

어떤 노트북이든 배터리가 나가면 충전되어야 한다. 전선(끈)이 없으면 얼마 지나지 않아 작동이 멈춘다. 기계뿐 아니라 모든 생명체는 외부로부터 무엇인가를 흡수해야 살아 움직일 수 있다. 외부로부터 에너지를 공급받지 못하면 생명은 멈춘다. 끈을 찾는다는 것은 에너지원과 연결되는 지점을 포착하는 것이다.

나에게 필요한 것을 공급해주는 선이 끈이다. 다른 누군가에게 필요한 것을 공급해주는 것이 끈이다. 끈질기다? 그렇다. 소중한 끈일수록 쉽게 끊어지지 않도록 보호되어야 한다. 나의 끈은 보호될 가치가 있는가? 보호된다는 것은 서로 연결된 선으로 긍정적 교류가 이어진다는 것이다. 부정적 교류가 이어지거나, 교류가 없어지면 끈은 단절된다.

지속적으로 작동하게 하는 힘은 어디에서 오는가

기업과 고객을 연결하는 끈이 끊어지면 어떻게 될까? 고객은 자신이 원하는 상품을 구매하기 힘들어질 것이고, 기업은 고객으로부터 얻는 매출이 발생되지 않을 것이다. 기업이 상품이나 서비스를 생산하기 위한 공급업체와의 관계, 즉 끈이 사라지면 생산활동을 지속할 수 없다. 끈은 생명의 공급장치이다.

생쥐와 식량창고의 곡식들은 보이지 않는 끈으로 연결되어 있다. 생쥐와 고양이도 보이지 않는 끈으로 연결되어 있다. 끈이 쉽게 보이지 않는 것은 필요할 때만 연결되는 경우가 있기 때문이다. 배터리가 소모되기 전까지 충전선을 잇지 않아도 되기 때문에 이어진 끈이 있다는 것을 알아차리기 힘들다. 부모와 자식은 떨어져 있어도 보이지 않는 끈으로 이어져 있다. 보이지 않는다고 끊어져 있는 것은 아니다.

이 보이지 않는 것을 드러내기 위해 요소와 요소를 연결해보는 것이 '끈'을 잇는 작업이다. 보이지 않았던 끈을 이어서 보이게 하면 그동안 보이지 않았던 관계가 드러나며, 자연스럽게 새로운 관점이 생겨난다. 끈으로 연결해서 그려보자. 숨겨진 관계를 명확하게 드러내서 다시 보자.

💬 끈을 잇기 : 무엇과 연결되어야 작동되는가

에너지가 연결되는 흐름을 찾아라

나누어보는 것 다음으로 배울 관점 디자인 방법은 연결을 보는 것이다. 연결을 보기 위해서 필요한 도구가 '끈'이다. 고양이와 생쥐가 연결되었다면 끈으로 연결해보자. 한 걸음 더 나아가 고양이와 연결된 것은 하나가 아니다. 무엇 혹은 누구와 연결되어 있을까? 생쥐 역시 마찬가지다. 생쥐는 고양이와만 연결되어 있는 것이 아니다. 또 다른 끈은 어디와 연결되어 있을까? 가능하면 앞서 선으로 그어 나누어본 모든 것을 끄적여보고, 연결된 것들을 끈으로 이어보자.

- 생쥐의 끈은 무엇과 연결되어 있는가?
- 그렇다면 고양이의 끈은 무엇과 연결되어 있는가?
- 집주인의 끈은 무엇과 연결되어 있는가?

이것을 한 장으로 그려보자.

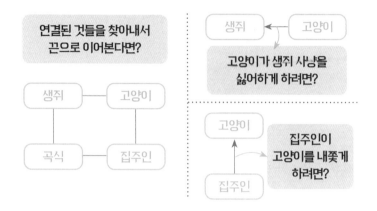

어떤 연결 지점(끈)을 선택하는지에 따라 질문이 달라진다

일단 직접적인 접촉 관계가 있는 것에 초점을 두고 연결해보자.

'생쥐-고양이'의 연결 지점에서 고민할 때와 '고양이-집주인'이라는 연결 지점에서 고민할 때 나올 수 있는 해법은 다르다. '고양이의 생쥐 사냥'이라는 행동과 '생쥐의 죽음'이라는 결과를 끊어내기 위해서는 고양이가 생쥐 사냥을 못 하게 하거나, 방해하는 해법을 도출해야 한다. 그렇게 나온 질문이 "누가 고양이 목에 방울을 달 것인가?"이다. 혹은 "고양이가 생쥐를 싫어하게 만들 방법은 무엇일까?"를 물을 수도 있다.

'고양이의 생쥐 사냥'이라는 행동과 '생쥐의 죽음'이라는 결과는 연결되어 있다. 즉 고양이와 생쥐 사이는 사냥이라는 끈으로 연결되어 있다. 그렇다면 고양이는 무엇과 연결되어 있을까? 생쥐 이외에 고양이와 연결되어 있는 것은 무엇일까? 만약 '고양이-집주인'이라는 연결 지점에서 문제를 해결하려 한다면, "집주인이 고양이를 기르지 않게 하는 방법은 무엇일까?"라는 전혀 다른 질문을 도출할 수 있게 된다.

'결과와 행동'은 '무엇'에 연결되어 있는가

행동은 결과를 낳는다. 행동에는 반드시 그 행동을 이끈 요인과의 연결된 관계가 있다. 끈을 찾아내는 방법 중 하나는 무엇으로부터 에너지를 공급받고 있는지를 살펴보는 것이다. 생쥐를 움직이게 하는 에너지 공급원은 무엇일까? 그렇다. 곡식이다. 생쥐는 곡식들과 연결되어야 에너지를 얻을 수 있다. 고양이는 생쥐와도 연결되어 있지만, 생쥐만을 통해서 음식(에너지)을 얻는 것은 아니다. 집주인이 주는 사료를 통해서도 에너지를 공급받는다. 집주인과 연결된 끈이 고양이를 작동시키는 것이다. 기본적으로 '에너지원-행동-결과'를 끈으로 이어 연결을 살펴볼 수 있어야 한다. 만약 쥐들에게 창고의 곡식 외에 다른 식량과 연결된 끈이 있다면 불필요하게 고양이와 충돌할 필요는 없을 것이다. 반대로 집주인이 고양이에게 충분한 음식을 제공하지 않는다면, 고양이는 더 많은 생쥐를 사냥해서 배고픔을 해결하려고 할 것이다.

삶이 힘들어지는 것은 연결될 곳과 연결되지 못해서이다. 꼭 필요한 끈이 끊어지면 살아가기에 충분한 에너지를 공급받지 못한다. 아무리 나에게 탁월한 재능이 있어도 그 재능을 활용할 고객이든, 고용할 수 있는 기업이든 연결되어야 한다.

71_ 나는 충분히 연결되어 있는가, 연결될 곳과 연결되어 있는가?

💬 남다른 연결이 만들어내는 질문의 차이

제프 베조스(아마존 CEO)의 남다른 질문

"저는 종종 '10년 후에는 뭐가 바뀔 것 같습니까?'와 같은 질문을 자주 받습니다. 흥미로운 질문입니다. 그런데 대부분의 사람들은 '10년 후에도 바뀌지 않을 게 뭡니까?'라는 질문은 안 합니다. 저는 두번째 질문이 더 중요하다고 생각합니다. 왜냐하면 시간이 지나도 변하지 않는 것을 중심으로 사업 전략을 짤 수 있기 때문이죠."

_제프 베조스

10년 후 기업의 미래를 위해 더 단단하게 연결될 곳은 어디인가

무엇과 끈을 연결해서 고민할지는 다른 전략을 만들어내는 토대다. '기업의 현재→미래의 변화→기업이 원하는 미래의 비전'의 연결에서 탄생

304

하는 전략과 '기업의 현재→변하지 않는 고객의 욕구→기업이 원하는 미래의 비전'의 연결에서 탄생하는 전략은 다르다.

10년 후 미래에도 지속적으로 번영하고자 하는 기업이라면 무엇과 연결되면 좋을까? 빠른 세상의 변화들과 연결되는 것이 좋을까? 아니면 변화하지 않는 고객의 욕구와 연결되는 것이 좋을까? 어느 한쪽의 관점을 택하자는 것이 아니다. 기업의 지속적인 미래를 위해 놓치고 있는 연결을 바라보는 것은 남다른 통찰을 탄생시킨다. 미래와 연결되기 위해서는 변화의 가능성을 기반으로 생각할 수 있어야 한다. 하지만 동시에 변하지 않는 본질에 기반해서도 사고할 수 있어야 한다.

'창조력이란 현상이나 사물을 연결시키는 것'이라고 말한 스티브 잡스의 말을 명심하자. 기업의 미래를 위해 끈으로 연결할 올바른 지점을 찾아 새롭게 연결하는 것은 기업의 전략을 책임지는 사람들의 핵심적인 과업이다. 연결이 달라지면, 질문이 달라진다.

미래의 변화	10년 후 미래의 변화에 적응하기 위해 우리가 변화시켜야 할 것은 무엇인가?

**끈의 연결이 다르면,
질문이 달라진다.**

10년 후 원하는
기업의 성과

변하지 않을 고객의 욕구	지속적으로 집중하고, 강화시키기 위해 투자와 노력을 멈추지 말아야 할 것은 무엇인가?

💬 다른 끈 찾기, 숨겨진 끈은 무엇과 연결되어 있는가

숨겨진 끈을 찾아내야 원하지 않는 결과를 변화시킬 관점을 얻을 수 있다. 어떤 연결은 견고하여 쉽게 끊어낼 수 없는 것들이 있다. 그런데 자세히 살펴보면 어떤 상황은 단 하나의 연결에 의해 존재하는 것이 아니라, 둘 이상의 연결에 기반해서 발생한다. 눈에 보이는 것을 토대로 눈에 보이지 않는 것들을 찾아서 드러내는 것이 끈 작업의 핵심이다. 눈에 보이는 행동과 결과를 일단 이어보며, 행동과 결과에 연결된 또 다른 원인들과 연결해보는 작업, 이것이 끈 잇기이다.

일단 '원인이 된 행동'과 '행동으로 인해 발생한 결과'를 연결해보자. 예를 들어 '고양이가 생쥐를 발견'하는 행동을 했기 때문에 '고양기가 생쥐를 잡는' 결과가 이어져 있다. 발견은 원인이고 사냥은 결과다. 숨겨진 끈을 찾기 위해서는 한 번 더 물을 수 있어야 한다. "그러한 결과를 만들어 내는 '또 다른 조건'은 무엇인가?" 고양이가 생쥐를 발견하고, 생쥐도 고양이를 발견했지만, 생쥐가 고양이보다 빠르게 도망가지 못했기 때문에 고양이에게 잡히는 결과가 발생했다. 하나의 결과는 통상 두 개 이상의 원인이 존재할 수 있는데, 우리는 종종 이러한 숨겨진 관계를 놓친다. 그렇다면 숨겨진 다른 관계를 끈으로 드러내는 것이 왜 중요할까?

생쥐의 입장에서는 고양이가 자신을 발견하는 행동 자체를 통제할 수 없다. 그러나 두 번째 원인인 '빠르게 도망가지 못했다'는 원인은 변화시킬 수 있는 요인이 될 수 있다. 두 가지 이상의 원인이 동시에 만족(충분조건)돼야 하는 경우 두 원인 중 하나의 원인과 연결된 끈을 단절해도 뒤따르는 결과는 나타나지 않을 수 있다. 숨겨진 또 다른 필요충분 조건을 규명하는 끈을 찾으면 상황을 변화시킬 단서를 얻게 된다.

하나의 연결이 달라지면, 최종 결과도 바뀔 수 있다. 만약 생쥐가 빠르게 도망갈 수 있는 비밀통로를 만들어두었다면, 그래서 생쥐들이 재빠르게 도망칠 수 있었다면, 고양이는 생쥐를 잡을 수 없을 것이다.

살이 찌는 결과는 운동을 안 해서라는 원인 행동 하나에 의해서 발생되지 않는다. 음식을 하루 활동량 이상 섭취하기 때문이다. 운동을 하더라도 왕성해진 식욕 탓을 하면서 평소보다 많이 먹는다면 체중이 늘기도 한다. 운동은 늘리고, 음식 섭취량을 활동량보다 낮추지 않으면 체중은 줄어들지 않는다.

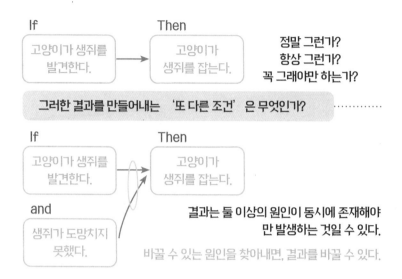

원인 행동-결과를 단순하게 보지 않고, 원인 행동이 일어난 필요까지 거슬러 올라가 볼 수 있어야 한다. 그러한 행동이 왜 일어났을까? 필요를 확인할 수 있어야, 적합한 대안 행동들을 구상해볼 수 있다. 혹은 필요가 발생한 상위 차원의 조건들이 무엇이었는지를 보아야, 작은 노력으로 결과의 변화를 발생시킬 수 있는 지점을 찾을 수 있다.

끈을 잇고 또 이으면서 새로운 연결을 찾거나, 단절시킬 지점을 찾아야 한다. 내가 원하지 않는 결과가 바꿀 수 없는 원인 때문이라고 쉽게 단정 짓고 포기 하지 말자. 숨겨진 또 다른 조건으로 인해 그런 결과가 초래된 것이며, 그 조건들을 드러낼 수 있을 때 변화시킬 수 있는 새로운 지점을 찾아낼 수 있을 것이다.

두 조건 중 하나만 변화시켜도, 결과가 달라진다

연결에 변화를 준다면?

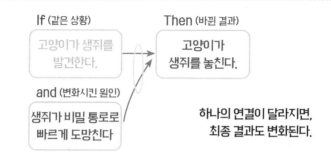

If (같은 상황)

고양이가 생쥐를
발견한다.

Then (바뀐 결과)

고양이가
생쥐를 놓친다.

and (변화시킨 원인)

생쥐가 비밀 통로로
빠르게 도망친다

하나의 연결이 달라지면,
최종 결과도 변화된다.

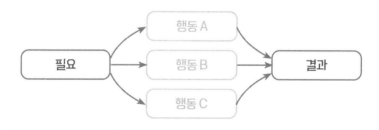

필요

행동 A

행동 B

행동 C

결과

충분조건 : 특정한 결과는 둘 이상의 조건이 동시에 만족되어야 발생할 수 있다

💬 어떤 끈을 단절시켜야 하는가

강력 범죄를 근절한 줄리아니 뉴욕시장이 주목한 끈

2001년 〈타임〉지 선정 '올해의 인물Time Person of the Year 2001'은 루돌프 줄리아니 뉴욕시장이었다. 9 · 11 테러 당시 뉴욕시장으로 재임하고 있었고, 시장 임기 말기에 벌어진 초대형 사건으로 뉴욕이 혼란에 빠져 있었을 때, 상황을 잘 수습하고 강력한 리더십을 보여주었다. 루돌프 줄리아니 뉴욕시장은 뉴욕의 범죄율을 크게 낮춘 것으로도 유명하다. 그러나 처음부터 범죄와의 전쟁에서 가시적인 성과를 거둔 것은 아니다.

1994년 뉴욕시장으로 취임한 줄리아니는 하루에도 수십 건씩 발생하는 강력 범죄를 뿌리 뽑겠다고 경찰력을 총 동원하는 등 범죄와의 전쟁을 선포하였다. 범죄 지역에 강력반을 전면 배치하고 경찰 병력을 대폭 늘리는 초강력 정책에도 불구하고 강력 범죄는 줄어들지 않았다.

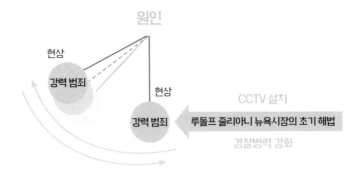

우범 지역에 CCTV를 설치했으나 어두운 밤, 낮은 해상도로는 범인들을 잡을 수 없었다. 이에 대해 언론에서는 쓸데없는 예산만 낭비하고 있다고 질타했다.

1996년 궁지에 몰린 줄리아니는 흉악 범죄를 철저히 단속하는 일보다는 다른 접근을 취한다. 뉴욕 지하철과 거리 벽면들의 지저분한 낙서를 제거하고, 지하철 무임승차, 소매치기, 쓰레기 불법 투기 단속 등 경범죄를 철저히 단속하는 일에 매진했다. 줄리아니 시장의 범죄를 뿌리 뽑고 빈곤 지역을 없애기 위한 노력으로, 1994년에서 2001년까지 범죄율은 52퍼센트 하락했다. 그리고 지하철 범죄율은 75퍼센트나 감소했다. 연간 2,000건이 넘던 살인 사건은 68퍼센트 감소했다. 어떻게 이런 극적인 반전이 일어날 수 있었을까?

경범죄를 자주 저지르는 사람들이 나중에 흉악 범죄자가 될 가능성도 높고, 경범죄가 자주 일어나는 지역에서 흉악 범죄가 일어날 가능성이 크다. 줄리아니 시장은 흉악 범죄의 전 단계에서 그 가능성을 잘라버리는 환경을 만들어 범죄율을 낮춘 것이다. 흉악 범죄 자체를 차단하는 일보다 경범죄 단속과 나쁜 환경을 개선해 가벼운 범죄들과 강력 범죄가 연결되는 끈을 끊어버리는 것, 이는 범죄들이 연결된 전체 흐름을 볼 때 가능해진다. 범죄를 유인하는 환경적인 요인을 줄여 죄를 예방하는 기법을 셉티드Crime Prevention Through Environmental Design, CPTED라 부른다.

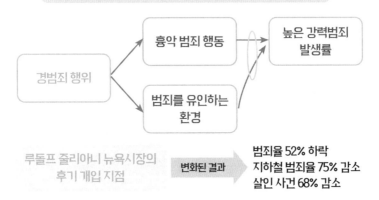

강력범죄율을 낮추기 위해 어떤 연결을 끊어야 할까?

경범죄 행위 → 흉악 범죄 행동 → 높은 강력범죄 발생률

경범죄 행위 → 범죄를 유인하는 환경

루돌프 줄리아니 뉴욕시장의 후기 개입 지점

변화된 결과 →

범죄율 52% 하락
지하철 범죄율 75% 감소
살인 사건 68% 감소

우리나라에도 보급되는 추세로, 서울시에서는 마포구 염리동, 관악구 행운동 등 약 10개의 지역에서 도입했다. 그리고 염리동의 경우는 1년 만에 범죄율이 2.9퍼센트 감소했으며, 주민들의 범죄 피해에 대한 두려움도 13퍼센트가 줄었다고 한다.

연결된 끈을 드러내야 더 효과적인 개입 방법을 찾을 수 있다. 문제 요인 자체가 아니라, 연결된 끈에 주목해보자. 새로운 관점은 관계를 드러내는 끈에 있다.

💬 당신이 주목해야 할 끈은 무엇인가

과거-현재-미래의 연결에 변화를 만들고 있는가

과거와 현재와 미래는 긴밀하게 연결되어 있다. 우리의 삶은 과거와 현재에 의존할 수도 있고, 미래와 현재에 의존할 수도 있다. 나의 현재 일상의 연결을 다시 살펴보자.

과거의 성공, 영광이 새로운 미래를 향해 나아가는 데 발목을 잡고 있는 것은 아닌가? 혹은 과거의 실패가 현재를 발목 잡고 있는 것을 그대로 내버려두고 있는 것은 아닌가? 때로는 과거와의 고착을 담대하게 끊어버리고, 현재와 미래를 연결하는 새로운 끈을 이어야 할 때가 있다.

만약 변화를 원한다면 최소한 두 개의 끈을 찾아내야 한다. 끊어내야 할 끈과 새롭게 연결할 끈, 내가 주목해야 할 두 개의 끈은 무엇인가? 끈은 만남을 시각화하는 일, 즉 관계를 드러내는 일이다. 숨겨진 관계가 드러나야 새로운 관점을 발견할 수 있다.

변화의 성공은 새로운 곳으로 끈을 잇는 작업에 달려 있다. 연결되지 않으면 지속되지 못하고 내부의 동력이 사라질 때즈음 멈출 수밖에 없다. 에너지는 끈을 따라 흐른다.

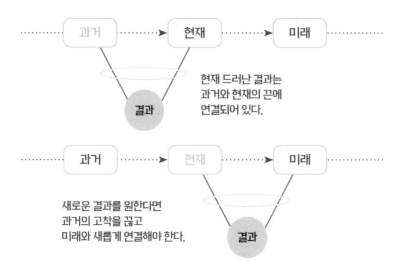

현재 드러난 결과는
과거와 현재의 끈에
연결되어 있다.

새로운 결과를 원한다면
과거의 고착을 끊고
미래와 새롭게 연결해야 한다.

자신이 보유하고 있는 에너지는 언제나 한정적이고, 외부로부터 공급을 받아야 한다는 존재론적 겸손함이 필수다.

지속성은 연결된 끈을 강화하거나 다변화하는 것에서 출발한다. 연결이 강하거나 다차원적으로 엮여 있을 때 끈은 쉽게 단절되지 않는다. 오직 하나의 가느다란 끈으로 연결된 존재는 매우 위태롭다.

좋은 습관이든 나쁜 습관이든 연결의 지속성과 강도에 의해 형성된다. 새로운 습관 중에 일부는 기존의 끈과의 단절 없이는 이뤄질 수 없다. 연결이 먼저일까, 단절이 먼저일까? 상황에 따라 답은 다르겠지만, 어느 한

쪽만으로 변화가 쉽게 일어나지 않는다. 연결될 끈과 단절시킬 끈 모두를 볼 수 있는 관점이 필요하다. 즉 존재론적 사유의 한계에서 벗어나 관계론적 사유를 할 필요가 있다. 어떤 연결이 나를 살려내고 있는가?

새로운 관점과의 만남은 나와의 만남을 새롭게 변화시킨다

큰 나무에는 풍성하게 우거진 잎들이 있다. 태어나 가지를 물들이고 시간이 지나면 떨어진다. 계절이 돌아오면 또 다시 잎이 태어난다. 잎은 반드시 그것을 우거지게 한 뿌리와 연결된 가지를 가지고 있다. 뿌리와의 연결이 있어야 잎들은 살아나고, 뿌리와의 연결이 끊어질 때 잎들은 사라진다.

풍성한 잎과 뿌리를 연결하는 나만의 끈을 찾았는가? 새로운 관계를 발견할 때, 새로운 관점이 탄생한다. 새로운 관점은 나와 세상이 관계맺는 방식을 변화시킬 수 있게 하는 풍성한 자양분을 공급해줄 것이다.

How to Ask : 끈을 발견하기 위한 질문 vs 끈을 변화시키기 위한 질문

1. 끈으로 연결된 관계를 발견해보기 – 연결을 확인하기 위한 질문
   - 원인 행동 – 결과 : 이런 결과를 발생하게 한 행동은 무엇일까?
   - 또 다른 끈 찾기 : 이런 일이 가능하려면 뭐가 더 필요하지? 그리고 또?
   - 필요찾기 : 이 행동은 누구의, 어떤 필요 때문에 발생했을까?
   - 동력찾기 : 이런 행동이 지속되기 위해선 무엇과 연결되어야 할까?

2. 강화시키거나 단절시킬 지점을 찾기 – 연결을 변화시키기 위한 질문
   - 이해 : 변화시킬 수 있는 끈은 무엇이고, 변화시킬 수 없는 끈은 무엇인가?
   - 강화 : 결과를 지속시키고 강화시키기 위해 필요한 또 다른 연결은 무엇일까?
   - 단절 : 어느 지점에서 연결을 끊어야 가장 효과적일까?
   - 새로운 연결 : 새롭게 끈을 이어야 할 지점은 어디일까?

관점 디자인 (6)
: 틈을 찾아야 가능성이 보인다

더 없이 가까운 사람일지라도 그 사이에는 무한한 간격이 펼쳐져 있음을 인정하고, 하늘을 배경 삼아 서로의 모습 전체를 바라볼 수 있게 해주는 그 간격을 사랑할 수만 있다면 나란히 함께 걸어가는 놀라운 삶을 키워낼 수 있다.

_라이너 마리아 릴케

💬 질문의 달인, 스티브 잡스

수많은 혁신적인 CEO가 그러하듯 애플의 스티브 잡스도 질문의 달인이었다. 자신이 세운 애플에서 쫓겨난 이후 픽사의 성공을 이끌어내고 애플에 복귀하면서, "만약 돈이 목적이 아니라면 당신과 당신 팀은 무엇을 하겠습니까?'라는 도발적인 질문을 던졌다. 아이팟으로 MP3 시장을 석권하고, 아이폰으로 스마트폰 시장을 혁신시킨 이후에도 스티브 잡스는 질문을 멈추지 않았다.

"만약 돈이 목적이 아니라면
당신과 당신 팀은 무엇을 하겠습니까"

'왜why'라는 질문과 '만약What if'이라는 질문을 끊임없이 자신과 직원들에게 던졌던 스티브 잡스는 남들이 보고 있는 시장에 집중하는 대신, 끊임없이 남들이 보지 못하는 틈을 보고 공략했다. 끊임없이 혁신적인 제품을 만들어내는 도발적인 질문을 한 스티브 잡스는 어떻게 남다른 관점을 가질 수 있었을까? 늘 다르게 생각하고 다르게 보라고 권한 스티브 잡스의 노하우를 관점 디자인 도구인 '틈'에서 찾아보자.

"(?)을 찾아야 새로운 가능성이 보인다."

틈의 사전적 정의는 '벌어져 사이가 난 자리'라고 한다. 쉽게 말해 '어떤 둘 사이의 간극'이다. 채워져 있지 않고, 비워져 있는 곳이다. 틈에 주목할 때 새로운 가능성이 보이기 시작한다. 우리가 지금부터 주목할 것은 보이는 퍼즐의 그림이 아니라, 눈에 보이지 않는 비어 있는 칸이다.

💬 만약 틈이 없다면

움직임이 있는 곳에는 언제나 틈이 있다

어린 시절 누구나 한 번쯤은 보드상에 나열된 납작한 조각판을 움직여 올바른 모양을 맞추는 슬라이딩 퍼즐을 해본 적이 있을 것이다. 슬라이딩 퍼즐은 조각판을 보드에서 들어올려 맞추는 것이 금지되어 있다. 오직 조각판의 틀 안에서 움직여 길을 따라 맞춰나가야 한다. 이 게임을 풀어갈 핵심은 비어 있는 하나의 칸에 달려 있다. 한 칸도 비어 있지 않다면, 조각판을 움직일 수 없다. 만약 비어 있는 칸이 하나보다 더 많다면 그림 맞추기 퍼즐은 훨씬 더 쉬워질 것이다. 비어 있는 틈이 있어야 문제를 풀 수 있다.

틈이 없으면 막혀서 생각이 흐르지 못한다

움직임이 일어나려면 언제나 틈이 필요하다. 우리는 움직이는 것에 시선을 빼앗기느라, 움직임을 가능하게 하는 공간을 좀처럼 인지하지 못한다. 움직이는 것에 시선이 사로잡혀 있기 때문이다. 고양이 목에 방울을 달려고 하는 생쥐들의 시선은 온통 고양이에게 사로잡혀 있다.

보이는 것이 아니라 보이지 않는 여백을 보는 눈은 어떻게 획득할 수 있을까? 기존의 생각, 기존의 장애물들에 시선이 고정되어 있을 때에는 새로운 생각들이 탄생할 관점이 생겨나지 않는다. '고양이 목에 방울달기'

만이 정답이라고 생각하고 이를 의심하지 않으면, 새로운 해결책을 논의할 수 없다.

정답이 하나라고 가정할 때는 다른 것을 생각하기 어렵다

비어 있는 칸을 만들어두지 않으면, 새로운 생각을 초대할 수 없다. 의도적으로 빈칸을 만들어두어야 한다. 새로운 생각이 깃들 틈을 만들어두어야 한다. 모든 칸이 기존의 답들로 가득 차 있으면 새로운 답들이 들어설 틈이 없다. 정답에 길들여진 사회는 정답을 기록할 칸을 하나만 둔다. 틈이 없다. 정답은 하나일지 모르지만, 해답은 하나가 아닐 수 있다.

기존의 답으로만 가득 차 있는 머리는 새로운 해법들을 받아들일 준비가 되어 있지 않다. 꽉 차 있는 머리를 어떻게 비워낼 수 있을까? 새로운 해법을 탄생시키려면, 기존의 생각과 방법론들을 의도적으로 폐기해서 '틈'을 만들어낼 수 있어야 한다.

새로운 칸을 만들든, 기존의 칸을 비우든 틈을 만들어내야 한다. 이미

고양이로부터 살아남을 방법은 무엇인가?

알고 있고, 이미 찾았고, 또 다른 답 같은 것은 없다는 확신을 가지면 틈을 생성시킬 수 없다. 비어 있는 칸의 수만큼, 새로운 생각이 깃들 여지가 생겨난다. 의도적으로 빈 칸을 만들어내는 것이 새로운 가능성을 볼 수 있게 하는 틈이 된다.

회의에서 가장 생산적인 시간은 쉬는 시간이다

대부분의 직장에서 이루어지는 회의들은 다루어야 하는 긴급한 현안들로 가득 차 있다. 꽉 짜인 순서에 따라 진행되는 회의에서 원활한 아이디어가 오고 가기는 힘들다.

회의시간 중에 공식적인 의견들을 논의하지만, 가장 유익한 아이디어가 탄생하는 순간은 쉬는 시간이다. 참석자들은 자연스럽게 한쪽 구석에 모여서 교류를 하고, 비공식적인 대화를 나눈다.

쉬는 시간이 가장 활발하고, 잡담하며 놀 때 가장 훌륭한 아이디어가 떠오른 경험을 해보았을 것이다. 기존의 딱딱한 안건과 평가나 비판으로부터의 자유로움, 소속 및 지위에 따른 계층적인 구조를 벗어나 숨쉴 틈이 필요하다.

사람들은 그 틈 속에서 기탄없이 자신의 생각을 털어놓고, 다른 사람들의 아이디어에 관심을 기울이며, 의미 있는 해법들을 종종 도출해낸다. 어떤 의미에서 가장 효과적인 회의는 꽉 짜인 방식이 아니라, 참가자들이 자유롭게 쉬면서 소그룹으로 만나 이야기 나눌 수 있는 틈을 충분히 만들어놓았는지에 달려 있는지도 모른다.

우리에게 필요한 것은 새로운 답을 끄적여볼 수 있는 공간이라는 빈칸, 소수의 사람들과 자유롭게 이야기를 나눌 수 있는 쉬는 시간이라는 빈칸이다. 틈이 있어야 생각도 흐르고, 대화도 흐를 수 있다. 우리의 생각이 숨쉴 틈이 없을 때 생각은 움직이지 못하고 막힌다. 꽉 차 있는 곳에는 새로운 것들이 들어올 수 없고, 기존의 생각들만 되풀이하기 마련이다. 기존의 생각들을 내려놓을 수 있는 틈, 너무 많은 생각에 휘둘리지 않을 틈을 만들어야 한다.

💬 비어 있는 틈, '사이'에 주목하는 질문들

왜 노트북과 스마트폰의 중간, 즉 제3의 카테고리에 해당하는 제품은 없을까? 만약 우리가 만들어본다면 어떨까?

_스티브 잡스

비어 있는 시장을 일컫는 용어로 틈새시장이라는 말이 있다. 스티브 잡스는 아이폰 성공 이후, 노트북 시장과 스마트폰 시장 사이에 비어 있는 틈에 주목해 아이패드라는 태블릿 시장을 열었다. 그동안 놓치고 있는 틈을 발견하면 새로운 가능성이 열린다.

그렇다면 어떻게 이런 틈을 볼 수 있을까? 틈을 보게 된다면 어떤 일이 일어날까? 틈은 왜 필요한 것일까? 어떻게 하면 보다 쉽게 틈을 찾을 수 있을까? 틈을 찾기 위해 도움이 되는 질문은 무엇일까? 스티브 잡스처럼 질문하려면, 먼저 비어 있는 틈을 볼 수 있어야 한다.

틈을 보게 하는 질문 _ 둘 사이에는 뭐가 있을까?

우리는 언제까지 고개를 돌리고 그저 못 본 척할 수 있을까?

_ 밥 딜런, 《바람만이 아는 대답 Blowin'in The Wind》

'B와 D 사이에는 C가 있다'는 말을 들어본 적이 있는가? 'B'는 탄생 Birth 을 뜻하고, 'D'는 죽음 Death 을 뜻한다. 그럼 'C'는 뭘까? 태어난 후 죽는 날까지 끊임없는 선택 Choice 의 기로에 놓이는 것이 인생이라는 것이다. 보이는 둘 사이에는 틈이 있다. 그 틈 사이에 보이지 않는 중요한 것이 숨어 있다.

다음 빈칸에 떠오르는 답들을 적어보자. 특별한 정답이 있지는 않다. 다만 숨겨진 것들을 두 가지 사이에서 발견해보는 것이 중요하다.

- 판매와 구매 사이에는 (_____)가 있다.
- 원인과 결과 사이에는 (_____)이 있다.

- 집과 회사 사이에는 (＿＿＿＿)이 있다.
- 문제와 해결 사이에는 (＿＿＿＿)가 있다.
- 사냥을 즐기는 고양이와 죽음을 맞이한 생쥐 사이에는 (＿＿＿＿)이 있다.

• 'A'와 'B' 사이에는 뭐가 있지

우리 회사의 세일즈 맨이 판매하기 위한 행동과 고객이 지갑을 열고 구매하는 행동 사이에는 무엇이 있을까? 판매와 구매 사이에서 '경쟁자'의 존재를 본 사람은 경쟁력을 갖추기 위해 고민할 것이고, 판매와 구매 사이의 '유통망'을 본 사람들은 다양한 채널 확보를 위해 협력자를 찾기 시작할 것이다. 원인과 결과 사이에서 '또 다른 원인'이 있음을 발견한 사람은 결과를 변화시킬 수 있는 핵심 이슈를 발견할 가능성이 높아졌을 것이다. 혹은 원인과 결과 사이에서 '논리적인 모순'를 발견한 사람은 인과관계를 받아들이지 않게 될 것이다.

집을 나서서 회사로 향하는 사이의 '출퇴근 시간'을 본 직장인은 짜투리 시간을 활용할 방법을 모색할 것이고, 집과 회사 사이의 '맛집'을 발견한 직장인은 친구와 함께할 맛집 탐방을 기획할 수도 있다. 문제와 해결 사이에서 '방법의 부재'를 본 사람은 동료들에게 아이디어를 얻기 위해 브레인스토밍 회의를 실시할 것이며, 문제와 해결 사이에서 '갈등과 딜레마'를 본 사람은 딜레마를 해결할 지혜를 얻기 위해 컨설턴트의 자문을 받기

사냥을 즐기는 고양이와 죽음을 맞이하는 생쥐 사이에는 뭐가 있지?

로 결심할 수도 있다. 중요한 것은 A와 B 사이에 무엇인가가 존재할 수 있다는 것이고, 그 사이에 무엇이 있는지 보려고 하는 것이다.

'고양이 목에 방울달기' 문제로 고민하고 있는 생쥐들의 회의시간으로 다시 돌아가보자. 사이에 무엇이 있는지를 보았을 때 생쥐들이 어떤 가능성을 새롭게 찾아낼 수 있는지 살펴보자.

둘 사이의 틈에서 무엇을 발견할 수 있는가? 뛰어난 고양이의 은신 능력과 사냥 능력이 보이는가? 고양이를 보고도 미처 도망가지 못하고 잡혀버린 생쥐들이 보이는가? 혹은 죽어버린 쥐 말고, 살아남은 쥐들은 어떤가? 그들은 왜 살아남을 수 있었을까? 틈 사이에서 무엇을 보는지에 따라 결과를 변경시킬 수 있는 가능성을 찾을 수 있다.

틈을 파고드는 질문 _ 예외적인 경우는 없는가?

사냥을 즐기는 고양이와 죽음을 맞이하는 생쥐 사이의 틈을 파고 드는 추가적인 질문 몇 가지를 해보자.

Q1. 정말 그러한가?	• 구체적인 예가 있는가? • 그것은 신뢰할 만한 충분한 증거들인가?
Q2. 항상 그러한가?	• 예외는 없는가? • 어떤 조건이 필요한가?

• 정말Really 그런가?

정말 고양이가 생쥐를 사냥하기 때문에 생쥐가 죽는지를 물어보자. 그동안 고양이 때문에 죽은 생쥐들은 구체적으로 얼마나 되는가? 만약 생쥐들의 생존을 위협하는 것으로 집주인이 놓아둔 쥐약을 부주의하게 먹고 죽은 숫자나 혹은 왕성한 생식 능력으로 그동안 생쥐들의 숫자가 너무 많이 증가해서 아사로 죽어간 숫자가 더 많은 것은 아닌지 검토해보았는가. 사실관계를 검토해보는 것은 더 중요한 진실을 발견하게 한다.

• 항상Always 그런가?

창고에 가서 쌀을 훔쳐먹으면 항상 고양이에게 죽음을 당하는가? 고양이가 사냥을 하면 항상 생쥐들이 죽는가? 예외적인 경우는 없는지 다시한 번 확인해보자. 살아남은 생쥐들은 없는가? 그 생쥐들은 어떻게 살아남았는지 그들의 노하우를 살펴보았는가? 어떤 생쥐들은 영악하게도 고양이가 잠들어 있거나 외출한 시간을 활용해서, 고양이의 사냥 시간을 피해 살아남았을 것이다. 혹은 땅굴을 파고 들어가 고양이가 사냥할 수 없는 통로를 개척한 쥐가 있을 수도 있다.

• 정말 그런가, 항상 그런가? 예외가 있다면?

우리의 시선을 사로잡는 사건인 A와 B가 아니라, 주목하고 있지 않은 틈 사이에서 어떤 일들이 벌어지고 있는지 살펴보는 것은 새로운 가능성을 만들어내는 데 있어 매우 중요하다.

《스위치》의 저자인 칩 히스, 댄 히스 형제들은 이를 예외적인 밝은 점 Bright spot이라고 불렀다. 해결하기 어렵고, 불가능해 보이는 상황에서도 잘되고 있는 것을 찾아보라는 것이다. 예외적인 사건, 주목할 만한 정보들은 언제나 틈 사이에 숨겨져 있다. 이를 활용하면 새로운 가능성을 열어갈 수 있다.

틈을 다시 보게 하는 질문 _ 잠깐, 뭐가 빠졌지

사람들은 행동에 따르는 해악은 인지하지만, 무행동에 따르는 해악
은 간과한다.

_ 맥스 베이저만

하버드 경영대학원에서 의사결정과 협상을 가르치는 맥스 베저이만

교수는 '하지 않는 행동에 주목하라'고 권한다(그의 저서 《무엇을 놓치고 있는가》는 보이지 않는 것을 보는 법을 안내하는 명저다). '무엇을 해야 하는지 아는 것만큼이나 무엇을 하지 않고 있는지를 아는 것'은 우리의 선택과 결정에 큰 영향을 끼친다.

일단 X축에는 베저이만 교수의 권고에 따라 하고 있는 것 : 하고 있지 않는 것을 놓자. Y축에는 고양이와 생쥐의 입장에서 달성하고자 하는 목적, 즉 고양이의 생쥐 사냥, 생쥐의 곡식 탈취를 표시해보자. 각 분면을 채워보면 현재 관점의 사각지대를 발견할 수 있다.

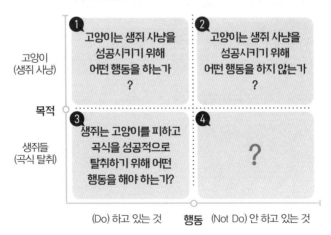

- (1분면) 고양이는 생쥐 사냥을 성공시키기 위해 어떤 행동을 하는가?
- (2분면) 고양이는 생쥐 사냥을 성공시키기 위해 어떤 행동을 하지 않는가?
- (3분면) 생쥐는 고양이를 피하고 곡식을 성공적으로 탈취하기 위해 어떤 행동을 해야 하는가?
- (4분면) 생쥐는 고양이를 피하고 곡식을 성공적으로 탈취하기 위해 어떤 행동을 하지 않고 있는가?

상대가 하고 있는 것과 하고 있지 않는 것, 그리고 우리가 하고 있는 것과 하지 않아야 하는 것을 함께 살펴보면 새로운 틈을 발견할 수 있다. 상대가 하지 않고 있는 것을 할 수밖에 없는 상황을 만들어본다면 어떻게 될까? 내가 하지 않아야 하는데 하고 있는 것을 멈춘다면 어떤 일이 일어날까?

무엇을 새롭게 시도해야 하는지 탐구하고 싶다면, 역으로 무엇을 하지 말아야 할지를 생각해보는 것이 도움이 된다. 새로운 선택으로 인한 이익이 무엇인지에 대해 생각하고 싶다면, 그것을 선택하지 않고 있는 지금 지불해야 하는 대가와 앞으로 지불하게 될 대가가 무엇일지 눈을 돌려 볼 수 있어야 한다. 뭘 해야 하는지 아는 것만큼이나 하지 않고 있는 행동을 아는 것은 중요하다. 틈에서 놓치고 있는 것을 발견해보자.

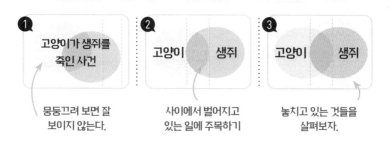

무엇을 놓치고 있는가 What's Missing?

① 고양이가 생쥐를 죽인 사건

뭉뚱그려 보면 잘 보이지 않는다.

② 고양이 생쥐

사이에서 벌어지고 있는 일에 주목하기

③ 고양이 생쥐

놓치고 있는 것들을 살펴보자.

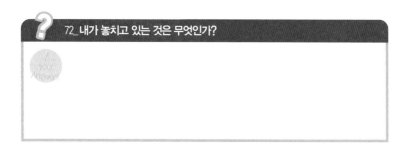

72_내가 놓치고 있는 것은 무엇인가?

your Answer

💬 드러난 것이 전부가 아니다

보아도 보지 못하고, 들어도 듣지 못하고 있는 것은 무엇인가?

선을 긋고 나누어보아도, 끈으로 잇고 연결해보아도 놓치는 것들이 있다. 어떤 관점이든 '사각지대'가 존재한다. 특정한 관점을 취하면 보이지 않는 면들이 생겨난다. 관심이나 영향이 미치지 못하는 '틈'에 중요한 정보가 숨어 있을 수 있다. 틈은 일종의 맹점이다. 어떤 관점이든 맹점이 있다. 맹점 없는 관점이란 존재하기 어렵다. 더 직접적으로 이야기하자면 '관점 자체가 맹점을 만들어낸다.' 틈에 집중하는 것은 맹점에서 새로운 관점을 도출하는 방법이다.

4분 33초의 연주, 그리고 침묵의 기도

완벽하려고 애쓰지 마세요.
틈이 있답니다. 그 틈으로 빛이 들어오죠.

_ 레너드 코헨

현대 음악가인 존 케이시는 '4분 33초'란 피아노 곡을 작곡했다. 1악장부터 3악장까지 전부 합쳐 정확하게 4분 33초를 지키는 이 곡은 1악장이 33초, 2악장이 2분 40초, 3악장이 1분 20초로 구성되어 있다. 그냥 4분 33초 동안 아무것도 연주하지 않고 퇴장하는 것이 전부이다. 한 악장이 끝나면 피아노 뚜껑을 열었다가 다시 닫아 구분한다. 드라마 〈베토벤 바이러스〉에서도 소개된 적이 있는데, 참으로 당혹스러운 연주다.

음악적 식견이 거의 없는 나로서는 이해하기 어려운 연주이지만, 그 침묵의 시간으로 인해 역설적으로 '소리'와 '음'이라는 것을 조금 더 느낄 수 있었다.

현대 음악의 시작을 알렸다고 평가받는 프랑스의 작곡가 클로드 드뷔

시는 "음악은 음표 사이의 공간이다"라고 했다. 여백이 없으면 그림을 인식할 수 없듯 침묵이 없으면 음악도 인식할 수 없다.

나는 늘 침묵 속에서 기도를 시작합니다. 왜냐하면 하느님은 침묵 속에서 말씀하시기 때문입니다. 하느님은 침묵의 친구입니다.

_마더 테레사

마더 테레사는 듣고 싶다면 침묵하라고 권했다. 신이 당신에게 말을 걸어올 틈을 제공하라는 이야기다. 당신의 온 삶이 기도였는데, 이제 신이 당신에게 내리는 기도를 들을 수 있는 잠깐의 틈을 당신 자신에게 왜 허락하지 못하는가? 들으려면 침묵, 즉 소란스러움이 끊어진 틈에 머무를 수 있어야 한다. 그 틈을 재빠르게 메워버리려 하지 않고, 내버려두는 것도 좋지 않을까? 틈 사이로 빛이 들어오도록.

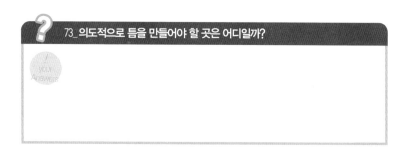

73_ 의도적으로 틈을 만들어야 할 곳은 어디일까?

How to Ask : 틈을 발견하기 위한 질문 vs 틈에서 가능성을 발견하기 위한 질문

1. 놓치고 있는 틈이 무엇인지 발견해 보기 – 틈을 발견하기 위한 질문
   - 빈칸 만들기 : 만약 또 다른 방법이 있다면 그것은 무엇일까요?
   - 사이에 묻기 : A와 B 사이에는 무엇이 있죠?
   - 예외 발견하기 : 정말 그런가요? 항상 그런가요?

2. 틈에 머무르며 새로운 관점 발견해보기 – 틈에서 가능성을 발견하는 질문
   - 쉬는 시간 갖기 : 다음으로 넘어가기 전에, 잠깐 쉬면 어떨까요?
   - 안 하고 있는 것 묻기 : 우리가 하지 않고 있는 것은 무엇일까요?
   - 놓치고 있는 것 묻기 : 우리가 놓치고 있는 정보가 있다면 그건 무엇일까요?

26 관점 디자인 (7)
: 한 줄로 세우면 공략 지점이 보인다

상황이 복잡할수록 해결책은 단순해야 한다.

_ 엘리 골드렛, 《초이스》

💬 **너무 많은 것을 한꺼번에 생각해야 한다면**
결국 아무것도 생각할 수 없다

선으로 다양한 관점을 찾아내고, 끈으로 이어 관계를 다시 생각해보고, 틈을 찾아내 빠뜨린 것을 점검하다 보면 새롭고 다양한 관점이 드러난다. 문제는 너무나 다양한 관점들 사이에서 길을 잃게 되기 쉽다는 것이다. 구슬이 서말이라도 꿰어야 보배라는 말처럼, 다양한 관점을 한 줄로 꿰어 내야 한다. 한 줄로 세워서 꿰어낼 수 있어야 혼란과 복잡함이 단순함과 질서로 변화된다. 관점을 디자인하기 위한 네 번째 방법론은 '줄'이다.

구슬이 서말이라도 꿰어야 보배라고?

아무리 훌륭하고 좋은 것이라도 다듬고 정리하여 쓸모있게 만들어놓아야 값어치가 생긴다. 아름다운 구슬을 꿰어 팔찌나 목걸이로 만들어야 가치가 생긴다. 줄은 이 구슬들을 꿰어 쓸모를 만들어내기 위한 도구다. 질문하기 전에 어떤 목적을 위해 질문하는지를 답할 필요가 있다는 의미이다.

모여서 회의를 하는 목적은 무엇인가

사람들은 남이 찾아준 것보다 스스로 발견한 이유에 더 많이 자극받는다.

_ 파스칼

'고양이 목에 방울을 달자'라며 생쥐들이 회의하는 목적은 무엇인가? 결국 지속 가능한 생존을 모색하는 새로운 해법을 발견하고 실현하자는 것이다. 방법은 목적이 아니다. 해결책도 목적이 아니다. 다양한 의견을 들어보는 것도 목적이 아니다. 회의의 모든 과정은 결국 실현 가능한 생존 해법 발견으로 수렴되어야 한다.

우리는 왜 모였는가? 왜 함께 고민하는가? 어떤 결과를 위해서인가? 목적을 발견해야 가치 있는 논의가 된다. 다양한 의견을 한 줄로 꿰어서 바라볼 때 쓸모를 만들어갈 수 있다.

질문하기는 수단이다. 질문 자체에 목적이 있지 않다. 물론 '답을 발견하기'란 질문을 하는 다양한 목적 중 하나일 뿐이다. 답 찾기 이외에도 질문하는 목적이 있다. 목적을 명확하게 인식할수록 그 목적에 부합하는 질문을 선택하거나, 목적에 부합하지 않는 질문에 에너지를 낭비하지 않을 가능성이 높아진다.

왜 질문하는가? 이 질문이 필요한 이유는 무엇인가? 분명한 목적과 의도 없이 습관적으로 던지는 질문은 낭비이며, 공해다. 그리고 목적에 관한 질문에 답해야 하는 사람은 다른 누구도 아닌 자기 자신이다.

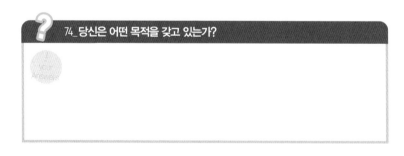

74_당신은 어떤 목적을 갖고 있는가?

묻기 전에 당신의 목적을 먼저 명확하게 점검했는가

따져 묻고 문제를 제기하거나, 함께 고민하고 문제를 해결하기 위해 묻는다. 때로는 자신과 상대의 생각을 촉진하고, 이해하고, 더 발전된 의견을 찾기 위해 묻는다.

질문은 발견의 도구이고, 소통의 도구이며, 협력의 도구다. 모든 도구는 사용자의 의도와 숙련도에 의해 같은 상황에서도 전혀 다른 결과를 가져온다.

훌륭한 목적은 우리에게 무엇을 제공하는가?	
분별	• 훌륭한 목적은 필요한 논의와 불필요한 논의를 분별하고 선택할 수 있는 지혜를 제공한다.
협력	• 훌륭한 목적은 같은 목적을 공유하는 사람들을 불러 모으고, 이들이 기꺼이 협력할 수 있는 기초를 제공한다.
집중	• 훌륭한 목적은 그 목적에 부합하는 논의와 활동에 조직과 구성원들이 가진 자원과 에너지를 집중하게 함으로써 불필요한 낭비를 최소화한다.

훌륭한 목적을 가지면 불필요한 논의와 필요한 논의를 선택할 수 있는 분별력이 생긴다. 같은 목적을 공유하는 사람들과 기꺼이 협력할 수 있는 기회를 제공한다. 목적에 부합하는 논의와 활동에 집중할 때 우리는 불필요한 낭비를 최소화할 수 있다. 목적에 맞춰 필요한 과정을 역순으로 한 줄로 세워서 바라보는 작업, 이것이 줄이다.

한 줄을 세워서 본다는 것은 무엇을 의미하는가

문제를 해결하기 위해서는 복잡한 상황의 핵심을 단순화해서 누구라도 이해할 수 있도록 도식화해야 한다. 문제가 발생해서, 이를 해결하기 위한 전체 과정을 한 줄로 꿰어본다면? '특수한 상황→문제의 발생 해법의 모색→해법의 실행→바람직한 결과'와 같이 정리해볼 수 있다.

고양이가 쥐를 잡아먹는 상황이 매일매일 발생하고 있다. 쥐들은 고양이가 몰래 다가오는 상황을 미리 인지하지 못하는 것을 문제라고 정의했다. 이 문제를 해결하기 위해 다양한 토론이 오고가고, '고양이 목에 방울을 달자'는 그럴듯한 해법을 도출했다. 그러나 실제 실행 과정에 봉착해서는 누구도 고양이 목에 방울을 달면서 발생할 수 있는 위험을 감수하지 않으려 했다. 결과적으로 상황은 바뀌지 않았다.

한 줄로 세워서 보면, 어디서 막힌 것인지가 보인다. 문제는 실행과정에서 발생했지만, 원하는 결과를 얻으려면 문제가 발생한 곳에서 풀려고 할 것이 아니라 한 단계 전에서 새로운 해법을 찾거나, 문제에 대한 재정의가 필요하다. 한줄로 꿰어서 봐야 공략할 지점이 보인다.

상황　　문제　　해법　　실행　　결과　　목적
　　　　　　　　　　　　　　　　　　　　　　　Purpose

목적에 맞춰 필요한 과정을 역순으로 한 줄로 세워서 바라보라.

💬 실천가에게는 경로Path가 필요하다

줄은 실천가의 관점이다. 문제를 실제로 해결하려는 사람들은 실천의 과정을 한 줄로 꿰어서 볼 수밖에 없다. 결실을 반드시 이뤄내고자 하는 사람과 비평만 하는 사람들의 관점은 다르다. 비평하는 삶들은 다양한 관점에서 조망하길 좋아하지만, 실행가가 찾는 것은 원하는 곳에 이르기 위한 경로Path이다. 경로를 찾아야 뚜벅뚜벅 두 발로 걸어갈 수 있다.

무작정 다양한 아이디어를 생성하는 것이 중요한 것이 아니다. 고양이로부터 생존할 수 있는 해법을 모색하고 실천에 옮겨 결과를 바꾸는 것이 중요하다. 고양이로 인해 생겨난 수많은 불평불만을 이야기하고 토로하는 것이 중요한 것이 아니다. 고양이가 가져온 생존의 위협이라는 상황에도 불구하고 살아남을 수 있는 방책을 찾아내는 것이 중요하다. 이 회의의 쓸모는 어디에 있는가? 단지 이야기를 나누기 위해 모인 것이 아니다. 그 의도를 분명하게 찾는 것이 중요하다. 한 줄로 꿰어져야 실천으로 옮길 수 있다.

어떻게 한 줄로 꿰어서 볼 것인가

경로는 기본적으로 세 가지 구성 요소를 갖는다. 출발점, 도착점 그리고 그 둘을 잇는 경로 사이의 경유지다.

- 도착점 : 목적을 명확히 하기

"우리가 도착하고자 하는 곳은 어디인가?"

실천가의 관점에서 질문한다는 것은 논의와 추론을 통해 도달해야 할 도착점에서 질문하는 것이다.

Q1. 당신은 어떤 목적을 갖고 있는가?

- 도달해야 할 지점은 어디인가?
- 진정으로 원하는 결과는 무엇인가?
- 그것이 필요한 이유는 무엇인가?

하버드경영대학원에서 기업가들에게 전략을 가르치는 신시아 A. 몽고메리 교수는 《당신은 전략가입니까》라는 책에서 이렇게 조언한다.

"당신이 마지막에 도달하고 싶은 곳을 그리며 시작하라."

훌륭한 목적은 반드시 필요한 논의와 불필요한 논의를 선택하고 분별할 수 있는 지혜를 제공한다. 더불어 같은 목적을 공유하고 지지하는 사람들을 찾게 한다. 이들이 기꺼이 협력할 수 있게 하는 근거와 기회를 제공한다. 목적이 분명해져야만 이에 부합하는 논의와 활동에 집중할 수 있고, 불필요한 낭비를 최소화할 수 있다.

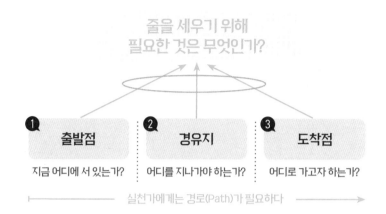

줄을 세우기 위해
필요한 것은 무엇인가?

❶	❷	❸
출발점	**경유지**	**도착점**
지금 어디에 서 있는가?	어디를 지나가야 하는가?	어디로 가고자 하는가?

실천가에게는 경로(Path)가 필요하다

"도착점에 서서 질문해보자."

출발점에 서서 도착점으로 향하는 것은 일의 진행 순서다. 그러나 기획의 진행 순서는 반대다. 도착점에 미리 서서 질문해보자. 물론 훌륭한 목적만으로 충분하지 않다. 실행자는 목적 외에도 필요한 것을 묻는다. 목적이 문제가 아니라면 무엇이 문제인가?

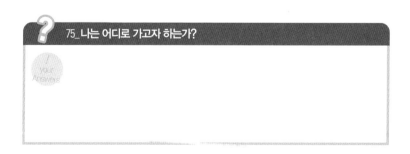

75_ 나는 어디로 가고자 하는가?

"어디에서 출발해야 하는가?"

시작은 지금 서 있는 곳에서 출발할 수밖에 없다. 하지만 현재 서 있는 곳을 모두 같은 관점에서 보고 있지는 않다. 출발점에서 물어보자.

Q2. 지금의 현실을 어떻게 보고 있는가?

- 무엇이 문제인가?
- 우리가 주목해야 하는 상황은 무엇인가?
- 언제, 어디에서 이 일이 시작되었는가?

실행자는 자신이 어디에 서 있는지를 묻는다. 내게 코칭을 지도해주신 릭 탬린Rick Tamlyn 코치님은 늘 이렇게 말씀하셨다. "어디에 서 있는지 알아야, 어디로 가야 할지 알게 됩니다."

자신을 포함해 현재 이슈를 해결하고자 모인 사람들이 어떤 관점에서 현안을 다루고 있는지 정리해볼 필요가 있다. 현실에 대한 공통의 인식은 논의를 전개해나갈 훌륭하고 든든한 토대가 된다. 반면 현실인식이 다른 상태에서는 다음 단계로 나아가기 어렵다. 문제에 대한 동의 없이 누가 해법과 실천에 대한 논의에 적극적으로 참여하겠는가?

지금 서 있는 곳에 대해 물어보자. 현재를 어떻게 인식하고 있는지 서로의 견해를 경청해보자. 도착점과 출발점을 찾아야 경로를 탐색할 수 있다. 매력적인 구슬들이 방바닥을 뒹굴고 있을 때, 목걸이를 만들고 싶다는 목적과 실로 꿰일 첫 구슬을 발견해야 한다. 어디서부터 시작해야하는가? 어디서 마무리를 해야 하는가? 도착점과 출발점을 연결할 양 끝을 발견하는 것이 실을 들고 있는 실천가의 의무다.

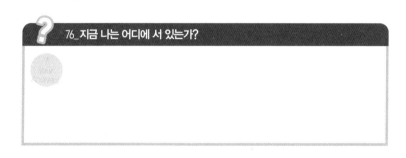

• 경유지 : 거꾸로 거슬러 중간 목표 찾아보기

"반드시 거쳐가야 할 경유지는 어디인가?"

출발점과 도착점 사이에는 반드시 경유해가야 하는 지점이 있다. '질문→답'처럼 바로 갈 수 있는 길이 아니라, '질문→탐구→답'처럼 중간에 거쳐야 하는 과정을 간과해서는 안 된다. '문제인식→문제해결'이 아니라 '문제인식→핵심 문제의 재정의→효과적인 해결안 도출→해법의 실행→문제해결'처럼 도착점과 출발점 사이에는 필연적으로 거쳐가야 하는 경로가 있다. 능숙한 실천가들은 반드시 거쳐가야 하는 경유지를 밝혀내고 이름 한 줄로 세워서 꿰어낸다.

Q 3. 반드시 달성해야 하는 중간 목표는 무엇인가?

• 목적 달성을 방해하는 장애물(걸림돌)은 무엇인가?

• 어떤 순서로 풀어가야 하는가?

• 지금 집중해야 할 곳은 어디인가?

경로를 거꾸로 거슬러 탐색해보는 과정은 반드시 필요한 중간 목표를 찾아내는 데 효과적이다. 너무도 많은 가능성 속에서 길을 잃어버린 경우라면 반대로 이미 원하는 목적지에 도착했다고 가정해보고, 어떤 과정을 거쳐왔는지 되짚어볼 필요가 있다.

경로를 찾는 또 다른 방법은 반드시 해결해야 할 장애물(걸림돌) 목록을 만드는 것이다. 앞으로 나아가지 못하게 하는 장애물은 반대로 해결해야 할 중간 목표를 찾는 훌륭한 지침이 된다. 출발점과 도착점 그리고 경유지를 찾아 이동 경로를 한 줄로 꿰었다면, 이제 공략해야 할 지점을 찾을 수 있다. 전체 흐름에서 막혀 있는 그 지점이 바로 공략 지점이다.

실천가는 바로 그 막힌 지점을 뚫을 방법을 묻고, 노력을 집중시켜 다음 단계로 나아가는 법을 알고 있다. 만약 아직도 새로운 관점이 보이지 않는다면 현재의 관점으로는 문제가 풀리지 않을 때가 관점을 새롭게 디자인할 때이다. 선을 긋고 나누어보아야 '다름'이 보이고, 끈을 이어 연결해보아야 '관계'가 드러나며, 틈을 찾아 빠진 것을 보아야 '가능성'을 찾을 수 있다. 한 줄로 세워서 꿰어볼 때 '공략 지점'을 찾을 수 있다.

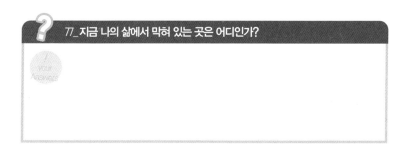

77_ 지금 나의 삶에서 막혀 있는 곳은 어디인가?

길은 하나가 아니다. 관점도 그렇다

관점 디자인 방법론으로도 새로운 관점을 찾지 못했다면 두 가지 다른 길이 있다. 관점은 결국 서 있는 위치에 따라 달라진다.

한 가지 방법은 익숙한 관점을 떠나 다른 곳으로 이동해보는 것이고,

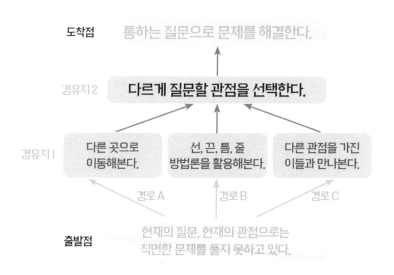

다른 방법은 당신과 다른 관점을 가진 사람들과 만나보는 것이다.

만나는 사람이 달라지면, 관점은 자연스럽게 변화되기 시작한다. 지금 나는 누구를 만나고 있는가?

단 한 명, 기꺼이 내 어려움을 이해하고
진심으로 들어주는 친구 단 한 명이
세계관 전체를 바꿔준다.

_ Eltou Mayo

27

손으로 하는 질문_¿ 질문 메모술
: 생각만 해서는 질문이 발전하지
않는다

기억을 믿지 말고 손을 믿어 부지런히 메모하라.

메모는 생각의 실마리, 메모가 있어야 기억이 복원된다.

습관처럼 적고 본능으로 기록하라.

_다산 정약용

💬 수학을 공부하는 법과 질문을 공부하는 법

수학 실력을 높이려면 뭘 해야 할까요

학생들이 수학 공부하는 모습을 관찰하고 피드백을 줄 때가 있다. 중하위권 학생들이 자주 범하는 두 가지 특징이 있다. 하나는 문제가 잘 풀리지 않으면 해답지를 살펴보는 것이다. 풀이법을 따라가면 쉽게 풀리니

마치 자신도 풀 수 있는 문제인데, 다만 풀이법이 떠오르지 않았다고 생각한다. 해법을 살펴보고 이해되면, 자신도 그 문제를 충분히 풀 수 있을 것이라고 착각한다. 남의 해법에 의존해서는 문제를 풀어가면 힘이 쌓이지 않는다.

두 번째 특징은 문제를 푸는 과정에서 눈으로 보고, 머릿속으로 푸는 습관이다. 간단하고 쉽게 보이는 문제들을 풀 때 더욱 그렇다. 상위권 학생들은 쉬운 문제라 해도 반드시 풀이 과정을 문제지의 빈 공간이나 노트에 차근차근 기록하면서 푼다. 상위권은 손으로 공부한다. 머리로만 공부해서는 좋은 결과를 얻기 힘들다. 중하위권은 자신의 머릿속 계산에 따라 나온 답이 선다형 안에 있으면 체크하고 다음 문제로 넘어가지만, 상위권 학생들은 풀이 과정을 손으로 기록한 후 역으로 되짚어보고 해법의 오류가 없었는지 다시 한 번 검증한다.

자신의 손으로 공부하고 있는가

남의 해법에만 의존하는 것도 문제이지만, 자신의 손으로 직접 풀이 과정을 기록하지 않는 것은 더 문제다. 눈으로만, 머리로만 공부해서는 실력이 늘지 않는 것이 수학이다. 수학은 손으로 하는 공부다. 수학과 마찬가지로 질문도 손으로 하는 공부법을 따라야 한다.

머릿속으로 하는 질문만으로는 질문 능력이 발전하기 어렵다. 머릿속에 떠오르는 질문을 끄집어내어 종이 위에 기록하기 시작해야 한다. 번거

롭더라도 손으로 질문하는 사람과 머리로만 혹은 말로만 질문하는 사람의 격차는 시간이 갈수록 커지기 마련이다.

💬 왜 움켜진 손을 펴지 못하는가

입구가 좁은 병 속에 손을 집어넣고 무화과 호두를 잔뜩 움켜쥔 아이에게 어떤 일이 일어나겠는지 생각해보라. 그 아이는 손을 빼지 못해서 울게 될 것이다. 이때 사람들은 "과일을 버려라. 그러면 다시 손을 빼게 될 거야"라고 말한다. 너희의 욕망도 이와 같다.

_ 에픽테토스

절름발이 노예였지만 후기 스토아학파의 거장이 된 에픽테토스의 가르침을 되새겨보자. 질문을 잘하고 싶다고 수많은 물음을 청해오는 사람들을 볼 때 나는 가끔 이 우화가 떠오른다. 여러 가지 질문을 한 번에 해결하려고 욕심을 부리면 탈이 난다. 아이의 어리석음을 비웃지 말고 한 번 더 물어보자.

"아이는 왜 과일을 붙잡은 손을 놓지 못하는가?"

배가 고프고, 무화과와 호두를 먹고 싶어 하는 욕망이 잘못된 것은 아니다. 아이는 움켜쥔 손을 펼쳤을 때 놓치게 될 무화과와 호두가 아쉬운 것이다. 만약 당장 손을 빼도 다시 무화과와 호두를 원하는 만큼 먹을 수 있다는 것을 믿는다면, 이 아이는 다르게 선택할 수 있다. 손 안의 호두와 무화과에 사로잡혀 다른 것을 생각하지 못할 뿐이다.

사로잡히면 다른 것이 보이지 않는다. 내려놓을 수 있게 하는 것에는 기술이 필요하다. 손을 펴도 사라지지 않는다는 믿음을 가질 수 있는 근거가 필요하다. 좁은 병 속의 무화과와 호두를 놓지 못하는 아이처럼, 우리는 현재 사로잡혀 있는 질문들을 내려놓기 힘들다.

우리 머릿속에는 해결하고자 하는, 수없이 많은 질문으로 가득 차 있다. 질문에 주의를 집중하지 않으면, 당장 답하지 않으면 큰일 날 것 같은 질문들 말이다. 너무 많은 질문에 사로잡혀 있다 보면, 어떤 질문에도 답하기 어렵다. 수많은 질문을 내려놓을 수 있는 방법, 그리고 그 수많은 질문 중 지금 집중할 가장 가치 있는 질문을 선택할 수 있는 여유를 갖기 위해서는 방편이 있어야 한다. 그것은 바로 머릿속 질문들을 종이 위에 기록해두는 것이다.

모든 것은 빠르게 기화되어 흩어진다. 인간은 익숙하지 않는 생각일수록 쉽게 망각한다. 흩어지는 생각을 되돌려 기억하기란 결코 쉽지 않다. 그러니 바뀌는 것을 따라가려 하지 말아야 한다. 하지만 바뀌는 것에 대한 인식 자체는 필요하다.

_ 건축가 김수근

💬 손으로 하는 질문

왜 질문은 기록해야 하는가? 이에 대해 살펴보자.

망각에 저항하기 : 기록과 메모

생각은 빠르게 기화되어 흩어진다. 인간은 익숙하지 않는 생각일수록 쉽게 망각한다. 생각을 촉발시키는 질문은 더 빠르게 사라진다. 흩어지는 질문과 생각을 되돌려 기억하기란 쉽지 않다. 망각의 속도를 극복하기 위해 인간은 기록한다.

기억Memory하기 위해 인간은 메모Memo하는 습관을 발전시켰다. 기록하고 보관해두면 흩어졌던 생각을 보다 쉽게 되살릴 수 있다. 시간이 흐르고 흘러 희미해진 생각은 기록을 바탕으로 복원된다. 우리의 기억은 기록에 의존하고, 기록을 다시 살펴보는 것으로 생각은 활성화된다.

메모는 기억의 한계로부터 생각을 지키려는 방어기제다.

_ 정민

망각의 두려움에 사로잡히면, 잊어버리기 전에 답해야 한다는 조급함에 빠지게 되기 쉽다. 기록해두면 조금 더 여유롭게 질문에 대응할 수 있는 힘이 생긴다. 바로 답할 수 있지만, 답을 뒤로 미뤄둘 수도 있다. 망각으로부터 자유로울 수 있을 때 조급함을 버릴 수 있고, 어떻게 반응할지 선택할 수 있는 힘이 생긴다.

서둘러 답하기 전에, 질문을 메모해두는 습관

여러 가지 질문을 모으고 분류한 다음 중요한 질문을 선택해 답할 수도 있다. 답하는 가운데 주제로부터 벗어난 이야기로 흐르더라도 다시 본론으로 돌아오기 쉽다. 충분히 답을 찾지 못한 질문의 경우라도, 메모를 들고 해당 질문에 답할 수 있는 사람을 찾아 의견을 구할 수도 있다.

질문은 누구나 한다. 그러나 누구나 질문을 적지 않는다. 적을 때 생각은 느려지고, 대화도 잠시 미뤄진다. 머릿속에 생각을 떠올리거나, 입으로 표현하는 것에 비해 종이 위에 펜으로 끄적여 메모하는 것은 느리다. 조금 더 많은 시간을 필요로 하고, 귀찮은 준비와 노력을 요구한다.

그러나 기록된 질문은 쉽게 사라지지 않고 필요한 순간 되살릴 수 있다. 기록된 질문은 다시 생각을 불러 일으키고, 끊겼던 대화를 다시 이어갈 힘을 부여한다. 질문을 기록해두는 작은 습관이 쌓이고 쌓이면 질문하는 힘이 강화된다. 필요할 때 가장 적합한 질문을 불러올 수 있다.

말로 하는 질문보다, 글로 보여주는 질문이 더욱 강력하다

배우는 것을 좋아하다 보니, 훌륭한 사람들의 강연을 듣기 위해 종종 나들이를 한다. 유창한 언변으로 사람들의 마음을 사로잡는 강연이 끝날 때 즈음 연사들은 청중들을 향해 질문한다. "질문 있으신 분?" 공개적인 자리에서 질문하기 위해 손을 드는 경우가 드물긴 하지만, 간혹 용기를 내어 질문하는 사람들이 있다. 연사는 질문을 받고 다시 한참 동안 이야기를 풀어낸다. 이야기를 쭉 풀어가다가 간혹 이런 질문을 하는 연사가 있다.

"그런데 질문이 뭐였죠?"

우리는 대화를 하면서도 종종 길을 잃고, 생각하면서도 쉽게 길을 잃는다. 길을 잃어버리지 않기 위해 질문하는 사람이든, 질문을 받는 사람이든 질문을 기록해서 공유하게 되면 유익하다. 각종 모임과 회의 시에 논의하려는 주제(아젠다)를 질문 형태로 기록해두고 의견을 나누어야 논의가 샛길로 빠지는 것을 방지할 수 있다.

우리는 스스로 질문에 대한 답을 생각해보고 상대방의 질문에 답변하기 위해 질문을 기록한다. 쉽게 답할 수 없는 질문에는 충분히 오래 머물러 생각할 필요가 있다. 기록된 질문을 통해 생각에 집중할 수 있는 환경을 구축한다. 질문을 기록해두면, 당장 답이 떠오르지 않아도 나중에 질문 메모를 통해 다시 생각을 이어갈 수 있다. 만약 질문을 기록해둘 수 없다면 당장 눈앞에 있는 질문들에 답하기 급급하고, 충분히 깊이 생각에 머무를 수 없게 될 것이다.

질문은 누구나 한다. 그러나 그 질문을 아무나 적는 것은 아니다

질문을 기록하는 것이 왜 중요한지 스스로 답해보자.

Q1. 만약 질문을 기록하지 않는다면?

- 새로운 생각이 떠오르면, 질문은 쉽게 망각된다.
- 다양한 답을 찾을 때까지 충분히 주의를 집중하기 어렵다.
- 찾아낸 답이 질문에 대한 진짜 답인지 다시 검토할 기회를 놓치기 쉽다.
- 현재 질문보다 더 좋은 질문을 만들어낼 수 있는 기회를 잃어버리기 쉽다.
- 대화나 회의 시 주제를 벗어나 다른 곳으로 흘러가기 쉽다.
- 중요한 질문에 대한 탐구 과정이 일회성으로 끝나기 쉽다.

- 질문이 기록으로 남게 되고, 필요할 때 다시 꺼내볼 수 있다.

- 질문을 손으로 적으며, 마음 속에 더 깊이 각인할 수 있게 된다.

- 기록된 질문은 흩어지기 쉬운 주의력을 오래 유지할 수 있게 한다.

- 질문을 보다 명확하게 타인에게 전달/공유할 수 있게된다.

- 기록된 질문과 응답들을 다시 살펴보면서 질문과 답을 다시 검토할 수 있게 된다.

- 기록된 질문을 바탕으로 더 좋은 질문들을 떠올리는 계기가 된다.

- 더 좋은 질문을 발견하고 싶다면, 질문을 기록하라.

- 질문에 당신 자신과 다른 사람들이 더 오래 집중을 유지하기 바란다면, 질문을 기록하라.

- 중요한 질문을 한 번 답하는 것이 아니라, 여러 번에 걸쳐 고민해보고 싶다면 질문을 기록하라.

- 다른 사람의 훌륭한 질문을 당신의 질문으로 만들고 싶다면, 질문을 기록하라.

- 더 좋은 질문을 만들어보고 싶다면, 질문을 기록하라.

🗨 질문술사가 자주 활용하는 네 가지 질문 메모술

"어떻게 질문을 기록하는 것이 좋을까?" 문제는 해결되어야 하고 질문은 기록되어야 한다. 질문을 메모하고, 기록하는 효과적이고 특별한 방법이 있을까? 메모지를 꺼내고, 펜을 들고 질문을 기록하면 되는 것에 별다른 방법이 있는 것은 아니다. 다만 그동안 질문들을 메모하고, 활용해보면서 효과적이었던 네 가지 질문 방법들을 소개하고자 한다.

카드 질문법(Post-It을 활용한 질문 기록술)
: 포스트잇 한 장에 질문 하나씩 기록하기

이 방법은 메모지로 주로 활용되는 포스트잇 등 '종이 한장'에 질문 하나씩을 기록하는 것이다. 메모지 한 장에 질문 하나를 기록하는 것이 원

질문을 기록하는 것이 왜 중요한가?	질문을 기록해야 하는 순간은 언제인가?	질문을 어디에, 어떻게 기록으로 남겨두어야 하는가?
질문을 기록하기 위해 필요한 것은 무엇인가?	질문을 기록하지 못하게 방해하는 걸림돌은 무엇인가?	만약 질문을 기록한다면(혹은 기록하지 않는다면) 어떤 일이 일어나는가?

칙이다. 포스트잇이나 카드에 질문을 기록해두면, 질문을 종류별로 수집해서 재분류하기에 편하다. 책을 읽다가 떠오르는 질문을 포스트잇에 적어두고 붙여두어도 되고, 강의를 듣다가 나중에 질문할 사항을 일단 포스트 잇에 적어두는 방법이다. 책이나 기사를 보다가, 공감이 되는 질문을 옮겨 적기도 한다.

질문 리스트법
: '고수의 질문'이란 글을 쓰기 전에 설명한 질문 리스트

이 방법은 A4 용지 한 장의 종이에 주제 하나를 적어두고, 생각해볼 질문을 떠오르는 대로 기록해 목록을 만드는 것이다.

아이디어를 적는 브레인스토밍과 유사히기에 나는 이 방법을 질문스토밍이라 부르기도 한다. 한가지 주제에 대해 다양한 각도로 생각해볼 필요가 있을 때 주로 활용한다. 일단 떠오르는 질문을 모두 적어보고, 먼저 답해야 할 질문들을 선택하는 방식으로 활용할 수 있다.

프레임워크 질문법

4P 프레임워크를 활용하여, 미팅을 준비하기 위해 답해볼 질문들을 정리해보았다. 이 방법은 특정한 프레임워크를 활용해 구조화된 질문을 만드는 방식이다.

예를 들어 'SWOT'이나 '4P'처럼 효과성이 검증된 프레임워크를 활용

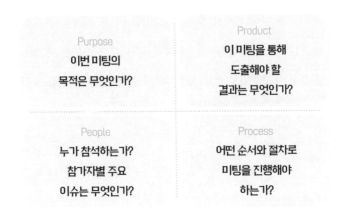

해 질문들을 기록하는 것이다. 주제에 따라 반드시 검토해야 할 요소가 있을 때, 요소에 따라 질문을 구상할 때 유용하다.

다양한 질문어를 활용하여 만들어본 변화 질문들 '진/선/미'라는 3대 가치를 중심으로 질문을 만들어보았다.

Why 변화가 필요한 이유는 무엇인가?	Where/When 언제, 어디에서 변화를 시작해야 하는가
What 무엇을, 무엇으로 변화시켜야 하는가?	How much/many 구체적으로 얼마나 많은 이들의 참여가 필요한가?
How 변화를 일으킬 가장 효과적인 방안은 무엇인가?	If 만약 변화하지 않는다면 어떤 일이 발생하고, 변화로 인해 얻게 될 긍정적 효과는 무엇인가?

빈칸질문법

Step 1. 상단에 질문을 적고, 빈 공간을 그대로 둔다.

이 방법은 질문을 기록하는 것보다, 답을 구상하는 것에 중점을 둔 질문 기록법이다. 용지 상단이나 중앙에 질문을 기록해두고, 빈 공간에 해당 질문에 대한 답들을 모아보기 위해 활용하는 기록법이다.

카드 질문법이나, 질문 리스트법은 질문을 기록하는 것에 목적이 있다면, 빈칸 질문법은 중요한 질문에 대해 다양한 답들을 검토하기 위해 활용한다. 빈칸 질문법은 프레임워크 질문법과 함께 활용해 특정한 양식으로 만들어볼 수도 있다.

Step 2. 시간을 내서, 질문에 대한 다양한 답변들을 적어본다.

질문을 기록할 때는 가급적 완결된 의문문 형태로 적는 것이 좋다. '어떻게?'라고 메모해두면, 다시 그 질문을 봐도 무엇을 묻는 것인지 헷갈린다. '어떻게 질문하는 힘을 키울 수 있을까?'라고 묻는 것이 좋다. 때로는 '어떻게 우리 직원들이 질문하는 힘을 키우게 할 수 있을까?'라고 주어까지 분명하게 기록해두어야 한다.

질문을 지속적으로 기록하고 수정하다 보면, 단어 하나 하나가 바뀌는 것에 따라 질문의 방향성이 달라지는 미묘한 차이를 느낄 수 있게 된다. 그저 떠오르는 대로 질문해서는 얻을 수 없는 결과들이 있다. 꾸준하게 질문을 기록하고, 다르게 적어보면서 더 좋은 질문을 만들어가야 한다.

하수는 생각으로 묻고, 중수는 입으로 묻고, 고수는 손으로 묻는다. 답하기 전에 먼저 질문에 주의를 기울여야 한다. 동문서답이 되지 않으려면, 답하기 전에 질문 그 자체를 온전히 이해하기 위해 집중해야 한다.

적극적이고 능동적으로 질문 그 자체에 반응해야 한다. 이를 위해 쉽고 간단한, 그러나 무엇보다 효과적인 방법은 답하기 전에 먼저 질문을 메모하는 것이다.

하루 질문
: 최선을 다하지 못해
  후회하고 있는 것은 무엇인가

💬 오늘 하루, 당신의 삶 속에는 질문이 살아 있는가?

일상 속에서 실천되지 못하는 것들은 아직 삶이 아니다.

_구본형

하루하루가 모여 삶을 이룬다. 해가 뜨고 자리에서 일어나면 일상적 흐름이 자연스럽게 펼쳐진다. 학교에 가거나, 회사에 가거나, 밀린 집안일을 하거나. 일상은 그렇게 원하든 원하지 않든 무언가를 내게 요구한다. 내 삶의 흐름은 미리 정해져 있는 것인가?

💬 무엇이 나의 하루를 새롭게 하는가

늘 새롭게. 내 새로운 삶을 위한 좌우명이다. '구일신 일일신 우일신苟日新 日日新 又日新.《大學》'이란 말에서 가져왔다. 하루하루가 새로워야 한다. 의도를 갖고 살지 않으면 익숙한 습관들에 사로잡혀 반복되는 일상에 갇혀 권태로워진다.

새롭지 않은 일상은 내게 살아있다는 감각을 선물해 주지 못한다. 새로움은 내가 인간의 삶을 살아가고 있음을 깨우치게 하고 감사하게 만든다. 나는 프로그래밍된 기계적인 삶에 저항한다. 무엇이 당신의 하루를 새롭게 하는가?

💬 최선을 다하지 못해 후회하고 있는 것은 무엇인가

지나간 것은 지나간 대로 그런 의미가 있죠

떠난 이에게 노래하세요. 후회 없이 사랑했노라 말해요

_노래 〈걱정말아요 그대〉 가사 중

노래 가사와 다르게 우린 '지나간 것을 지나간 대로' 쉽게 떠나보내지 못한다. 붙잡고 놓아주지 못하며 아픔 속에 머무른다. 후회가 되기 때문이다. 최선을 다하지 못한 아쉬움에 씁쓸한 것이다. 뒤돌아볼 수밖에 없는 것이 삶이다. 그러나 지나간 시간에 너무 오래 머물지는 말자. 살아있는 인간은 다시 일어나 앞을 보고 나아가야 한다. 그러니 묻자. 언제까지 후회만 하고 머물러 있을 것인가?

연탄재 함부로 발로 차지 마라.
너는
누구에게 한 번이라도 뜨거운 사람이었느냐.

_ 안도현, 〈너에게 묻는다〉

2016년 리우 올림픽 육상 여자 5,000m 예선 2조 경기에서 뉴질랜드 선수 니키 햄블린이 2,500m 지점을 통과하다가 넘어졌다. 뒤따르던 미국의 애비 다고스티노 선수도 햄블린의 발에 걸려 넘어졌다. 자신과 경쟁 선수의 경기를 망친 햄블린은 머리를 감싸쥐고 좌절하고 있었다. 그때 어찌 보면 피해자였던 다고스티노가 먼저 일어나 햄블린에게 다가가 이렇게 말했다.

"일어나, 끝까지 달려야지."

둘 다 일어나 달렸지만, 다고스티노는 오른 다리를 쩔뚝이다가 다시 쓰러졌다. 이번에는 햄블린이 다가와 다고스티노를 일으켜 세우고, 서로를 의지하면서 결국 결승선을 함께 통과했다. 사람들은 감동했고, 국제올림픽위원회[IOC]는 "휴머니티와 희생을 보여주면서 전 세계 사람들의 심금을 울렸다"며 올림픽 창시자인 피에르 드 쿠베르탱의 이름을 딴 '쿠베르탱 메달'을 두 선수에게 수여했다.

햄블린은 "다고스티노와 나에게 정말 특별한 메달"이라고 말하면서 "우리 둘 모두 이런 메달을 받을 거란 생각도 못했다. 그저 트랙에서 최선을 다하고 싶었을 뿐"이라고 소감을 밝혔다.

💬 나에게 최선이란 무엇인가

최선을 다하는 사람들의 행동은 결과에 상관없이 아름답고, 그 아름다움은 우리 내면에 깊은 울림을 느끼게 한다. 우리 안에 잠들어 있는 최선을 다하고 싶은 갈망을 건드린다. 이기는 것만이 최선은 아니다. 아쉬울지언정 후회하지 않는 것이 최선이다. 온 정성을 다하는 것도 중요하며, 당장의 불이익이 예상되더라도 자신의 선한 마음을 따르는 것이다.

진정성과 정직성이 바탕이 되지 않고, 최고의 결과만을 바란 행동을 우리는 최선이라 하지 않는다. 금지된 스테로이드 약물을 복용하면서 기록을 향상시키려는 선수들의 선택에 실망하게 된다. 그 선수들 역시 최선을

다해 땀방울을 흘렸다. 과정에 대한 최선이 아니라, 최고의 결과를 얻고
자 하는 마음에 사로잡혀 저지른 행동이 그동안 흘려왔던 땀방울의 가치
를 평가절하하게 만든다. 최고에 사로잡혀 최선을 놓치지 말자.

무엇이 최선인가? 당신에게 무엇이 최선인가? 최선이 아닌 것과 최선
인 것을 분별할 수 있는 기준을 먼저 세워가야 한다.

$$\text{최선} = \text{최선의 선택} \times \text{집중된 실천}$$

아마 당신의 최선과 나의 최선은 다를 것이다. 연탄재 함부로 발로 차
지 말라던 시인의 조언에 귀 기울여보자. 연탄의 최선은 뜨겁게 타오르는
것이다. 박지성은 운동장 위 모든 곳에 자신의 발자욱을 남기는 데 최선

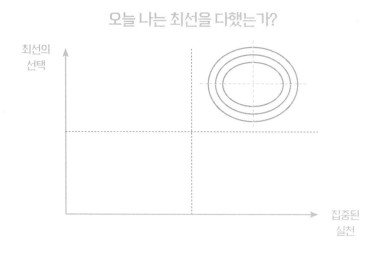

오늘 나는 최선을 다했는가?

을 다했다. 자신의 팀 선수들을 위해 공간을 장악하는 것은 박지성의 최선이다. 오바마는 함께 만드는 변화의 가능성을 일깨우는 데 최선을 다했고, 저커버그의 최선은 사람들을 연결시키기 위해 코딩하고 또 코딩하는 일이다. 남들의 최선은 그만 묻고, 이제 나 자신의 삶을 위한 최선을 물어보자. 인생의 최선이 무엇인지 답하는 것이 너무 커다란 도전이라면, '오늘 하루 나의 삶에 최선'을 다한다는 것이 무엇인지를 묻고 답해보자.

최선을 찾고, 최선을 다해야 후회가 없다. 결과가 좋든, 나쁘든, 의도하지 않았던 시련이 다가오든, 걸림돌에 걸려 넘어졌든, 후회하지 않은 단 하루를 만들어가는 것에서 시작하면 된다. 후회 없는 하루를 만드는 즐거움을 모두가 누렸으면 좋겠다.

최선을 다하지 못한 것이 후회되는가,
아니면 최선을 찾고 선택하지 않았던 것이 후회되는가?

힘겨운 자신에게 무작정 더 노력하고 헌신하라고 강요하진 말자. '최선最善'에는 두 가지 뜻이 있다. '최선을 기울이다'라고 말할 때는 '온 정성과 힘'을 다한다는 뜻을 담고 있다. 반면 '최선의 방법, 최선의 선택'이라는 문장에서는 '가장 좋고 훌륭함, 또는 그런 일'을 뜻한다. '최선(2. 가장 좋고 훌륭한 일)'이 아닌 일에 '최선(1. 온 정성과 힘)'을 다하는 것은 어리석다.

우리가 먼저 반성해볼 일은 '최선(1)'을 다했는가가 아니라, '최선을 다할 가치가 있는 일(2)'을 제대로 선택했는가이다. 하루가 끝날 때 즈음 최선을 다했는가를 물어야 한다면, 하루가 시작될 때 먼저 해야 할 것이 있다. 하루가 시작 될 때 '오늘 최선을 다하고 싶은 것'을 선택하고 기록하는 시간을 가져보는 것이다.

'최선의 결정'과 '최선을 다한 실행'을 분별하자. 최선의 선택이 아니라고 생각되는데 어쩔 수 없는 상황에 따라 선택한 것이고, 타인의 강요에 따라 선택한 것이라면, 최선을 다하기 어려운 것은 너무도 당연하다. 타인이 나에게 하는 최선의 조언이라도, 나에게 최선일 리 없다. 나의 최선이 무엇인지에 대해서는 결국 스스로 답해야 한다.

최선이 무엇인지 배우고 깨우쳐가는 과정에서 꼭 필요한 것은 솔직함

이다. 최선을 선택하는 것에는 용기가 필요하다. 최선이 아닌 것을 거절할 용기, 최선이 아닌 것을 거부할 용기, '아니요'라고 말하지 못하면 최선에 다가설 수 없다.

자신의 최선을 포기하고, 타협하고, 강요에 따르는 것이 최선일 리 없다. 최선을 다했는가라고 묻는 사람들에게, '나의 최선'을 당당하게 이야기하자. 온 정성을 다해 최선을 다해도 아쉬움이 남는 것은, 최선이 아닌 것에 최선을 다해서일지도 모른다. 나 스스로에게 조금 더 솔직해지자.

💬 최선을 다하는 삶을 위한 하루 질문

아침 질문 :

오늘 하루 최선을 다해 몰입할 것은 무엇인가 _____?

큰 그릇 속의 효모 하나가 밀가루를 발효시키듯 오늘 시작한 작은
행동이 내 모든 것을 변화시킬 것이다.

_마리안 반 아이크 맥케인

온 정성을 다해 실천하려면, 너무 많은 것을 선택해서는 안 된다. 단 하나면 가장 좋고, 많더라도 세 가지를 넘지 않도록 한다. 아침에 종이 한 장

을 꺼내 끄적여보자. 중앙에 가로 세로로 선을 긋고 좌측 상단 칸에 질문을 적어보자. '오늘 최선을 다해 몰입하려고 선택한 것은 무엇인가?'

하루하루 정해진 일정, 만나야 하는 사람, 세상이 나에게 요구하는 다양한 일들을 'To-Do 리스트'로 작성하라는 것이 아니다. 내가 하루를 위해 최선을 다하고 싶은 것을 선택하는 것이다. 하나면 가장 좋다. 단 한 가지를 선택해 충분히 몰입해서 끝내고 난 후에, 다음 최선은 무엇인지 물으면 그것으로 충분하다.

저녁 질문 :

나는 오늘 _____에 최선을 다했는가

다가올 수천 단계에 대해 걱정하기보다는
눈 앞의 다음 단계로 발을 내딛는 사람이 되고 싶습니다.

_테오도어 루스벨트

잠들기 전에 오늘 하루 최선을 다했는지 물어보자. 세계 최고의 행동주의 코치이자 리더십 전문가인 마셜 골드스미스는 매일 자신의 삶을 위해 '최선을 다했는가?'를 묻길 권한다.

아침에 선택하고 기록한 '최선 목록'에 얼마나 충실한 하루였는지 살펴보자. 마셜 골드스미스의 제안에 따라 최선을 다하고 싶은 것을 목록으로 만들어 꾸준히 기록하는 것도 좋다. 솔직하게 답해보면, 다음날 최선을 다하고 싶은 일이 무엇인지 다시금 떠오를 것이다. 하루하루에 최선을 다하는 것에서 출발해보자.

💬 오늘이 가기 전에 답해야 할 질문은 무엇인가

두 가지 이상의 일에 동시에 최선을 다하기란 어렵다. 하나에 깊이 몰입할 때 생겨나는 흐름과 결과는 경이롭다. 흐름이 중단될 때마다 다시 초점을 잡아 집중하기 위해서는 또 다른 준비의 시간이 필요하다. 하나를 선택하는 작업은 집중을 위한 치열한 준비다. 하루를 새롭게 하는 것은 하나로 충분하다. 하나가 달라지면, 나머지는 따라 변한다. 하루를 새롭게 변화시키기 위한 단 하나를 묻는 것은 이런 이유에서다. 오늘 하루 내 충만한 삶을 위한 단 하나는 무엇인가?

답을 얻기 위해서는 질문할 수 있어야 한다. 올바른 답을 찾기 위해 올바른 질문을 선택하는 것이 먼저다. 하루를 새롭게 하는 단 하나를 찾기 위해, 하루 안에 답해야 할 단 하나의 질문을 찾아 적어보자.

오늘 답하지 못한다면 언제 다시 답할 수 있을 것인지 기약할 수 없다. 새로운 하루의 출발의 문을 여는 것은 단 하나의 질문이다. 어제와 같은 질문으로 새로운 답을 찾기 힘들다. 그래서 매일 새로운 질문을 찾는다.

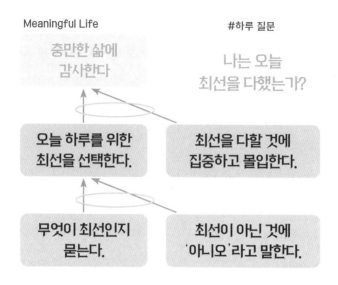

Meaningful Life

충만한 삶에
감사한다

#하루 질문

나는 오늘
최선을 다했는가?

오늘 하루를 위한
최선을 선택한다.

최선을 다할 것에
집중하고 몰입한다.

무엇이 최선인지
묻는다.

최선이 아닌 것에
'아니오'라고 말한다.

오늘이 가기 전에 답해야 할 당신의 질문은 무엇인가? 하루하루 여러분의 삶에 더 좋은 질문이 가득하길 기원한다.

감사의 글

일체의 글 가운데서 나는 피로 쓴 것만을 사랑한다. 글을 쓰려면 피로 써라. 그러면 너는 피가 곧 넋임을 알게 될 것이다. 다른 사람의 피를 이해한다는 것은 쉬운 일이 아니다. 그래서 나는 게으름을 피워가며 책을 뒤적거리는 자들을 미워한다.

_ 니체,《차라투스트라는 이렇게 말했다》

책을 쓰는 삶을 살고 싶다는 욕망은 깊고 오래되었다. 책을 통해 배움과 즐거움을 경험하면서, 책을 쓰는 이들에 대한 존경심과 감사함을 품었다. 마치 큰바위 얼굴을 닮고자 하는 어니스트의 욕망처럼 나도 훌륭한 책을 남기는 작가가 되고 싶었다.

초등학교 시절 부모님이 사주신 문학전집을 통해 책읽기를 시작했다. 그동안 못해도 수천 권의 책을 읽어 왔다. 읽고, 또 읽고 또 읽었고, 앞으로도 읽을 것이다. 그런데 읽기와 쓰기는 그 근본부터 다르다는 것을 깨닫고 있다. 글을 쓰는 작업이 이렇게 어려운지 몰랐다. 나는 왜 힘겹게 글을 쓰고 책을 펴내고 싶어 했을까?

누구에게나 자신의 삶 속에서 '표현하고 싶은 메시지'가 있다. 나도 그렇다. 책을 쓴다는 것은 자신의 목소리를 내는 것이다. 나처럼 소심한 사람에게는 자신의 목소리를 낸다는 것이 두렵고 용기를 필요로 하는 일이다. 말을 통해서 목소리를 내는 것이 부담스럽기에 글을 통해 목소리를 내고자 하는 것일지도 모른다. 내 삶을 통해 추구하고자 하는 바를, 그것이 비록 '부족한 생각'일지라도 표현하고 싶었다. 어른다운 어른이 되고 싶었고, 어른다운 어른의 질문을 찾고 싶었다.

책을 쓴다는 것은 구상에서부터, 퇴고에 이르기까지 수만 번 자신의 목소리를 듣고, 다시금 살펴볼 기회를 준다. 아마 책 쓰기에 도전한 수많은 사람 중 대다수가 이 '지난한 과정'을 인내하지 못하고 책 쓰기를 포기했을 것이다. 하지만 이 과정을 통과하고 나온 글들은 책이라는 그릇을 통해 영혼을 가지게 될 것이다.

책을 쓰되 팔리는 책, 그리고 독자들에게 유익함을 남겨 주는 책을 쓰고 싶었다. 독자들과 내 공부를 나누며, 그들의 공부를 돕고 싶었다. 책을 통해 교류하는 만남은 즐겁다. 그 유혹이 너무도 컸다. 책을 쓰는 과정은 내 자신의 배움을 더욱 깊게 해주었다. 생각하고, 다시 생각하고, 다시 생각할 수밖에 없기 때문이다. 또한 내 사고의 편린들과 생각의 깊이를 반성해볼 수밖에 없기 때문이다. 그리고 나는 내가 쓴 글들에 부끄럽지 않은 삶을 살고 있는지를 되돌아보면 쉽게 답하지 못한다. 솔직하게 말하자면 나 역시 부끄럽다.

우리는 모두가 서로에게 의지하고 있다. 지구상의 모든 영혼은 그렇다.

_ 조지 버나드 쇼

이 책을 쓰는 과정에서 도움을 주신 분들이 너무도 많다. 한 분 한 분 찾아뵙고 감사의 인사를 드리지 못하는 것이 죄송할 뿐이다.

책은 독자를 만나기 전까지 책이 아니다. 독자가 있기 전까지는 나는 아직 작가가 아니다. 이 점은 나를 설레게 하면서도, 두렵게 한다. 이 부족한 글을 읽고 책이 될 수 있다고 믿어준 첫 독자인 이야기가있는집의 정은아 팀장이 아니었다면 이 책은 세상에 나오지 못했고, 작가로서 나의 삶은 몇 년 더 미뤄졌을 것이다. 다시 읽어봐도 부족하기만 한 글들을 엮어 책이 나왔다는 사실이 잘 믿겨지지 않는다. 첫 책이니 당연히 미흡할 것이다. 책을 구입하고 읽어준 독자에게 가장 큰 감사의 인사를 전하고 싶다. 독자 여러분이 있어, 작가로서의 여정을 시작할 수 있게 되었다.

이 책의 많은 내용은 우리 가족에게 밥값을 제공해준 고객들과 함께 한 경험에서 나왔다. 리더십을 향상시킬 수 있게 돕고, 비즈니스의 혁신을 이끌어내고, 학습조직의 구축을 돕는 것이 나의 일이다. 혁신가들의 자각과 책임을 돕는 코칭이 나의 일이다. 짧은 시간의 코칭시간이나 그룹 퍼실리테이션에서 다루지 못한 이야기를 쓰다 보니 글이 되고 책이 되었다. 코치로서 그리고 퍼실리테이터로서 살아갈 수 있게 기회를 준 분들에게 감사의 마음을 전한다. 나의 부족한 질문들이 여러분과 여러분의 조직의 성장에 기여하는 촉진제가 될 수 있기를 바란다.

리더들의 성장에 공헌하는 삶을 직업으로 가질 수 있는 기회를 주고 후원해주신 넥스큐브코퍼레이션 고승재 대표님, 교육개발연구소(EDI)에서 리더십이 부족한 소장을 도와 수많은 프로젝트와 교육과정 운영을 도와주신 연구원님들, 학습자들의 성장에 공헌하기 위해 배움을 멈추지 않았던 에듀플렉스 원장님과 매니저님들, 내 첫 직장의 모든 동료에게 감사의 마음을 전한다.

이 책에서 소개된 훌륭한 질문에 대한 관점은 내 스승들 덕분이다. 비즈니스 혁신을 돕는 일을 하고 계신 비전아레나 조용호 대표님은 '고민할 것을 고민하게 하고, 고민할 관점에서 고민하게 하는 것'이 좋은 질문이라는 깨우침을 주셨다. It's All Made Up의 릭 탬린 코치님은 '어디에 서 있는지 알아야, 어디로 가야 할지 알게 된다'는 깨우침을 주시며, 지금 서 있는 곳이 어디인지, 어디를 향해 나아가야 할지를 물어봐주셨다. 엘리 골드렛의 가르침을 전하고 계신 정남기 교수님과 최원준 교수님 덕분에 명확하게 생각하는 법을 배우고 있다. 액션러닝을 지도해주신 봉현철 교수님은 '겸손한 질문자의 자세Humble Inquiry'를 소개해주셨고, 또 자신의 삶으로 모범을 보여주셨다. 쿠퍼실리테이션의 구기욱 대표님은 모든 사람의 의견은 동등하게 귀중하다며, 구체적으로 참가자들의 의견을 이끌어내고 경청할수 있는 진정성 담긴 질문의 다양한 기법과 질문자의 마인드셋을 소개해주셨다. 아시아코치센터의 폴 정 박사는 고유한 존재의 가치를 일깨우는 질문을 선물해주셨다. 최인철 교수님은 질문의 이면에 담긴 가정과 전제, 질문이 가진 프레임 효과를 다시 볼 수 있게 하는 눈을 뜨게 해주셨다.

강점경영학교의 이동우 교수님과 함께 교수자들을 위한 질문 워크숍을 만드는 과정은 협력의 중요성을 다시금 깨달을 수 있는 기회를 주었다. 삶에 행복을 주는 시기적절한 질문을 고민하게 한 권귀헌 작가와 질문이 살아있는 교실을 만들고 계신 김현섭 선생님. 블룸컴퍼니의 박정효 대표님은 긍정심리학을 공부할 기회를 주었고, 행복을 키우는 질문을 공부해 나갈 수 있도록 배움과 나눔의 장을 열어주고 있다. 그리고 질문을 예술처럼 즐길 수 있음을 보여준 Why Artist 안다비, 장사하는 사람들에게 질문의 중요성과 방법을 전해주고 싶어 안달이 나신 이영석 대표, 삶에서 중요한 질문들을 게임처럼 즐기는 법을 깨닫게 해주신 김상균 교수님께도 감사의 마음을 전한다. 여러분들과 만남을 통해 질문은 내게 밥벌이가 되고, 학교가 되고, 예술이 되고, 놀이가 되었다.

직접 만나보지 못했지만, 질문하는 삶과 깊이 생각하는 법을 안내한 스승들도 있다. 언제나 올바른 일을 하고 있는지를 묻게 한 첫 번째 질문 스승, 피터 드러커와 충만한 삶, 의미 있는 성공을 위해 집중할 것이 무엇인지 묻게 하는 제약이론의 엘리 골드렛, '당신의 인생을 어떻게 평가할 것인가'라는 큰 질문으로 내 삶을 돌아보게 만든 파괴적 혁신의 저자 클레이튼 크리스텐슨 교수, 한동안 잊고 있던 질문의 중요성을 다시 환기하게 해준 앤서니 라빈스, 인간과 교육에 대한 온전한 이해를 고민하게 만들어준 인지학의 루돌프 슈타이너, 통합이론Integral Theory을 통해 온전히 조망하는 법을 안내해준 켄 윌버와 한 줄로 꿰어서 보는 법을 안내해준 구조론의 김동렬 님, 창조적 지식경영자의 삶의 모범적인 모습을 보여주신 구본형 소장님과 찰스 핸디, 조직과 리더들에게 긍정적 탐구Appreciative Inquiry의 중요성을 깨우쳐주신 다이애나 휘트니, '세계 최고의 석학들은 어떤 질문을 할까'라는 호기심을 채워준 지식공학자 허병민 작가, 창의성을 이끌어내는 글쓰기의 본을 보여주신 임정섭 작가, 25년이 넘는 시간 동안 상대방으로부터 원하는 정보를 얻어내는 효과적인 질문을 연구하고 안내하는 삶을 살아온 제임스 파일, 신약과 구약을 넘나들며 신의 위대한 질문과, 인간의 위대한 질문을 풀어준 배철현 교수님, 질문으로만 쓰인 책도 가능하다는 것을 보여준 마크 쿨란스키와 시인 파블로 네루다, 배움이 죽어가는 학교 체제 자체에 질문하게 한 바보 만들기의 존 테일러 게토, 세상을 바꾼 질문을 안내해주신 권재원 선생님과 혁신가의 질문법을 탐구하고 안내해주신 워런 버거, 변화에 직면한 사람들과 함께 하는 법을 안내해준 동기강화상담의 윌리엄 밀러, 무엇보다 만남과 성장과 공감을 위한 질문을 가르쳐 주신 칼 로저스. 아직 스승들의 가르침을 온전히 소화하지 못해 첫 번째 책에서 부족한 점들이 있더라도 너그러이 봐주시길 기대한다. 이 책을 쓰는 과정에서 주로 참고하고 주로 인용한 도서는 30권만 선정해 덧붙여두었다.

질문디자인연구소와 시작을 함께해준 최송일, 박미경, 강정욱, 정유진, 김지연 연구원님, 질문을 공부하기 위해 만든 페이스북 그룹 '질문예술학교'에 참여해주신 분들과 질문수업을 통해 만난 교사 분들, 질문술사 과정을 통해 본격적으로 질문공부를 시작하신 동료 학습자, 비거게임코리아의 김현숙 대표님과 비거게임 리더들, Business Model Zen 트레이너와 코치들, 에르디아토론디자인연구소 임세은 대표와 에르디아 선생님들, 모두가 체인지메이커가 되는 세상을 앞당길 아쇼카 한국의 이혜영 대표님과 유스벤처 하니커, 그리고 체인지메이커 선생님들, 명확하게 생각하는 법을 함께 공부하는 TOC Forum, TOCfE Seoul, TOC for Coach 멤버들.

혼자가 아니라 함께 만나 공부하고 나눌 수 있어 이 책이 세상에 나올 수 있었음을 잊지 않겠다. 그리고 따뜻한 커피 한 잔과 글을 쓸 수 있는 공간을 마련해준 염희영 코치님께도 깊이 감사드린다.

나를 이 세상에 존재할 수 있게 해준 부모님과 유년시절을 함께 한 형과 누나. 어떤 질문이라도 무시하거나 구박하지 않고, 막내의 호기심과 의견을 존중해주었기에 질문하는 삶이 가능했다. 그리고 지금 함께 살아가는 두 딸들. 창조적이고 주도적인 첫째 이니, 감성적이고 따뜻한 둘째 소니. 너희들이 지금 품고 있는 질문, 앞으로 품어갈 질문이 아빠는 궁금하단다. 하루가 다르게 자라가는 너희의 모습에 깜짝깜짝 놀라며, 잘 표현하지 못하지만 늘 고맙고 사랑한다.

마지막으로 내 인생의 첫 책을 존경과 감사함을 담아 사랑하는 아내 인디에게 헌정한다.

이 책은 '당신과 함께' 썼다.

나와 세상을 변화시키는

WHY, WHAT IF, HOW의 기술

"다르게 질문하라!

참고도서_

01. [질문의 힘] _ 제임스 파일, 메리앤 커린치 / 비즈니스북스

02. [무엇 What?] _ 마크 쿨란스키 / 알에이치코리아

03. [질문의 기술 (삶을 변화시키는)] _ 마릴리 애덤스 / 김영사

04. [삶을 바꾸는 기적의 질문] _ Jacqueline Bascobert Kelm / 학지사

05. [질문의 7가지 힘] _ 도로시 리즈 / 더난출판사

06. [프레임] (나를 바꾸는 심리학의 지혜) _ 최인철 / 21세기북스

07. [신의 위대한 질문] _ 배철현 / 21세기북스

08. [최고의 석학들은 어떤 질문을 할까?] _ 허병민 외 / 웅진지식하우스

09. [질문의 책] (파블로 네루다 시집) _ 파블로 네루다 / 문학동네

10. [세상을 바꾼 질문] _ 권재원 / 다른

11. [어떻게 질문해야 할까] _ 워런 버거 / 21세기북스

12. [포커스] _ 다니얼 골만 / 리더스북

13. [생각의법칙 10+1] _ 존 맥스웰 / 청림출판

14. [씽킹] _ 임정섭 / 루비박스

15. [피터 드러커의 다섯 가지 경영원칙] _ 피터 드러커 / 아시아코치센터

16. [피터 드러커의 매니지먼트] _ 피터드러커 / 21세기북스

17. [당신의 물통은 얼마나 채워져 있습니까?] _ 도널드 클리프턴 외 / 해냄출판사

18. [THE GOAL] _ 엘리 골드렛 / 동양북스

19. [IT'S NOT LUCK (더골 2)] _ 엘리 골드렛 / 동양북스

20. [초이스] _ 엘리 골드렛 / 웅진윙스

21. [동기강화상담 (변화 함께하기)] _ 윌리엄 R 밀러 / 시그마프레스

22. [질문 리더십] _ 마이클 J. 마쿼트 / 흐름출판

혁신가의 질문

초판 1쇄 발행 2017년 2월 24일
초판 7쇄 발행 2021년 7월 30일

지은이 박영준
발행인 김우진

발행처 북샵일공칠
등록 2014년 2월 13일 제2013-000365호
주소 서울시 마포구 월드컵북로 402, 16
전화 02-6215-1245 l 팩스 02-6215-1246
전자우편 editor@thestoryhouse.kr

ⓒ 2017 박영준

ISBN 979-11-88033-01-0 03320

이 도서의 국립중앙도서관 출판예정도서목록(CIP)은 서지정보유통지원시스템 홈페이지
(http://seoji.nl.go.kr)와 국가자료공동목록시스템(http://www.nl.go.kr/kolisnet)에서
이용하실 수 있습니다.(CIP제어번호: CIP2017003367)

· 북샵일공칠은 (주)더스토리하우스의 자기계발, 실용서 출판 브랜드입니다.
· 이 책 내용의 전부 또는 일부를 재사용하려면 반드시 동의를 받아야 합니다.
· 책값은 뒤표지에 있습니다.